民主社会主义与
中国特色社会主义
本质比较

THE

COMPARISON OF

沈 阳／著

THE ESSENCE BETWEEN DEMOCRATIC SOCIALISM AND

SOCIALISM WITH CHINESE CHARACTERISTICS

社会科学文献出版社
SOCIAL SCIENCES ACADEMIC PRESS (CHINA)

序

赵智奎

　　近些年来，沈阳同志潜心研究"民主社会主义与中国特色社会主义比较"这个专题，勤于思考，笔耕不辍，在这个领域取得了一定的成绩。展现在读者面前的《民主社会主义与中国特色社会主义本质比较》这本专著，是其研究成果之一。在书稿出版之际，我为沈阳的努力付出有了收获感到欣喜，对该书的出版表示祝贺。

　　民主社会主义研究，随着改革开放的深入发展，一直是我国理论界、学术界的一个热点话题。民主社会主义理论和道路是否适合中国？怎么对待民主社会主义？民主社会主义与中国特色社会主义的关系如何、差别何在？这些都是需要回答的问题。改革开放以来，中国共产党领导中国人民，坚持运用马克思主义的一般原理，结合社会主义建设和改革的具体实际，走自己的路，成功地开辟出了一条道路，这就是中国特色社会主义道路。这条道路来之不易。但是，在改革开放的进程中，究竟举什么旗？走什么路？选择什么理论？朝着什么方向前进？每每在历史的转折关头或关键时刻，这些问题都会出现在执政党和人民面前。这些都是关系到党和国家前途命运的重大问题。相当一个时期以来，质疑和批评中国特色社会主义道路的呼声不绝于耳；"只有民主主义才能救中国"的呼声和主张，逐渐形成一种直接挑战和影响中国特色社会主义的社会思潮。在中国，这种民主社会主义思潮潮落潮起，至今仍有一定的市场和较大的影响。

习近平总书记指出："道路问题是关系党的事业兴衰成败第一位的问题，道路就是党的生命。中国特色社会主义，是科学社会主义理论逻辑和中国社会发展历史逻辑的辩证统一，是根植于中国大地、反映中国人民意愿、适应中国和时代发展进步要求的科学社会主义，是全面建成小康社会、加快推进社会主义现代化、实现中华民族伟大复兴的必由之路。"① 在中共中央的一些重要文献中，也曾多次强调，"只有中国特色社会主义才能发展中国、富强中国"；"既不走封闭僵化的老路，也不走改旗易帜的邪路"。这些都是对"举什么旗、走什么路"的根本回答。沈阳的这本专著，在本质上回答并论证了中国共产党和中国人民为什么必须走中国特色社会主义道路，而不能走民主社会主义道路。因此，该专著具有较强的现实意义和理论意义。

《民主社会主义与中国特色社会主义本质比较》一书具有如下特点。

第一，在研究的着力点上，注重从本质上进行思考和研究。两个事物或者说两种理论体系的区别其实是多方面的。如何抓住

---

① 习近平：《毫不动摇坚持和发展中国特色社会主义　在实践中不断有所发现有所创造有所前进》，《人民日报》2013年1月6日，第1版。

民主社会主义与中国特色社会主义本质方面，并就本质（即根本属性）方面进行较为深刻的比较，是问题的实质和关键。该书的最大价值就是能够抓住民主社会主义与中国特色社会主义两大理论体系的本质，进行比较和理论分析，从而帮助读者廓清对二者本质差别的认识。

第二，选题角度较新。本书从阐释题目的核心概念——本质入手，阐述了选择指导思想、经济观点和政治主张作为理论具体区别层面进行比较的学理原因。然后，对民主社会主义渊源和流变进行梳理、解剖，将民主社会主义与中国特色社会主义进行比较，在比较中增强坚持、发展和完善中国特色社会主义的理论自信，这是一个较新的视角，对于廓清人们对民主社会主义本质的认识，坚持中国特色社会主义道路具有重要的启示意义。

第三，选择重大问题进行比较。民主社会主义与中国特色社会主义可以比较的方面很多，究竟哪些是本质的方面，哪些是重大问题，是需要仔细筛选的。本书从历史唯物主义和社会系统论出发，对民主社会主义与中国特色社会主义从指导思想、所有制理论、民主政治三个方面进行比较分析，抓住了问题的根本。

第四，努力彰显马克思主义理论的彻底性。中国特色社会主义是发展的理论，面对很多现实的挑战。从与民主社会主义的本质比较中，努力彰显出中国特色社会主义理论的彻底性。同时，强调坚定走中国特色社会主义道路的信心，发展和丰富中国特色社会主义理论体系，给读者一些理论上的启迪。

当然，该书也有某些不足。关于民主社会主义与中国特色社会主义的材料比较多，横跨两大理论领域，涉及的理论面广、知识点多。作者力求对该主题进行较为深入的分析，但深度和广度仍有一定距离，需要继续努力。事实上，二者之间的本质比较，不仅要从理论上阐明，还需要一些历史和现实的案例来支撑，本书在这方面还需要加强。尽管如此，本书仍不失为具有重要学术价值的专著。

民主社会主义与中国特色社会主义，二者作为社会思潮所显露的对垒和较量，远没有停止和结束，二者之间的博弈还在继续，这也正是本书出版的意义所在。民主社会主义对中国特色社会主义的挑战和影响，应该引起我们足够的重视。通过本书，我们应该清醒地认识到，民主社会主义理论和道路在中国是行不通的；前车之覆，后车之鉴，只有中国特色社会主义才是适合中国发展的唯一正确之路。

目录

导　论

一　选题原因

21世纪初的红色中国大地上，学术界和理论界乃至意识形态领域里并非"全国山河一片红"，而是不时地在思想理论的红色海洋里，泛起各种各样的"白色泡沫"，这些"白色泡沫"在吸引人们眼球的同时，也扰乱了人们的思想。民主社会主义思潮的泛起，就是这些"白色泡沫"中的一个典型。民主社会主义直接挑战的对象就是中国特色社会主义。在这种背景下，把民主社会主义与中国特色社会主义放在同一个平台上进行本质比较，具有重要的理论意义和现实意义。本书选择"民主社会主义与中国特色社会主义本质比较研究"这一课题，主要有以下几点原因。

（一）中国改革开放进入关键期与民主社会主义思潮的泛起

现阶段，中国特色社会主义现代化建设已经进入一个关键时期。"当前，我国发展进入新阶段，改革进入攻坚期和深水区。"[①]

[①]　《中共中央关于全面深化改革若干重大问题的决定》，人民出版社，2013，第7页。

在我国不断全面建成小康社会、逐步实现中华民族伟大复兴的中国梦的历史进程中,在改革开放和社会主义现代化建设这样一个关键时期,是继续沿着中国特色社会主义道路前进,还是按照民主社会主义的模式发展,这是一个关乎中国前途和命运的重大问题。在改革开放进入这一关键期的背景下,我国现实社会政治生活中,各种社会思潮起伏不定,可谓风云激荡。其中民主社会主义思潮的再度泛起尤其引人注目。

民主社会主义思潮再度泛起,要追溯到 2007 年。这一年年初,中国人民大学前副校长谢韬在《炎黄春秋》2007 年第 2 期上发表文章《民主社会主义模式与中国前途》,引发了整个学术界和理论界对民主社会主义的大讨论。其实,这篇文章在《炎黄春秋》上发表以前,该文在网络上就以《只有民主社会主义才能救中国》为题广为流传。以此为标志,民主社会主义思潮沉渣泛起,对民主社会主义讨论和研究逐渐又成了学术界、理论界的一个热点问题。纵观民主社会主义在西欧、北欧乃至全世界逐渐扩展的历史,横向比较民主社会主义在苏联、东欧地区的影响,可以看出民主社会主义不仅不能促进经济、政治、文化、社会的健康协调稳定发展,而且民主社会主义本身也受到许多挑战,逐渐显现出自身的局限性。

改革开放以后,民主社会主义思潮在国内不断传播并产生了较大影响。尤其是苏联和东欧剧变前后,民主社会主义逐渐成了影响我国的重要政治社会思潮之一。"近几年,民主社会主义在中国的影响逐渐扩大。"① 这种影响扩大的具体表现是"民主社会

---

① 程恩富、张飞岸:《民主社会主义及其与中国特色社会主义的区别》,《学习月刊》2007 年第 6 期。

主义是马克思主义的正统"，"当代马克思主义的旗帜上写的是民主社会主义。坚持马克思主义就是坚持民主社会主义"，以及"民主社会主义寄托着人类的希望"① 等错误观点的大肆流传。这些错误观点给我国的社会思潮、意识形态造成了不良的影响和认识上的混乱。党的十八大报告指出："发展中国特色社会主义是一项长期的艰巨的历史任务，必须准备进行具有许多新的历史特点的伟大斗争。"② 这"进行具有许多新的历史特点的伟大斗争"就包括了在理论上中国特色社会主义要与民主社会主义进行斗争。因此，对民主社会主义进行系统的、立体的解剖和研究，揭露其实质和真面目，在对比中认清民主社会主义的真实面目，从而更加坚定地走中国特色社会主义道路就显得十分必要。

（二）中国特色社会主义面临着新的机遇和挑战

随着我国改革开放的不断深入，中国特色社会主义既面临着新的机遇，也面对一些深层次的困难和挑战。正如党的十八大报告所指出："当前，世情、国情、党情继续发生深刻变化，我们面临的发展机遇和风险挑战前所未有。"③ 面对这样前所未有的机遇和挑战，中国特色社会主义需要不断发展和完善。从机遇方面来讲，中国特色社会主义的发展具有和平的国际环境和稳定的国内环境。在这种状况下，中国特色社会主义理论研究队伍不断壮大，中国特色社会主义道路继续拓宽，中国特色社会主义理论体系逐渐形成。不断完善的理论体系进一步推动了社会实践的顺利

---

① 谢韬：《民主社会主义模式与中国前途》，《炎黄春秋》2007 年第 2 期。
② 胡锦涛：《坚定不移沿着中国特色社会主义道路前进　为全面建成小康社会而奋斗》，人民出版社，2012，第 13 页。
③ 胡锦涛：《坚定不移沿着中国特色社会主义道路前进　为全面建成小康社会而奋斗》，人民出版社，2012，第 1 页。

进行，中国特色社会主义现代化建设不断取得新的可喜的成就。"实践充分证明，中国特色社会主义是当代中国发展进步的根本方向，只有中国特色社会主义才能发展中国。"①

与此同时，中国特色社会主义也面临着许多新的挑战。来自理论领域和社会思想政治方面的各种思潮，是对中国特色社会主义理论挑战的一个重要方面。在令人眼花缭乱的各种思潮中，民主社会主义对中国特色社会主义的挑战是现实的、直接的。近几十年来，民主社会主义思潮蔓延世界各地。从最初在西欧的徘徊和发展，到在亚洲、非洲、拉丁美洲的不断扩张，民主社会主义已渐成燎原之势。改革开放以后，民主社会主义在我国也逐渐传播开来。一些人基于对民主社会主义模糊的甚至是错误的理解和认识，奉行民主社会主义，认为"只有民主社会主义才能救中国"。② 这部分人对民主社会主义的不断宣扬和鼓吹，已经给中国特色社会主义理论带来了新的严峻的现实挑战。正如周新城教授提出："旗帜鲜明地批判民主社会主义；划清科学社会主义与民主社会主义的界限，是当前理论界一项重要的任务。"③ 因此，运用正确的态度审视民主社会主义，揭开民主社会主义的面纱，剥去民主社会主义的伪装，在对比中认清民主社会主义的本质，坚持、发展和完善中国特色社会主义，不但有助于我们继续沿着中国特色社会主义道路前进，而且有助于不断丰富和发展马克思主义理论宝库。这对于推进马克思主义中国化理论工程具有十分重要的理论意义和现实意义。

---

① 胡锦涛：《坚定不移沿着中国特色社会主义道路前进　为全面建成小康社会而奋斗》，人民出版社，2012，第 13 页。
② 谢韬：《民主社会主义模式与中国前途》，《炎黄春秋》2007 年第 2 期。
③ 周新城：《必须警惕民主社会主义思潮的泛滥》，《理论视野》2007 年第 5 期。

（三）国外学者对中国特色社会主义的质疑和诘难

改革开放 30 多年来，我国的对外经济、政治、文化交流日益增多。这种交流的增多，一方面加深了世界对中国的了解和信任；另一方面，也有些不明是非甚至一些别有用心的学者，对中国特色社会主义不断提出质疑。世界著名左翼社会活动家、新马克思主义理论家萨米尔·阿明把中国与苏联、东欧地区进行了比较以后，在评价后毛泽东时代的中国模式时写道，"东欧国家（以及前苏联的共和国）没有实施转变的构想，也没有一个社会模式。当然，它们有意识形态，就是没有要使社会面貌焕然一新的计划，无论这个社会是资本主义社会，还是社会主义社会。中国则有一个十分周密的计划。我绝不认为那是社会主义模式，我将其称为国家社会资本主义模式"。① 萨米尔·阿明认为目前中国的发展模式不是社会主义模式，而是他所说的"国家社会资本主义模式"。这种对中国特色社会主义的简单否定和对中国目前发展模式的界定，无疑是对中国特色社会主义道路和理论的现实挑战。社会党国际在 1989 年 6 月召开的第十八次代表大会决议中提出："国际社会应团结起来加以谴责并采取一切适当措施使中国当局认识到，必须承认人民对民主的希望和意愿。"② 这是以民主社会主义为旗帜的社会党国际对中国内部事务的直接干涉和指责。另外，美国加图研究院学术事务副主任、Towson 大学经济学教授詹姆斯·多恩（Dorn, J. A.）在 1998 年曾撰文写道："中国建立'社会主义市场经济'的目标纯属一个美妙的幻想。市场及

---

① 〔埃及〕萨米尔·阿明：《世界一体化的挑战》，任友谅等译，中国社会科学出版社，2003，第 181 页。
② 《社会党国际和社会党重要文件选编》，中共中央党校出版社，1993，第 45～46 页。

其支撑性制度，尤其是私人财产权制度和法治，不大可能嫁接到社会主义上。市场是建立在自愿交换上，而社会主义则破坏了市场的自发性秩序而用政府控制取代个人负责。市场社会主义，即使是具有'中国特色'，也是违反自然的、人为的制度，必然跟南斯拉夫的工人管理工厂一样，是注定要失败的。"① 美国著名学者、教授兼美国国家安全委员会顾问塞缪尔·亨廷顿写道："既然中国已将美国确定为主要敌人，美国的主要倾向将是作为一个主要平衡者来防止中国的霸权"；"一个在文化、政治和经济上与美国紧密联系在一起的松散的西欧联盟，不会对美国的安全构成威胁。但是一个统一的、强大的和自我伸张的中国可能构成这种威胁"；"如果中国的经济继续发展，这可能是 21 世纪初美国政策制定者面临的唯一最严峻的安全问题"。② 上述这些对中国特色社会主义的怀疑、指责、否定和诘难，是包括民主社会主义者在内的国外势力，带着自己的意识形态观点对待中国特色社会主义的一种反映。

然而，事实胜于雄辩。中国改革开放 30 多年来的巨大成就，充分证明了中国特色社会主义的正确性和科学性。为了回应这些对中国改革开放和社会主义现代化建设的质疑和诘难，对民主社会主义与中国特色社会主义进行本质上的比较，通过比较研究得出有说服力的结论，是理论工作者义不容辞的责任，具有重要的现实意义。

---

① Dorn, J. A., "China's Future: Market Socialism or Market Taoism?", *Cato Journal*, Vol. 18, 1998, p. 131.

② 〔美〕塞缪尔·亨廷顿：《文明的冲突与世界秩序的重建》，周琪等译，新华出版社，2002，第 259 页。

（四）毫不动摇地坚持和发展中国特色社会主义理论体系的现实需要

从现阶段的中国实际出发，我们必须毫不动摇地坚持和发展中国特色社会主义理论体系。党的十七大报告指出："中国特色社会主义理论体系，就是包括邓小平理论、'三个代表'重要思想以及科学发展观等重大战略思想在内的科学理论体系。这个理论体系，坚持和发展了马克思列宁主义、毛泽东思想，凝结了几代中国共产党人带领人民不懈探索实践的智慧和心血，是马克思主义中国化最新成果，是党最可宝贵的政治和精神财富，是全国各族人民团结奋斗的共同思想基础。中国特色社会主义理论体系是不断发展的开放的理论体系。《共产党宣言》发表以来近一百六十年的实践证明，马克思主义只有与本国国情相结合、与时代发展同进步、与人民群众共命运，才能焕发出强大的生命力、创造力、感召力。在当代中国，坚持中国特色社会主义理论体系，就是真正坚持马克思主义。"①

中国特色社会主义理论体系是马克思主义关于科学社会主义建设的基本原理与中国具体实际相结合的产物，是中国共产党几代中央领导集体艰辛探索的理论结晶。作为中国共产党探索中国社会主义建设道路的科学理论，中国特色社会主义理论体系回答了像中国这样经济文化比较落后的国家如何建设、巩固和发展社会主义的一系列基本问题。中国特色社会主义理论体系是一个开放的不断发展的理论体系。从纵的方面来说，它要求我们在逐渐总结社会主义实践经验的基础上对其进行发展和丰富。从横的方

---

① 胡锦涛：《高举中国特色社会主义伟大旗帜　为夺取全面建设小康社会新胜利而奋斗》，人民出版社，2007，第11~12页。

面来讲，它又需要我们在与不同政治社会思潮的比较中进行探讨和研究。在这个过程中，既要认清各种政治思潮，同各种错误思潮划清界限，又要汲取其优秀成果，用来发展、丰富和完善自己。民主社会主义就是我们在研究中国特色社会主义中需要加以认真比较的一种社会政治思潮。民主社会主义的一系列政策主张，归根结底体现的是资产阶级的利益，其至多只是"资本主义病床边的医生"。① 因此，要澄清混淆了的理论认识误区，坚定对共产主义的理想信念，坚持走中国特色社会主义伟大道路，以中国特色社会主义理论为指导，建设中国、发展中国、富强中国、幸福人民。

从中国的历史和现实出发，我们所要建设的社会主义，是立足于中国国情的社会主义，是具有中国特色和中国气派的社会主义。中国特色社会主义理论需要不断深入总结、发展和完善，需要继续与其他社会政治思潮做全方位、深入细致的比较研究工作。同时，在社会主义现代化建设过程中，无论从理论层面还是从实践层面，都要求我们毫不动摇地坚持中国特色社会主义，毫不动摇地发展中国特色社会主义，毫不动摇地完善中国特色社会主义。"中国特色社会主义伟大旗帜，是当代中国发展进步的旗帜，是全党全国各族人民团结奋斗的旗帜。"② 我们必须坚定不移地坚持中国特色社会主义道路，坚定不移地发展和完善中国特色社会主义理论体系，坚定不移地完善中国特色社会主义制度，坚定不移地高举中国特色社会主义伟大旗帜。党的十八大报告明确

---

① 〔德〕维利·勃兰特等：《社会民主与未来》，丁冬红、白伟译，重庆出版社，1990，第 115 页。

② 胡锦涛：《高举中国特色社会主义伟大旗帜 为夺取全面建设小康社会新胜利而奋斗》，人民出版社，2007，第 1 页。

指出："中国特色社会主义道路是实现途径，中国特色社会主义
理论体系是行动指南，中国特色社会主义制度是根本保障，三者
统一于中国特色社会主义伟大实践，这是党领导人民在建设社会
主义长期实践中形成的最鲜明特色。"① 毫不动摇地坚持和发展中
国特色社会主义，需要我们对中国特色社会主义理论体系与其他
理论进行深入的比较研究，在比较研究中不断丰富和完善中国特
色社会主义理论，最终推动中国特色社会主义建设实践的顺利
发展。

二　理论界的研究状况

（一）对民主社会主义的研究状况

民主社会主义是对西欧乃至全世界包括工党、社会党和社会
民主党等在内的思想理论体系的总称，它是在社会民主主义基础
上逐渐发展和演化而形成的。民主社会主义总体来说可以分为理
论、运动、制度三个层面。作为理论层面的民主社会主义形成的
标志是1951年《法兰克福声明》的发表。在本书中，笔者从理
论层面对民主社会主义的观点进行探讨。尽管这样界定，但并非
完全不涉及民主社会主义的运动和制度层面，在相关的章节中也
会对其作出说明。最大的讨论点还在于民主社会主义的理论层面
及其理论观点。国内对民主社会主义的研究，自改革开放以来，
大体上可以划分为三个时期。

第一个时期是1978～1989年。1978年党的十一届三中全会
以后，思想文化界开始活跃起来。在这个时期，就民主社会主义

---

① 胡锦涛：《坚定不移沿着中国特色社会主义道路前进　为全面建成小康社会
而奋斗》，人民出版社，2012，第13页。

的研究情况而言，发表了一批介绍国外社会民主党及其理论主张的文章，出版了一些关于民主社会主义的翻译文献和著作。发表的理论文章主要有《关于社会民主党的"民主社会主义"》（潘培新：《国外社会科学》1981 年第 2 期）、《"民主社会主义"简介》（唐德武：《理论探讨》1984 年第 1 期）、《"民主社会主义"浅析》（殷叙彝：《科学社会主义》1987 年第 7 期）、《民主社会主义》（奚广庆：《思想政治工作研究》1988 年第 1 期）等。出版的翻译文献和著作主要有《民主社会主义（1864—1960 年）》（雅克·德罗兹著，时波译，上海译文出版社 1985 年版）、《社会主义的历史和理论》（伯恩施坦著，马元德、严隽旭、彭金安、蔡升译，东方出版社 1989 年版）、《社会党国际文件集（1951—1987）》（黑龙江人民出版社 1989 年版）、《瑞典模式初探》（黄安淼、张小劲编，黑龙江人民出版社 1989 年版）、《从职能社会主义到基金社会主义：瑞典社会民主党的社会主义理论和实践》（张小劲、李元庆编译，黑龙江人民出版社 1989 年版）、《当代西欧社会党人物传》（殷叙彝编，黑龙江人民出版社 1989 年版）等，这些文献为研究民主社会主义奠定了资料基础。但这一时期，没有出现全面评析民主社会主义的论著。

　　第二个时期是 1990～1999 年。20 世纪 80 年代末，国际国内形势风云变幻。国际上社会主义苏联、东欧国家发生灾难性剧变，国际共产主义运动陷入低谷。由于苏联、东欧国家大都选择"民主社会主义"的发展道路，尤其在苏联，戈尔巴乔夫直接提出的改革口号就是走向"人道的、民主的社会主义"。这种改革取向导致的结果就是苏东剧变，存在了几十年的苏东社会主义国家演变成了资本主义国家，纷纷走上了资本主义道路。而国内改革开放处于不断向深层次发展的过程中，各种思潮汹涌澎湃，各种矛盾和问题凸显。在这种形势下，学术界和理论界对民主社会主义的研究也掀起了一个高潮。这个时期，就民主社会主义研究来讲，1997 年社会党国际主席莫鲁瓦率团访问中国，实现了中国共产党与社会党国际关系的正常化，促进国内对民主社会主义的研究向深层次发展。这个时期的民主社会主义研究工作主要有两个特点。第一个特点就是这个时期发表的相关论文数量多，并且主要集中在 1990 年、1991 年和 1992 年这 3 年。这 3 年所发表的文章从数量上讲是此后 7 年所发表文章数量的近 3 倍，但质量参差不齐，观点差别较大。出版的专著不少，成果显著。第二个特点就是对民主社会主义与科学社会主义进行比较研究的文章多，这个特点将在下文中进行具体阐述。这一时期研究民主社会主义方面的文章有：《当代民主社会主义的几种典型模式》（李忠杰：《理论前沿》1990 年第 17 期）、《"民主社会主义"的由来和发展》（张戈：《瞭望》1990 年第 13 期）、《从社会民主主义到民主社会主义》（徐崇温：《哲学动态》1991 年第 12 期）、《当代民主社会主义性质辨析》（周新城：《教学与研究》1991 年第 2 期）、《"民主社会主义"还是"社会民主主义"？——由苏东剧变引起的概念之争》（殷叙彝：《当代世界与社会主义》1994 年第 3 期）、《苏东剧变前后的社会党国际和民主社会主义思潮》（肖枫：《当代世界社会主义问题》1996 年第 2 期）等。这一时期出版的研究民主社会主义有代表性的论著主要有：《社会主义思想史·第四卷·上册·共产主义与社会民主主义（1914—1931）》（柯尔著，宋宁、周叶谦、李鹏远、李梅彬等译，商务印书馆 1990 年版）、《西欧社会主义——一代人的经历》（史蒂文·克雷默著，王宏周、胡尔湖、王建华译，东方出版社 1992 年版）、《社会民主主义导论》（托马斯·迈尔著，殷叙彝译，中央编译出版社

1996 年版)、《评人道的民主社会主义》(周新城等著,中国人民大学出版社 1998 年版)、《激进,温和,还是僭越?当代欧洲左翼政治现象审视》(陈林、侯玉兰等著,中央编译出版社 1998 年版)等。在译著方面,本时期对民主社会主义的研究还有一个值得重视的现象,这就是围绕 1997 年英国工党在大选中以绝对的优势挫败保守党上台执政后提出的工党新理念"第三条道路:新世纪的新政治",国内民主社会主义研究者翻译出版了一些关于"第三条道路"方面的书籍,如英国社会学家安东尼·吉登斯的《第三条道路:社会民主主义的复兴》(安东尼·吉登斯著,郑戈译,北京大学出版社 2000 年版)和《超越左与右:激进政治的未来》(安东尼·吉登斯著,李惠斌、杨雪冬译,社会科学文献出版社 2000 年版)等。这个时期的民主社会主义研究硕果累累。

第三个时期是从 2000 年至今。进入新世纪、新阶段,随着我国改革开放的不断深入发展,国内对民主社会主义的研究也不断向深层次拓展。国内经济持续发展,政治保持稳定,为我国的学术研究创造了良好的氛围,所以这个时期从论文发表数量和质量到专著出版等方面都有了新的可喜的成果。这个时期发表论文前几年数量平稳,只是到 2007 年发表关于民主社会主义研究的文章陡增,原因在于 2007 年初,中国人民大学前副校长谢韬的《民主社会主义模式与中国前途》(网文名称《只有民主社会主义才能救中国》)一文引起了学术界和理论界的广泛讨论。这个时期发表的文章主要有:《社会民主主义和民主社会主义(上)——概念的起源和历史演变》与《社会民主主义和民主社会主义(下)——概念的起源和历史演变》(殷叙彝:《当代世界社会主义问题》2001 年第 3、4 期)、《论民主社会主义的实质》(卢丽华:《湖北社会科学》2004 年第 10 期)、《当代民主社会主义国

家观探析》（薛新国：《当代世界社会主义问题》2004 年第 4
期）、《民主社会主义主要观点的再探讨》（张传鹤：《社会科学》
2006 年第 10 期）、《社会民主主义与民主社会主义：历史、理论
和现状》（徐崇温：《中国特色社会主义研究》2007 年第 2 期）、
《民主社会主义不能救中国》（周新城：《党史文汇》2007 年第 6
期）、《略评民主社会主义》（刘国光：《中共天津市委党校学报》
2007 年第 3 期）、《怎样认识民主社会主义的社会主义观》[周新
城：《北京交通大学学报》（社会科学版）2008 年第 3 期]、《从
"两个必然"和"两个决不会"论断看民主社会主义》（苏雪芹：
《马克思主义研究》2009 年第 4 期）、《改良主义的民主社会主义
思潮产生和传播的原因再认识》（张传鹤：《当代世界与社会主
义》2009 年第 6 期）、《如何认识民主社会主义》（徐崇温：《毛
泽东邓小平理论研究》2010 年第 4 期）、《民主社会主义瑞典模
式的生成因素探析》（邹升平：《社会主义研究》2011 年第 1
期）、《恩格斯晚年确实主张走"民主社会主义道路"吗?》（汪
亭友：《马克思主义研究》2011 年第 8 期）、《拉美与欧洲民主社
会主义理论比较》（蒋锐：《社会主义研究》2012 年第 5 期）、
《建国以来中共中央对民主社会主义的认识》[郭小路：《山西师
大学报》（社会科学版）2012 年 S1 期]、《民主社会主义是真民
主吗?》（陈曙光：《红旗文稿》2013 年第 7 期）、《社会主义国家
改革走上改旗易帜邪路的一个典型——评戈尔巴乔夫推行的人道
的民主社会主义的改革》（周新城：《中共石家庄市委党校学报》
2014 年第 5 期）等。这个时期论著方面成果也不少，如：《另一
种选择：欧洲民主社会主义研究》（李宏著，法律出版社 2003 年
版）、《论民主社会主义思潮》（刘书林著，高等教育出版社 2004
年版）、《德国民主社会主义模式研究》（赵永清著，北京大学出

版社 2005 年版)、《冷战后社会党研究》(向文华主编,中央编译出版社 2006 年版)、《民主社会主义评析》(徐崇温著,重庆出版社 2007 年版)、《民主社会主义论》(殷叙彝著,中央编译出版社 2007 年版)、《驳民主社会主义救国论:透析谢韬〈只有民主社会主义才能救中国〉的毒招和谬论》(李振城编著,中国文联出版社 2008 年版)、《全球视野下的民主社会主义研究》(张传鹤著,中共中央党校出版社 2009 年版)、《从民主社会主义到社会民主主义:当代欧洲社会民主党的理论与实践》(刘玉安、蒋锐等著,人民出版社 2010 年版)、《后冷战时代的民主社会主义研究》(邵鹏著,知识产权出版社 2012 年版)、《民主社会主义的兴荣与困境》(禄德安著,知识产权出版社 2012 年版)、《民主社会主义评析》(周新城著,社会科学文献出版社 2012 年版)、《怎样认识民主社会主义》(徐崇温著,社会科学文献出版社 2013 年版)等。这个时期的研究成果以专题论著为主,推动民主社会主义研究向深化、细化的方向发展。

(二) 对中国特色社会主义的研究状况

中国特色社会主义是中国人民在中国共产党领导下,在建设、巩固、改革和发展中国社会主义的过程中,结合中国实际和具体国情进行社会主义探索的最新成果。中国特色社会主义是坚持以一元化的马克思列宁主义、毛泽东思想以及马克思主义中国化最新成果为指导思想的,通过公有制为主体、多种所有制经济共同发展的基本经济制度逐步达到共同富裕的,以人民代表大会制度和中国共产党领导下的多党合作和政治协商制度、民族区域自治制度等保障人民当家做主地位的科学社会主义。它是中国特色社会主义道路、理论体系和制度的统称。胡锦涛总书记在党的十七大报告中指出:"中国特色社会主义道路，就是在中国共产党领导下，立足基本国情，以经济建设为中心，坚持四项基本原则，坚持改革开放，解放和发展社会生产力，巩固和完善社会主义制度，建设社会主义市场经济、社会主义民主政治、社会主义先进文化、社会主义和谐社会，建设富强民主文明和谐的社会主义现代化国家。中国特色社会主义道路之所以完全正确、之所以能够引领中国发展进步，关键在于我们既坚持了科学社会主义的基本原则，又根据我国实际和时代特征赋予其鲜明的中国特色。在当代中国，坚持中国特色社会主义道路，就是真正坚持社会主义。"① 中国特色社会主义道路是中国共产党带领中国人民经过长期探索才找到的一条适合中国国情的正确道路。这条道路是在总结新中国成立以来党领导人民建设社会主义积累的正确经验，纠正过去"左"的错误特别是"文化大革命"的错误的基础上，在邓小平领导下开辟的一条崭新的道路。关于中国特色社会主义道路，习近平总书记指出，"面向未来，我们必须坚持同人民在一起，为了人民干事创业，依靠人民干事创业，始终把实现好、维护好、发展好最广大人民根本利益作为一切工作的出发点和落脚点；我们必须坚持走自己的路，不断增强中国特色社会主义道路自信、理论自信、制度自信，使中国特色社会主义这条康庄大道越走越宽广"。② 中国特色社会主义理论体系作为中国共产党探索中国社会主义建设道路的科学理论，回答了像中国这样经济文化比较落后的国家如何建设、巩固和发展社会主义的一系列基本问题。从与民主社会主

---

① 胡锦涛：《高举中国特色社会主义伟大旗帜　为夺取全面建设小康社会新胜利而奋斗》，人民出版社，2007，第11页。
② 习近平：《在庆祝中华人民共和国成立65周年招待会上的讲话》，《人民日报》2014年10月1日第2版。

义相比较的意义上来说，中国特色社会主义也主要从理论层面的观点上来进行研究和探讨。下面从中国特色社会主义的概念、分期、内容、意义等几个方面简单阐述一下近年来中国特色社会主义理论体系的研究状况。

第一，关于中国特色社会主义理论的概念研究情况。对于中国特色社会主义理论的概念问题，不同的学者提出了不同的观点。赵曜认为，"中国特色社会主义理论是以毛泽东、邓小平、江泽民为代表的三代中央领导集体在不断变化的国内外形势下，在长达半个多世纪的艰辛探索历程中，把马克思主义基本原理同中国的具体实际和时代特征相结合的产物，是当代中国的马克思主义，是马克思主义在中国发展的新阶段"。① 李忠杰认为，"中国特色社会主义"这个概念把几代中国共产党人关于社会主义的思想和理论，都统一到"中国特色社会主义理论"的旗帜和标识之下，使中国特色社会主义理论的主题更加鲜明、更加突出。而且，采用"中国特色社会主义理论"这个概念，有利于减少个人色彩，突出集体的智慧和贡献，符合我们党一贯的思想和主张。作为一个概念，中国特色社会主义是一种道路，是一种事业、使命和任务，是一个历史进程，是一种科学的理论体系，总之，它把我们党长期奋斗所干的事情集中地概括了出来。② 赵智奎教授认为，"'中国特色社会主义'的专门术语，是中国改革开放的总设计师邓小平同志提出来的。邓小平理论也被称为中国特色社会主义理论，中国的社会主义被称为中国特色社会主义"。③ 在全面

---

① 赵曜：《中国特色社会主义理论的几个问题》，《探索与求是》2003 年第 7 期。
② 李忠杰：《深化对"中国特色社会主义"的认识和研究》，《教学与研究》2003 年第 6 期。
③ 赵智奎：《邓小平理论前沿问题研究》，青岛出版社，2004，第 33～34 页。

分析、正确把握和处理"一般原理"和"中国特色"之间关系的基础上，赵智奎教授总结道，中国特色社会主义是"坚持社会主义公有制为主体、多种所有制经济共同发展，走共同富裕道路的社会主义"，是"初级阶段的社会主义"，是"社会主义制度和市场经济体制相结合的社会主义"，是"逐步全面改革和逐步推向全方位开放的社会主义"。① 与中国特色社会主义概念相连的是中国特色社会主义道路。吴雄丞认为，"中国特色社会主义道路就是扎根于当代中国的科学社会主义，是社会主义共同规律和中国民族特点相结合，是社会主义共性与个性的统一，是切合中国实际的社会主义，是立足中国国情、解决中国社会主义现代化建设面临的新任务从而发展中国、富强中国的必由之路、胜利之路"。② 关于中国特色社会主义道路，程恩富教授认为，"历史和现实一再表明，中国特色社会主义道路是当代中国发展进步的唯一正确的道路，实现国家富强、民族振兴、人民幸福的唯一正确的道路。只有社会主义才能救中国，是历史的结论；只有中国特色社会主义才能发展中国，是现实和时代的要求。中国特色社会主义，是中国共产党和中国人民在特定的世界历史环境和中国历史条件下的伟大创造，既是历史的逻辑，时代的要求，也是历史的选择、人民的选择，是我们夺取全面建设小康社会新胜利、推进社会主义现代化、实现中华民族伟大复兴的必由之路"。③

第二，关于中国特色社会主义理论的分期研究情况。对于中

---

① 赵智奎：《邓小平理论前沿问题研究》，青岛出版社，2004，第 70～71 页。
② 吴雄丞：《坚持科学社会主义基本原则　走中国特色社会主义的道路》，《科学社会主义》2008 年第 1 期。
③ 程恩富：《中国特色社会主义为何能够成为旗帜》，《人民论坛》2007 年第 10 期。

国特色社会主义理论的历史分期问题，有的学者把它划分为两个
阶段，有的学者把它划分为三个阶段，还有的学者把它划分为五
个阶段，但认为应划分为三个阶段的人居多。两阶段论者侯远长
提出，第一阶段为创立和探索阶段，即从党的十一届三中全会到
十三届四中全会，邓小平创立建设有中国特色社会主义理论阶
段；第二阶段为发展和创新阶段，即从党的十三届四中全会到党
的十六大，江泽民对中国特色社会主义的发展创新阶段。① 三阶
段论者汪洋认为，中国特色社会主义可以分为三个历史阶段：
"一、初创和在曲折中探索阶段——中国特色社会主义理论初显
轮廓。从1956年4月毛泽东发表《论十大关系》讲话到1964年
12月第三届全国人大召开"；"二、全面展开、重点突破和初步
形成阶段——中国特色社会主义理论在社会主义经济制度方面取
得一系列突破性成果，并形成体系。从1978年党的十一届三中
全会到1997年党的十五大"；"三、深入展开和发展阶段——中
国特色社会主义理论在执政理论和建设政治文明方面获得突破性
重大成果。从党的十五大至今"。② 王怀超也认为中国特色社会主
义理论的形成和发展大体上经历了三个阶段："第一阶段，是20
世纪70年代末80年代初。这是中国特色社会主义理论的孕育
期"；"第二阶段，是20世纪80年代中期。这是中国特色社会主
义理论的形成时期"；"第三阶段，是20世纪90年代初。这是中
国特色社会主义理论的系统阐发时期"。③ 有的研究者从薄一波

① 侯远长：《社会主义理论的四座丰碑——从科学社会主义到中国特色社会主义》，《河南大学学报》（社会科学版）2005年第1期。
② 汪洋：《中国特色社会主义理论历史起点和发展阶段》，《中央社会主义学院学报》2005年第4期。
③ 王怀超：《社会主义、科学社会主义和中国特色社会主义》，《科学社会主义》2005年第2期。

"始于毛，成于邓"的观点出发，用三代领导核心来界定阶段：
党的十六大后，学者们在"始于毛，成于邓"后，加上了一句，
成了"始于毛，成于邓，发展于江"；"毛泽东时期是扎下根系，
邓小平时期是长成主干，江泽民时期则是繁茂枝叶"；① 鉴于中国
特色社会主义理论仍然处于发展过程之中，最近有人把这句话变
成了"始于毛，成于邓，发展于邓后"。② 徐崇温认为，"薄一波
提出中国特色社会主义'始于毛，成于邓'，中国特色社会主
义从毛泽东开始探索，邓小平完成，这是有语病的，中国的文
字里，'成'和'始'是有歧义的。我认为'始于毛'不动，
必须明确探索是始于毛泽东，'成于邓'可改为'创于邓'。中
国特色社会主义理论探索开始于毛泽东，但创立者是邓小平。
中国特色社会主义理论现在还没完成，什么时候能说完成，至
少要到 2050 年，这个理论完成以后还有个继续发展和完善的问
题"。③ 五阶段论者如刘云章、郜世奇，他们认为中国特色社会
主义理论按创立的进程可分为五个阶段：第一阶段，党的十二
大首次明确提出"建设有中国特色的社会主义"这一重要命
题；第二阶段，党的十三大首次提出社会主义初级阶段理论；
第三阶段，党的十四大明确提出建立社会主义市场经济体制；
第四阶段，党的十五大把邓小平理论确立为党必须长期坚持的
指导思想；第五阶段，党的十六大把"三个代表"重要思想确
立为党的指导思想。经过这样五个阶段的发展，中国特色社会

---

① 李忠杰：《深化对"中国特色社会主义"的认识和研究》，《教学与研究》
2003 年第 6 期。
② 牛先锋：《关于中国特色社会主义理论的几个问题》，《中国特色社会主义研
究》2005 年第 2 期。
③ 徐崇温：《中国特色社会主义理论研究的薄弱点》，《北京日报》2007 年 5 月
14 日。

主义理论越来越深入，越来越全面。①

　　第三，关于中国特色社会主义理论的内容研究情况。中国特色社会主义理论是一个完整的科学体系，有其具体而独特的内容，对于中国特色社会主义理论的具体内容，不同的研究人员认识上也有差异。沈宝祥认为，"中国特色社会主义理论体系，这是对十一届三中全会以来的创新理论所作的最好概括，也是恰当的理论名称"。② 赵曜认为，中国特色社会主义理论之所以是一个科学的理论体系，是因为这个理论体系有一个鲜明的历史性主题和主线——建设中国特色社会主义，什么是社会主义与如何建设社会主义；它有着深厚的哲学基础——解放思想、实事求是、与时俱进；它由一套完整、系统的理论构成——社会主义本质论、社会主义市场经济论等十个方面，并有自己的范畴体系——基本原理和中国实际、基本制度和具体制度、计划和市场等；它科学地回答了中国这个经济文化比较落后的国家建设、巩固和发展社会主义的一系列重大理论问题。③ 牛先锋则认为，党的十四大报告把中国特色社会主义理论的主要内容归纳为九个方面，这九个方面相互联系，构成一个理论体系，第一次比较系统地初步回答了中国这样的经济文化比较落后的国家如何建设社会主义、如何巩固和发展社会主义的一系列基本问题，用新的思想、观点继承和发展了马克思主义。因此，党的十四大总结的九条内容，是理解中国特色社

---

① 刘云章、郜世奇：《解析中国特色社会主义的理论进程及创新机制》，《中国特色社会主义研究》2004 年第 1 期。

② 沈宝祥：《对理论新成果的最好概括》，《人民论坛》2007 年第 10 期。

③ 赵曜：《中国特色社会主义的科学体系和历史地位》，《特区理论与实践》2003 年第 6 期。

会主义理论内容的基础。从理论研究的角度看，研究的首要基本问题是"什么是社会主义，如何建设社会主义"；研究的对象是在新的时代条件下经济文化比较落后的中国建设社会主义现代化的规律；理论的主要内容是如何建设、巩固和发展社会主义的一系列基本问题；理论的成果载体是十一届三中全会以来党和国家的重要文献以及邓小平、江泽民等党和国家领导人的著述。中国特色社会主义理论在性质上既不是封建主义，也不是资本主义，而是社会主义；中国特色社会主义实践是一个剔除封建主义残余、借鉴资本主义文明成果、改革传统社会主义模式弊端的过程。① 李卫宁、舒源认为，中国特色社会主义理论包括以下十三个方面的基本内容：一是和平与发展是当今时代主题的学说；二是社会主义矛盾的学说；三是社会主义建设中重大关系的学说；四是社会主义本质的学说；五是社会主义根本任务的学说；六是社会主义初级阶段的学说；七是社会主义市场经济的学说；八是改革也是革命，是解放生产力的学说；九是社会主义对外开放的学说；十是社会主义现代化建设战略步骤和全面建设小康社会的学说；十一是科学技术是第一生产力的学说；十二是全面建设社会主义的学说；十三是以"三个代表"重要思想为指导的执政党建设学说。② 王怀超认为中国特色社会主义理论可以简要地归结为三句话，即十一个要点、五根支柱和一个核心。中国特色社会主义理论实质上就是加快中国发展的理论，依据此理论制定的基本路线和基本纲领，就是加快中国发展的路线

① 牛先锋：《关于中国特色社会主义理论的几个问题》，《中国特色社会主义研究》2005年第2期。
② 李卫宁、舒源：《中国特色社会主义理论的创立发展与系统构架》，《中共云南省委党校学报》2004年第5期。

和纲领。①

第四，关于中国特色社会主义理论的意义研究情况。刘长认为，中国特色社会主义理论的重大意义主要有：第一，中国特色社会主义理论的社会主义本质论使各国马克思主义者对社会主义的认识提高到了新的科学水平；第二，中国特色社会主义理论的发展观为国际共产主义运动开辟了新的道路；第三，中国特色社会主义理论的实事求是思想路线启发了各国马克思主义者；第四，中国特色社会主义理论关于社会主义发展动力的理论为国际共产主义运动注入了新的活力；第五，中国特色社会主义理论关于党的建设的理论为各国马克思主义政党加强自身建设提供了有益的借鉴。② 萧栋梁认为，中国特色社会主义理论有三个方面的国际意义：一是实现了科学社会主义的新飞跃，对克服传统社会主义的僵化影响，激发社会主义的生机和活力，促进世界社会主义的复兴有重要的推动作用；二是创造了各国走本国特色社会主义道路的新条件，对抵制资本主义冲击，坚持社会主义方向有重要借鉴意义；三是促进了世界和平与发展事业的新发展，为世界社会主义的复兴创造了有利的国际环境。③

（三）二者比较研究的状况

中国特色社会主义本质上是科学社会主义但又不完全等同于科学社会主义，它是科学社会主义基本原理在中国的具体运用和发展，是符合中国实际的、具有中国特色的社会主义。因此，把

---

① 王怀超：《社会主义、科学社会主义与中国特色社会主义》，《科学社会主义》2005 年第 2 期。

② 刘长：《论中国特色社会主义理论对国际共产主义运动的贡献》，《贵阳金筑大学学报》2001 年第 2 期。

③ 萧栋梁：《论中国特色社会主义理论的国际意义》，《求索》2001 年第 4 期。

民主社会主义与科学社会主义进行比较，不等于把民主社会主义
与中国特色社会主义进行比较。

　　关于民主社会主义与科学社会主义、中国特色社会主义的比
较研究情况，理论界做了大量的工作，但是大多数是把民主社会
主义与科学社会主义进行比较，直接对民主社会主义与中国特色
社会主义进行比较的较少。如上文所述，20 世纪 90 年代发表的
与民主社会主义相关的理论文章和出版的专著一个明显的特点就
是对民主社会主义与科学社会主义进行比较的较多。这个时期，
把民主社会主义与科学社会主义进行比较的理论文章有：《马克
思主义的科学社会主义与社会党国际的民主社会主义》（赵明义：
《科学社会主义》1990 年第 7 期）、《民主社会主义同科学社会主
义的本质区别》（曹长盛：《前线》1990 年第 3 期）、《李卜克内
西的民主社会主义是科学社会主义吗?》［赵永清：《北京大学学
报》（哲学社会科学版）1993 年第 4 期］、《民主社会主义与马克
思主义》（徐崇温：《晋阳学刊》1992 年第 4 期）、《什么是民主
社会主义? ——兼谈科学社会主义与民主社会主义的根本区别》
（周新城：《甘肃社会科学》1997 年第 2 期）、《民主社会主义与
科学社会主义之比较》（简德平：《党政干部论坛》1998 年第 2
期）、《论中国特色社会主义与 "民主社会主义" 的本质区别》
（邵维庆：《中山大学学报论丛》1999 年第 6 期）、《民主社会主
义与科学社会主义的理论对立和思想联系》（杨玲玲：《中共云南
省委党校学报》2000 年第 6 期）等。把民主社会主义与科学社会
主义进行比较的专著有《当代民主社会主义——认识民主社会主
义　坚持科学社会主义》（李永清著，中国广播电视出版社 1991
年版）、《民主社会主义与科学社会主义比较研究》（汪恩键主编，
中央编译出版社 1998 年版）等。从 2000 年至今，特别是 2007

年，民主社会主义与科学社会主义、中国特色社会主义的比较研究成果更为丰富，理论文章有《民主社会主义及其与中国特色社会主义的区别》（程恩富：《学习月刊》2007 年第 11 期）、《中国特色社会主义与民主社会主义是两股道上跑的车》（徐崇温：《求是》2007 年第 13 期）、《百年来科学社会主义与民主社会主义关系的演变——兼谈"只有社会主义民主才能救中国"》（高放：《理论学刊》2007 年第 6 期）、《划清科学社会主义与民主社会主义的界限》（周新城：《思想理论教育导刊》2007 年第 7 期）、《正确认识民主社会主义　坚定不移地走中国特色社会主义道路》（徐理：《光明日报》2007 年 4 月 24 日第 9 版）、《中国特色社会主义与民主社会主义的本质区别》（芮岩：《党建研究》2007 年第 6 期）、《论民主社会主义与科学社会主义的区别》（王学东：《当代世界与社会主义》2007 年第 3 期）、《不"同祖"，不"同根"，不是"同义语"——谈谈科学社会主义和民主社会主义的关系》（徐崇温：《高校理论战线》2008 年第 5 期）、《中国特色社会主义与民主社会主义：历史与现实》（王作峰：《马克思主义研究》2008 年第 6 期）、《中国特色社会主义与民主社会主义的本质区别》（焦力军：《学理论》2009 年第 21 期）、《民主社会主义的流变及与中国特色社会主义的本质区别》（吕薇洲：《红旗文稿》2010 年第 4 期）、《二战后欧洲民主社会主义与苏东"现实社会主义"关系评析》（蒋锐：《当代世界与社会主义》2011 年第 2 期）、《中国特色社会主义改革与民主社会主义改良辨析》[李娟：《中央民族大学学报》（哲学社会科学版）2012 年第 2 期]、《全球化视野下民主社会主义与中国特色社会主义比较研究》[龚小平：《内蒙古农业大学学报》（社会科学版）2012 年第 4 期]、《后金融危机时代中国特色社会主义与民主社会主义发展态势比较》[禄德安：《郑州航空工业管理学院学报》（社会科学版）2013 年第 5 期]、《〈费边论丛〉与民主社会主义的关系探讨》[刘健：《廊坊师范学院学报》（社会科学版）2014 年第 1 期] 等。从 2000 年至今，把民主社会主义与科学社会主义进行比较的著作有《20 世纪社会主义的抉择——科学社会主义和民主社会主义》（赵明义、孔令栋主编，黄河出版社 2000 年版）、《中国特色社会主义与民主社会主义瑞典模式比较研究》（邹升平著，知识产权出版社 2013 年版）等。

　　总体来看，对于民主社会主义与科学社会主义的比较研究，大多从二者本质区别方面进行展开，往往都是在对照科学社会主义的理论原则基础上对民主社会主义进行批判，倡导坚持科学社会主义，丰富、发展和完善科学社会主义。对民主社会主义与中国特色社会主义进行比较的较少，到了 2007 年才开始出现对民主社会主义与中国特色社会主义进行比较的文章。如上文指出的几篇把民主社会主义与中国特色社会主义进行比较的文章中，程恩富等认为，中国特色社会主义与民主社会主义的本质区别在于是否坚持马克思主义的指导地位，是否坚持生产资料公有制的主体地位，是否坚持工人阶级政党的领导，是否坚持共产主义奋斗目标。① 徐崇温认为，如何对待科学社会主义的基本原则，是中国特色社会主义和民主社会主义作为不同政治道路一条根本性的原则界限。在如何对待资本主义的问题上，中国特色社会主义是吸收和利用资本主义的一些有用的东西去发展社会生产力，民主社会主义则在资本主义制度下，把无产阶级争取社会主义的斗争

---

　　① 　程恩富、张飞岸：《民主社会主义及其与中国特色社会主义的区别》，《学习月刊》2007 年第 6 期。

完全局限于和融化于所谓资产阶级民主之中。在如何对待马克思主义问题上，中国特色社会主义坚持马克思主义，坚持把马克思主义同中国实际相结合，而民主社会主义则逐渐把世界观中立、指导思想多元化奉为自己的思想纲领。① 徐理认为，民主社会主义不是科学社会主义，民主社会主义不如中国特色社会主义。② 芮岩认为，中国特色社会主义坚持马克思主义的指导地位，决不搞指导思想的多元化。要坚持改革开放的社会主义方向，强调改革是社会主义制度的自我完善和自我发展，强调在建设中国特色社会主义的过程中必须始终坚持中国共产党的领导，决不搞西方的三权分立和多党制。③

总之，对民主社会主义研究、对中国特色社会主义研究以及对民主社会主义与科学社会主义的比较研究已经较为深入并且成果丰富，而对于民主社会主义与中国特色社会主义进行比较研究，不但相关文章少，而且专著更少。这是目前理论研究中的一个薄弱点，所以这也正是本书选题的重要原因之一。

三 主要内容和观点

全书的主要研究内容分为三大部分。

第一部分是对本质的概念和内涵进行界定，并阐明理论本质层面的具体内容。在此基础上，进一步以马克思历史唯物主义和社会系统论为理论基础，阐释本书在理论本质层面选择指导思

---

① 徐崇温：《中国特色社会主义与民主社会主义是两股道上跑的车》，《求是》2007 年第 13 期。
② 徐理：《正确认识民主社会主义　坚定不移地走中国特色社会主义道路》，《光明日报》2007 年 4 月 24 日。
③ 芮岩：《中国特色社会主义与民主社会主义的本质区别》，《党建研究》2007 年第 6 期。

想、经济观点、政治观点三个方面的具体原因。

第二部分是对民主社会主义和中国特色社会主义的理论起源、形成、发展等进行具体梳理，在此基础上对民主社会主义与中国特色社会主义的来龙去脉进行概况总结，揭示民主社会主义的本质，在比较中坚持中国特色社会主义，发展和完善中国特色社会主义。

第三部分是在认清民主社会主义真实面目的基础上，就民主社会主义与中国特色社会主义两大理论体系中的三个质的区别方面进行比较。具体来说，是就民主社会主义与中国特色社会主义的指导思想、经济观点、政治观点三个方面进行比较。在比较中划清中国特色社会主义与民主社会主义的原则区别，坚定不移地走中国特色社会主义道路。在认清民主社会主义实质的基础上，在把民主社会主义与中国特色社会主义进行具体比较中得出结论：只有中国特色社会主义才能发展中国、富强中国、幸福人民。

本书除了导论和结束语外，具体结构共分为六章。

第一章紧扣全书主题，主要阐述把民主社会主义与中国特色社会主义这两种理论进行本质比较的世界观、方法论基础。在这一章里，从分析本书书名中的核心词语——本质入手，在厘清本质概念的基础上，以马克思主义哲学为理论基础，弄清楚本质是事物各种特质中的根本的质，是一事物区别于他事物的最根本的特性，是该事物之所以成为其自身并与其他事物相区别的根本的规定性，也即一事物存在的内在根据。本质能将此事物与彼事物严格区分开来，并能反映此事物内在的特性和质的规定性。以此为依据，推论出理论的本质是指此理论与彼理论相区别的最根本的方面，即反映理论根本特性的方面，这些方面能够把此理论与彼理论区别开来。据此，理论的本质层面应包括指导思想、经济观点、政治观点等层面。同时以历史唯物主义和社会系统论为指导，分析选择指导思想、经济观点、政治观点作为理论本质层面的原因。

第二章重点分析民主社会主义理论的演变过程。从民主社会主义的源头社会民主主义分析开始，论证民主社会主义起源于社会民主主义以及与其相关的法国、德国、英国等国家 19 世纪的各种改良主义思潮。在与科学社会主义关系的比较中，指出法国的蒲鲁东主义、德国的拉萨尔主义以及英国的工联主义是社会民主主义的早期思想源头。社会民主主义经过伯恩施坦和考茨基的修正在 20 世纪初逐渐形成。20 世纪初的世界大战既给发展中的国际工人运动带来了机遇也带来了挑战，对国际工人运动最大的冲击应该算作战争，正是战争导致了社会民主主义与科学社会主义由同源同义到分化分裂，最后走向全面对抗。民主社会主义就是在二战后资本主义扩张和社会主义发展的背景下，在与共产国际的对抗中形成的。1951 年社会党国际第一次代表大会的召开以及《法兰克福声明》的发表，标志着民主社会主义理论的形成。此后，民主社会主义经历了不断扩张和 1991 年后的调整，在曲折中不断发展。瑞典模式是民主社会主义实践的典范，但从瑞典模式的实践中，我们却可以得出结论：民主社会主义从来就不是科学社会主义，民主社会主义在实质上是、依然是、只能是资产阶级改良主义。

第三章重点分析中国特色社会主义理论的形成和发展。中国特色社会主义建立于毛泽东对具有中国民族风格的社会主义探索的基础上，由邓小平创立，经过江泽民同志、胡锦涛同志、习近平同志等的发展和丰富而逐渐形成。"一个中心、两个基本点"

是对中国特色社会主义基本路线的简明概括，也是中国特色社会主义的核心内容。中国特色社会主义就是要以经济建设为中心，坚持四项基本原则，坚持改革开放，不断改善和提高人民的生活水平，推动中国人民逐步走向共同富裕。中国特色社会主义理论在意识形态上坚持以马克思列宁主义、毛泽东思想以及马克思主义中国化最新成果为指导思想；在经济观点上要不断发展和完善社会主义市场经济，坚持以公有制为主体、多种所有制经济共同发展作为基本经济制度；在政治观点上坚持人民代表大会制度，坚持共产党领导下的多党合作和政治协商制度、民族区域自治制度等。确保中国共产党的政治领导地位，确保广大人民群众的当家做主地位，是中国特色社会主义的本质特征。中国特色社会主义的本质特征决定了中国特色社会主义从根本上是科学社会主义，而不是民主社会主义，更不是资本主义。

第四章对民主社会主义与中国特色社会主义进行指导思想方面的具体比较。在指导思想方面，民主社会主义与中国特色社会主义最明显的区别就在于民主社会主义坚持以多元化的思想为指导，而中国特色社会主义坚持以一元化的思想为指导。民主社会主义多元化的指导思想包括了资产阶级改良主义思想、资产阶级自由主义思想、基督教伦理道德思想以及马克思主义思想等，民主社会主义这种以多元化思想作为指导思想的做法，实质上是在肯定多元思想的同时，否定马克思主义思想这个本源。对马克思主义思想的否定是民主社会主义本身性质变化的根源，正是这一因素，注定了民主社会主义从根本上脱离无产阶级而投向资产阶级的怀抱，因此其实质是资产阶级改良主义。中国特色社会主义是马克思列宁主义、毛泽东思想以及马克思主义中国化最新成果指导下的科学社会主义在新时期的发展与创新，这种发展与创新是在马克思列宁主义、毛泽东思想基础上的发展与创新。中国特色社会主义始终坚持以马克思列宁主义、毛泽东思想为指导思想，坚持以马克思主义中国化的最新成果为指导，所以，中国特色社会主义从本质上是科学社会主义。民主社会主义多元化的指导思想的哲学基础是唯心主义，而与此相对，中国特色社会主义一元化的指导思想的哲学基础是历史唯物主义，这是二者的分水岭。

第五章对民主社会主义与中国特色社会主义进行经济观点方面的具体比较。在经济观点方面，民主社会主义与中国特色社会主义最明显的区别就在于，民主社会主义坚持发展私有经济，其实质是坚持以私有制为基础，发展资本主义经济；而中国特色社会主义则坚持和完善以公有制为主体、多种所有制经济共同发展的基本经济制度，坚持两个"毫不动摇"，坚持平等保护原则，形成各种所有制经济平等竞争、相互促进的新格局。民主社会主义多元化的私有经济观点表明其实质上维护的是资产阶级的利益，民主社会主义从根本上是"资本主义病床边的医生"，并且只能是资本主义的医生。中国特色社会主义在经济制度上坚持以公有制为主体，坚持发展多种所有制经济，坚持发展经济为了人民，最终实现共同富裕。这一方面适应了我国生产力的发展水平，符合我国的具体国情；另一方面从经济上保障了广大劳动人民当家做主的地位。所以，中国特色社会主义经济制度能够从根本上保证我们所走的道路是科学社会主义道路。

第六章对民主社会主义与中国特色社会主义进行政治观点方面的具体比较。在政治观点方面，民主社会主义与中国特色社会主义最明显的区别就在于，民主社会主义坚持所谓的"民主制和多党制"，而中国特色社会主义坚持人民代表大会制度和中国共产党领导的多党合作和政治协商制度以及民族区域自治制度等。

民主社会主义的政治观点决定了其实质上是维护资产阶级的政治制度，坚持资产阶级的民主制，通过组建党派参与资产阶级的多党竞争，通过竞选获得议会多数从而达到组阁或获取政府领导权的目的，从而贯彻其政策，推行其主张。尽管社会党通过这种方式获得了政权，有的国家的社会党（比如瑞典社会党）甚至长期连续或间隔执政时间总计长达65年，但始终是资本主义国家。民主社会主义坚持在资本主义政治框架内的改良主义主张和做法，注定了其实质上只能是资产阶级改良主义。中国特色社会主义在政治观点方面坚持人民代表大会制度和中国共产党领导的多党合作和政治协商制度，坚持民族区域自治制度等，既有效地坚持党的领导，又能够充分保障广大劳动人民当家做主的权利，这是体现中国社会主义性质和维护广大劳动人民群众利益的政治制度。

综上所述，立足于正确的世界观和方法论，在弄清本质及理论本质层面的基础上，选择恰当的理论本质层面，对民主社会主义与中国特色社会主义进行指导思想、经济观点以及政治观点三个层面的比较，得出如下结论：民主社会主义是坚持指导思想的多元化、主张发展私有经济、企图通过多党竞争和民主选举取得政权并实施自己的政治主张的资产阶级改良主义。民主社会主义道路在中国是走不通的。中国特色社会主义是坚持以一元化的马克思列宁主义、毛泽东思想以及马克思主义中国化最新成果为指导思想的，通过公有制为主体、多种所有制经济共同发展的基本经济制度逐步达到共同富裕的，以人民代表大会制度和中国共产党领导下的多党合作和政治协商制度、民族区域自治制度等保障人民当家做主地位的科学社会主义。中国特色社会主义道路在中国将会越走越宽广。只有中国特色社会主义才能发展中国、富强中国、幸福人民。

第一章

两种理论本质比较的
世界观和方法论基础^①

本质是与现象相对应而存在的范畴，是一事物区别于他事物最根本的特性。正如马克思深刻表明的那样："对象如何对他说来成为他的对象，这取决于对象的性质以及与之相适应的本质力量的性质"；"我的对象只能是我的一种本质力量的确证"。^② 正确而恰当地选择理论的本质层面，是认清和透视一种理论的基本需要，更是对两种不同理论进行比较的前提和基础。对民主社会主义和中国特色社会主义进行本质上的比较，需要对本质进行较为准确的界定，需要恰当地选取反映这两种理论的本质层面。同时，还需要搞清楚进行这两种理论本质比较研究的世界观和方法论基础。

---

① 本书中，如无特殊说明，为使行文简练，"两种理论本质比较"特指"民主社会主义与中国特色社会主义本质比较"。
② 《马克思恩格斯全集》第 42 卷，人民出版社，1979，第 125～126 页。

在本书中，理论本质层面不是泛指包括自然科学理论、思维科学理论等在内的理论的本质层面，而是特指反映诸如中国特色社会主义、民主社会主义、新自由主义等这类哲学社会科学理论的本质的具体层面。而世界观则主要是指马克思历史唯物主义世界观，方法论则主要运用了马克思主义社会系统论的方法。

第一节　两种理论本质层面的选择

马克思在《1844 年经济学哲学手稿》中指出，"每一种本质力量的独特性，恰好就是这种本质力量的独特的本质，因而也是它的对象化的独特方式，是它的对象性的、现实的、活生生的存在的独特方式"。① 所谓本质是指一事物区别于他事物的最根本的特性，它反映的是事物的根本和特殊矛盾，事物的本质决定了事物发展的规律。本质的这种内在规定性决定了理论本质的特殊性。理论本质的特殊性总是通过一定的层面反映出来，透过理论现象的层层迷雾，从而真正把握理论的本质层面，是对民主社会主义与中国特色社会主义两大理论进行比较的前提和基础。本质与现象相对应而存在。本质决定现象，现象反映本质。认清一种理论的本质，需要透过其现象的云烟，把握其本质，谓之"透过现象看本质"。尽管古今中外对本质的界定众说纷纭，但本质有其自身的意蕴，特别是马克思主义哲学对本质有明确而具体的界定。按照马克思主义哲学基本原理，在搞清楚本质含义的基础上，全面而正确地把握一种理论的本质层面就有了根基。选择指导思想、经济观点、政治观点作为民主

---

① 《马克思恩格斯文集》第 1 卷，人民出版社，2009，第 191 页。

社会主义与中国特色社会主义本质比较研究的理论层面，是符合马克思主义唯物史观的，同时也遵照了马克思主义社会系统论的基本方法。

一 本质的含义

关于本质的含义，古今中外许多思想家和理论家进行过全面而丰富的论述。对于本质，亚里士多德认为，"物质的本质存在于自身之中"。① 这意味着，本质是某个东西的本质，本质是不能离开那个东西存在的，本质不是外在于对象的，而是在对象本身之中。亚里士多德对本质的理解具有较为明显的唯物主义倾向。黑格尔曾经指出："本质映现于自身内，或者说本质是纯粹的反思；因此本质只是自身联系，不过不是直接的，而是反思的自身联系，亦即自身同一。"② "某物的存在，必有其充分的根据，……根据就是内在存在着的本质，而本质实质上即是根据。"③ 黑格尔在这里认为本质是事物自身的映现，甚至是一种"纯粹的反思"，同时，本质又是事物存在的根据。黑格尔对本质的界定具有唯心主义形而上学倾向。正如恩格斯指出的，"黑格尔是唯心主义者，就是说，在他看来，他头脑中的思想不是现实的事物和过程的或多或少抽象的反映，相反地，在他看来，事物及其发展只是在世界出现以前已经以某种方式存在着的'观念'的实现了的反映"。④ 因此，黑格尔没有从唯物主义出发来认识事物的本质。马克思主

---

① Aristotle, *The Complete Works of Aristotle*, edited by Barnes, J., the Revised Oxford Translation, Vol. 2, Princeton University Press, 1984, 1029b13 – 15.
② 〔德〕黑格尔：《小逻辑》，贺麟译，商务印书馆，1980，第247页。
③ 〔德〕黑格尔：《小逻辑》，贺麟译，商务印书馆，1980，第259页。
④ 《马克思恩格斯选集》第3卷，人民出版社，1995，第737页。

义经典作家从辩证唯物主义和历史唯物主义基本原理出发，对本质进行了科学的界定。马克思、恩格斯指出，本质是内在的，现象是外在的。[①] 因此，本质和现象是一对哲学范畴，二者互生共存，本质透过现象反映出来，本质是一个事物或理论中起决定性作用的因素。同时，列宁也明确指出："规律和本质是表示人对现象、对世界等等的认识深化的同一类的（同一序列的）概念，或者说得更确切些，是同等程度的概念。"[②] 由此可见，本质和规律同等重要，事物的本质和事物的发展规律，是反映事物根本性的特质。毛泽东在谈到事物的本质时说："任何运动形式，其内部都包含着本身特殊的矛盾。这种特殊的矛盾，就构成一事物区别于他事物的特殊的本质。"[③] "事物的性质，主要是由取得支配地位的矛盾的主要方面所规定的。"[④] 这个"事物的特殊的本质"主要表现为事物的特殊矛盾，这种特殊矛盾的相互冲突，既展现事物的发展规律，又表现出事物的本质。事物的本质稳固而扎实，不轻易变动。著名哲学家艾思奇指出："事物的本质是事物的性质及此一事物和其他事物的内部联系。本质决定于事物的内在矛盾，是事物的比较深刻、比较稳定的方面。"[⑤] 肖前教授认为："质是使事物成为它自身并使该事物同其他事物区别开来的内部规定性。"[⑥] 另外，《中国大百科全书·哲学卷》中是这样解

---

① 《马克思恩格斯选集》第4卷，人民出版社，1995，第938页。参考本卷第247、333~334、580页。

② 《列宁全集》第38卷，人民出版社，1959，第159页。

③ 《毛泽东选集》第1卷，人民出版社，1991，第308~309页。

④ 《毛泽东选集》第1卷，人民出版社，1991，第322页。

⑤ 艾思奇主编《辩证唯物主义　历史唯物主义》，人民出版社，1961，第131页。

⑥ 肖前等主编《马克思主义哲学原理》，中国人民大学出版社，1993，第217页。

释本质的:"质是由事物的内在特殊矛盾决定的,使一事物区别于他事物的内在的规定性。"①

因此,本质是事物各种特质中的根本的质,是一事物区别于他事物的最根本的特性,是该事物之所以成为其自身并与其他事物相区别的根本的规定性,也即一事物存在的内在根据。本质能将此事物与彼事物严格区分开来,并能反映此事物内在的特性和质的规定性。正如马克思指出:"批判的武器当然不能代替武器的批判,物质力量只能用物质力量来摧毁;但是理论一经掌握群众,也会变成物质力量。理论只要说服人 [ad hominem],就能掌握群众;而理论只要彻底,就能说服人 [ad hominem]。所谓彻底,就是抓住事物的根本。"② 这里所说的"抓住事物的根本",无疑指的就是抓住事物的本质。只要抓住本质,理论就能彻底,就能说服人,就能掌握群众,进而变为改变世界的物质力量。以此推论,理论的本质是此理论与彼理论相区别的最根本的方面,即反映理论根本特性的方面,这些方面能够把此理论与彼理论区别开来。民主社会主义与中国特色社会主义两大理论体系相区别的本质方面,决定了二者是完全不同的两种理论。这种把民主社会主义与中国特色社会主义相区别的方面,就在于二者的指导思想、经济观点、政治观点三个方面。

二 本质与现象

马克思主义认为,本质是与现象相对应而存在的一对哲学范畴。本质表明的是一事物区别于他事物的最根本的特性。艾思奇

---

① 《中国大百科全书·哲学卷》,中国大百科全书出版社,1987,第181页。
② 《马克思恩格斯文集》第1卷,人民出版社,2009,第11页。

指出："现象是指直接被我们的感官所感知的事物的外表形态。现象是事物的本质在各方面的外部表现。事物的本质通过现象从不同的方面表现出来。"① 所以，事物的本质与现象相联系而存在，事物的本质又总是通过现象反映和表现出来。作为事物内在规定性的本质，是事物自身的特殊矛盾，同时也是事物自身各种内在联系的统一，事物的本质总是通过现象表现出来，所以要透过现象来把握事物的本质。所以，马克思说："一个有生命的、自然的、具备并赋有对象性的即物质的本质力量的存在物，既拥有它的本质的现实的、自然的对象，而它的自我外化又设定一个现实的、却以外在性的形式表现出来因而不属于它的本质的、极其强大的对象世界，这是十分自然的。"②

本质决定现象。本质与现象之间的关系，主要表现为本质决定着现象的存在和发展，本质是现象存在的根据。正如毛泽东所说："我们看事情必须要看它的实质，而把它的现象只看作入门的向导，一进了门就要抓住它的实质，这才是可靠的科学的分析方法。"③ 因此，本质是现象存在的根据，本质决定着现象，并通过一定的现象表现本质自身的存在。现象作为与本质相对应的范畴，总是从不同的侧面展现事物的本质。现象的存在和变化归根结底是从属于本质的，是受本质制约和决定的。脱离本质的现象和脱离现象的本质都是不存在的。

现象反映本质。本质决定现象，并不意味着现象仅仅是无为的存在。现象总是通过其自身的表现，从某种程度上反映事物的

---

① 艾思奇主编《辩证唯物主义　历史唯物主义》，人民出版社，1961，第131页。

② 《马克思恩格斯文集》第1卷，人民出版社，2009，第208页。

③ 《毛泽东选集》第1卷，人民出版社，1991，第99页。

本质。马克思主义认识论认为，要透过事物各种各样的现象来正确认识和把握事物的本质。透过现象把握本质，要靠正确的认识论工具。唯物辩证法的一系列规律和范畴，是人们透过现象抓住本质的认识论工具。不能脱离现象去认识事物的本质，也不能使认识只停留在现象上，正确的做法是透过现象抓住本质。正如列宁指出的那样，"人的思想由现象到本质，由所谓初级的本质到二级的本质，这样不断地加深下去，以至于无穷"。①

本质和现象对立统一。马克思主义认为，一切事物都是本质和现象的对立统一，这是事物的客观辩证法，也是把握本质和现象的关节点。列宁指出："本质在表现出来；现象是本质的。"②本质和现象既对立又统一，这说明二者有差别，同时二者也是差别基础上的统一。本质和现象的对立决定了科学研究、科学认识的必要性。正如马克思所说："如果事物的表现形式和事物的本质会直接合而为一，一切科学就都成为多余的了。"③另外，本质和现象的统一也决定了人们对一种事物或者理论进行深入而系统的认识的可能。

唯物辩证法关于本质和现象的关系，为我们认识事物和理论本质提供了有力的分析工具。民主社会主义和中国特色社会主义，二者都具有相应的本质和现象，要对二者进行本质比较研究，就要在全面分析二者各种令人眼花缭乱的、纷繁复杂的现象的基础上，正确把握二者内在本质层面，从而做到对二者的本质比较建立在正确的哲学世界观和方法论基础之上。

---

① 《列宁全集》第38卷，人民出版社，1959，第278页。
② 《列宁全集》第38卷，人民出版社，1959，第278页。
③ 《马克思恩格斯全集》第25卷，人民出版社，1974，第923页。

三　理论本质层面

在本书中，理论本质层面不是泛指包括自然科学理论、思维科学理论等在内的理论的本质层面，而是特指反映诸如中国特色社会主义、民主社会主义、新自由主义等这类哲学社会科学理论的本质的具体层面。这里的理论本质层面是指一种理论本身固有的特性，是该种具体理论区别于其他理论的根本的核心的质的规定性。理论的这种本质层面也通过理论本身的各种现象反映出来。理论的这类本质层面有很多，但从核心上说，反映和决定一个理论本质层面的关键在于这个理论的指导思想及其坚持的经济观点和政治观点。

（一）指导思想

指导思想是意识形态领域里阶级性最强烈和最鲜明的部分，它相较于社会意识形态的其他形式对社会经济基础起着更为直接的作用。指导思想也制约和影响着政治观点的变化和发展，对政治观点具有重大的指导作用。正如恩格斯指出："我们党有个很大的优点，就是有一个新的科学的观点作为理论的基础……"①恩格斯在这里所指的我们党很大的优点即"理论的基础"，就是指党的指导思想。这个指导思想就是不断形成和发展中的马克思主义。只有以马克思主义作为我们党的"理论的基础"，才能更好地实现党的目标和任务。可见，指导思想是一种理论得以维持和传承的根基，是这种理论指导下的政党行动、意识形态、经济建设、政治架构、社会建设等诸方面具体制度、体制、政策和策略等的行动指南，指导思想对一个社会的这些方面具有普遍的指

---

① 《马克思恩格斯选集》第 2 卷，人民出版社，1995，第 39 ~ 40 页。

导意义。列宁也曾经指出："现在我们只想指出一点，就是只有以先进理论为指南的党，才能实现先进战士的作用。"① 由此可见，指导思想本身正确与否，对一种理论具有重大的影响。毛泽东在《中国共产党在民族战争中的地位》中更是明确指出："指导一个伟大的革命运动的政党，如果没有革命理论，没有历史知识，没有对于实际运动的深刻的了解，要取得胜利是不可能的。"② 这就明确指出了作为指导思想的"革命理论"，以及历史知识和社会实践的重要性。由于一种理论的指导思想总是在一定的社会历史条件下、一定的社会生产实践基础上产生的，所以指导思想不可避免具有相应的阶级性、政治性等倾向。同时，还由于指导思想所赖以产生的社会环境、文化环境、政治经济以及哲学基础等不同，所以指导思想也有正确与错误之分。思想是行动的先导。正确的指导思想有助于社会实践的成功，有助于推动社会实践按照正确的方向前进，邓小平对确立毛泽东思想为我们党的指导思想的重要作用的评价可以很好地证明这一点。邓小平指出："七大把毛泽东思想规定为党的指导思想，使我党在政治上、思想上、组织上达到空前的团结，并在这个基础上领导全国人民打败了日本侵略者，以后又打败了美帝国主义支持的蒋介石，才有了全国的胜利。"③ 而与此相反，错误的指导思想则会导致社会实践偏离正确的前进方向，甚至滑入反方向，导致整个理论和实践的重大偏差。对此，邢贲思写道："执政党面对各种挑战，要能经受住这种考验，必须用马克思主义武装自己，凭借马克思主义这一理论武器来分清什么是本质，什么是现象，什么是主流，

① 《列宁选集》第1卷，人民出版社，1995，第312页。
② 《毛泽东选集》第2卷，人民出版社，1991，第533页。
③ 《邓小平文选》第1卷，人民出版社，1994，第151页。

什么是支流，什么是历史发展的必然趋势，什么是暂时的历史曲折；在任何复杂的情况下，始终保持清醒的头脑。"① 因此，指导思想是一种理论的灵魂，它在一种理论中居于核心地位，其正确与否直接影响和决定这种理论指导下的社会实践的成败。正是基于此，指导思想是一种理论本质层面的重要方面之一。

（二）经济观点

与理论中的经济观点连接最紧密的是整个国家制度当中的经济制度。经济制度是指一个国家中占据统治地位的阶级，基于一定的指导思想和政治理论基础，为了满足反映其在整个社会中占统治地位的生产关系的发展的需要而建立、维护和发展的一系列有利于统治阶级政治统治的与各种经济问题有关的经济措施、经济秩序、经济规则和经济体制的总称。经济制度是一个国家基本性质的决定性因素，经济制度的这种决定性主要表现在两个方面：一方面是决定着一个国家所属的历史类型，另一方面就是决定着一个国家与其他类型的国家之间的本质区别。马克思指出："人们在自己生活的社会生产中发生一定的、必然的、不以他们的意志为转移的关系，即同他们的物质生产力的一定发展阶段相适合的生产关系。这些生产关系的总和构成社会的经济结构，即有法律的和政治的上层建筑竖立其上并有一定的社会意识形式与之相适应的现实基础。"② 在这里，马克思所指的"现实基础"就是指经济基础，这个经济基础无疑包括了经济制度，同时还包括了生产、流通、分配与消费过程中的一切人与人之间的关系。

马克思主义认为，社会生产力发展的状况决定着一种社会的

---

① 邢贲思：《学习马克思主义是共产党员的神圣职责》，载《关于社会主义若干问题的思考》，科学出版社，1990，第302页。
② 《马克思恩格斯选集》第2卷，人民出版社，1995，第32页。

经济制度。经济制度是生产关系的外化和制度化，是生产关系在现实的经济生活中的具体表现。经济制度是构成一种社会的经济基础的重要方面，它决定着该社会的政治制度和意识形态，并受该社会政治制度和意识形态的影响和反作用。马克思强调："统治阶级的思想在每一时代都是占统治地位的思想。这就是说，一个阶级是社会上占统治地位的物质力量，同时也是社会上占统治地位的精神力量。"① 这就说明，任何一个国家的统治阶级，为了维护其经济上、政治上的统治，总是竭力维护和发展其占统治地位的意识形态。马克思历史唯物主义关于社会基本矛盾运动的观点认为，经济基础决定上层建筑，上层建筑反作用于经济基础。生产力决定生产关系，生产关系制约或促进生产力的发展。有什么样的生产力，就有什么样的生产关系，生产力的状况决定着生产关系的状况，生产力的发展变化决定着生产关系的发展变化。先进的社会经济制度，会推动生产力的发展和社会的进步，而落后的社会经济制度，则会阻碍生产力的发展和社会的进步。按照马克思主义关于人类社会发展阶段的理论，人类社会发展历史上经历了五种依次更替的经济制度，即原始公社经济制度、奴隶制经济制度、封建制经济制度、资本主义经济制度和社会主义经济制度。在阶级社会里，经济制度始终服务于统治阶级的需要，是统治阶级利益的反映。

经济制度对于一个国家或者社会性质的决定性，标示了其在整个国家制度设计中的重要地位。经济制度的理论来源于一个国家采取组织国家形式的基础理论，基础理论决定着一个国家的经济制度设计。而国家基础理论中的经济观点和经济制度设计，直

---

① 《马克思恩格斯选集》第1卷，人民出版社，1995，第98页。

接影响着一个国家的经济制度。因而，哲学社会科学中的国家理论中的经济观点，直接影响着国家的经济制度。在理论研究中进行经济观点的梳理和比较十分重要。作为整个社会关系结构中起决定作用的一个层面，经济观点必然成为一个理论本质层面的反映，因此，研究一种理论的本质或者对两种理论进行本质比较，选择经济观点作为其本质层面就成为必然。

（三）政治观点

马克思历史唯物主义认为，政治本质上是一种特定的社会关系。王浦劬认为："政治应该定义为：在一定的经济基础上，人们围绕着特定利益，借助于社会公共权力来规定和实现特定权利的一种社会关系。"① 政治制度则是指在特定社会中，统治阶级通过组织政权以实现其政治统治的原则和方式的总和。换句话说，政治制度也可以看作社会政治领域中要求政治实体遵行的各类准则和规范的总称。它是随着人类社会政治现象的出现而产生的，是人类出于维护共同体的安全和利益，维持一定的公共秩序和分配方式的目的，对各种政治关系所做的一系列规定。政治制度反映一个国家的阶级性质，广义上的政治制度包括国家政权的组织形式、管理形式、国家的结构形式以及公民在国家政治生活中的地位等主要政治内容。狭义上的政治制度主要是指政体，即政权的组织形式。

政治制度不是从来就有的，而是在人类社会中随着政治现象的出现而产生的。政治制度是阶级社会特有的现象，是一个历史的范畴，因此，政治制度具有历史性特征。同时，政治制度又是一个社会形态阶级本质的内在规定，反映一个社会的阶级关系，

---

① 王浦劬主编《政治学基础》，北京大学出版社，1995，第8~9页。

具有鲜明的阶级性特征。从政治制度产生的过程来看，政治制度是阶级矛盾和阶级斗争的产物，是阶级统治的工具。从政治制度的作用来看，它并不是超然于阶级之外的，它总是直接或间接地反映社会各阶级的地位以及社会实际生活中各种政治力量的对比关系。在经济上占统治地位的阶级，在其各自所处的历史阶段中，在社会生产发展所要求或所允许的范围内，为了本阶级的根本利益，总是维护并发展有利于本阶级进行阶级统治的社会秩序。

政治制度的理论来源在于国家基础理论中的政治观点。政治观点影响和反映政治制度。作为理论本质层面的一个重要方面，政治观点能够反映一种理论的本质。政治观点这种反映理论本质的机能主要体现在政治观点能够反映政权的阶级内容，是政权的体现者。同时政治观点还能够反映经济观点的本质特征，反映其所维护的经济基础。与政治观点相联系的政治体制是指政治制度的具体表现和实施形式，是政治制度的运作在现实政治生活中的反映，是一个国家管理自身政治事务的一整套规范体系。从具体制度上来讲，政治体制主要包括党和国家的领导制度、组织制度、工作制度等具体制度内容。政治制度的这些反映政权性质、反映经济制度性质以及维护和体现这些性质的具体制度表征了政治观点在一种理论体系中的重要作用。因此，政治观点可以作为一种理论本质层面的选择。

第二节　两种理论本质比较的世界观基础

马克思历史唯物主义是研究社会理论问题最重要的工具。尤其对于研究一种社会理论或把两种不同的社会理论进行本质比较研究，历史唯物主义的世界观基础作用尤为明显。正如恩格斯指出："德国的唯物史观是以一定历史时期的物质经济生活条件来说明一切历史事件和观念、一切政治、哲学和宗教的。"① 这就充分说明了唯物史观的本质及其世界观意义。历史唯物主义的基本原理是选择理论本质层面的科学的哲学基础。

一　历史唯物主义社会历史观是进行两种理论本质层面选择的世界观基础

社会历史观是人们关于人类社会历史的根本看法，它要解决的基本问题是社会存在和社会意识的关系问题。对于这个问题的不同回答，划分出两种根本对立的社会历史观。社会存在和社会意识是人类社会历史中物质现象、物质关系和精神现象、思想关系的最本质的概括，是社会历史中两个最基本的范畴。社会存在是指不以人们的社会意识为转移的社会物质生活过程，通常主要指的是作为生产力和生产关系统一体的生产方式。社会意识则是指社会生活的精神方面、精神过程，是社会存在在人们意识中的反映，通常主要是指政治、法律、道德、艺术、宗教、科学和哲学等形式的观点和思想，社会意识泛化地理解的话还包括依据一定的社会思想所建立起来的政治、法律等制度。

历史唯物主义认为，社会存在决定社会意识，社会意识反映社会存在。马克思指出："物质生活的生产方式制约着整个社会生活、政治生活和精神生活的过程。不是人们的意识决定人们的存在，相反，是人们的社会存在决定人们的意识。"② 恩格斯曾经

① 《马克思恩格斯选集》第 3 卷，人民出版社，1995，第 209 页。
② 《马克思恩格斯选集》第 2 卷，人民出版社，1995，第 32 页。

指出："人们的意识取决于人们的存在而不是相反。"① 毛泽东明确指出："我们承认总的历史发展中是物质的东西决定精神的东西，是社会的存在决定社会的意识；但是同时又承认而且必须承认精神的东西的反作用，社会意识对于社会存在的反作用，上层建筑对于经济基础的反作用。"② 人们对于社会历史观中基本问题的不同回答，决定了他们所持的是唯物史观还是唯心史观。凡是认为社会存在决定社会意识，社会意识反映社会存在，属于唯物史观；相反，凡是认为社会意识决定社会存在，社会存在从属于社会意识，则属于唯心史观。唯物史观和唯心史观是截然相反的两种对立的社会历史观。站在历史唯物主义立场上来研究一种理论，就要抓住社会存在决定社会意识这个基本问题，穿过历史的云烟，透过纷繁芜杂的现象，在辩证思维中把握理论的本质层面。在所有的社会意识中，经济观点是一种根本的、关键的意识存在。社会存在中的经济制度、经济体制等都能从经济观点中找到产生的根源。而在社会意识中，对于一种理论而言，这种理论的指导思想以及在这种思想引导下建立起来的各种社会政治制度，则属于社会意识中的重要组成部分。因此，考察一种理论的本质，比较两种不同理论的本质区别，抓住社会意识中的指导思想、经济观点、政治观点等几个方面，就可以从整体上把握这种理论的本质，从而认清这种理论的真实面目。

因此，从马克思主义唯物史观关于社会历史观的基本问题——社会存在决定社会意识的立场出发，来把握一种理论的本质层面，决定了对这种理论本质层面选择的取向。选择理论中的

---

① 《马克思恩格斯文集》第 2 卷，人民出版社，2009，第 598 页。
② 《毛泽东选集》第 1 卷，人民出版社，1991，第 326 页。

指导思想、经济观点和政治观点作为理论的本质层面来研究，符合马克思主义唯物史观的社会历史观，是一种比较适当的选择。抓住两种理论的这些本质层面，从而对两种理论进行本质比较研究，有其深厚的历史唯物主义哲学世界观基础，因此也是恰当的。

二 历史唯物主义社会基本矛盾运动规律也是进行两种理论本质层面选择的世界观基础

历史唯物主义认为，社会基本矛盾就是指生产力和生产关系、经济基础和上层建筑的矛盾。生产力决定生产关系、生产关系反作用于生产力，经济基础决定上层建筑、上层建筑反作用于经济基础的观点是社会基本矛盾运动的一般规律。生产关系一定要适应生产力状况的规律、上层建筑一定要适应经济基础状况的规律是人类社会发展的最一般规律。唯物史观社会基本矛盾及其一般运动规律决定了理论本质层面的具体选择，同时也为进行两种理论本质层面比较奠定了世界观基础。

（一）生产力和生产关系

生产力是人们改造自然、获得物质资料的能力，是物质资料生产过程中人和自然的关系，即人类对于自然界的积极能动作用的表现。生产力是社会的生产和再生产过程中一切生产要素的总和。生产力的状况标志着人类社会控制自然、改造自然的广度和深度。生产关系则是指在社会生产总过程的生产、分配、交换和消费四个环节中所形成的人们相互之间的关系。所有制是生产关系体系中的重要组成部分，在所有制中生产资料所有制形式是生产关系的最根本的内容和基础。生产关系是一种物质关系。一切生产关系都体现了人与人之间的物质利益关系。正如恩格斯指出："每一既定社会的经济关系首先表现为利益。"① 正是物质利益使社会成员之间相互依赖、彼此联系起来，使彼此利益根本对立的社会集团又联系又斗争。这是表现于生产、分配、交换、消费过程中的实际的利益，而不是人们主观的愿望和要求。总的说来，在生产力与生产关系之间，生产力是主要的决定性的方面，它决定着一定生产关系的存在和发展，因而也就决定着一定生产方式的存在和发展。这是历史唯物主义最基本的原理。马克思指出："各个人借以进行生产的社会关系，即社会生产关系，是随着物质生产资料、生产力的变化和发展而变化和改变的。"② 可见，在生产方式中，生产力是最活跃最革命的因素，它处于经常不断的发展变化之中，这是由物质资料的生产和再生产过程的本质所决定的。同生产力比较起来，生产关系则是相对稳定的，一种生产关系形成后，为适应当时社会生产力的状况，总要在一个历史时期保持相对稳定。在肯定生产力对生产关系的决定作用的同时，一定不要忽略生产关系对生产力的反作用。生产关系对生产力的反作用主要表现在：一方面，当生产关系适应生产力的状况时，它就能促进生产力的迅速发展；另一方面，当生产关系不适应生产力发展的状况时，它就会阻碍生产力的发展，成为生产力发展的桎梏。

生产力决定生产关系，同时生产关系又反作用于生产力。生产力和生产关系这种相互作用构成了生产方式内部的矛盾运动。这种矛盾运动普遍地存在于一切社会形态之中，并贯穿于每个社

---

① 《马克思恩格斯选集》第 3 卷，人民出版社，1995，第 209 页。
② 《马克思恩格斯选集》第 1 卷，人民出版社，1995，第 345 页。

会形态发展过程的始终，是社会生产方式发展变化的根本原因，是人类社会向前发展的根本动力。

（二）经济基础和上层建筑

经济基础是同生产力的一定发展阶段相适应的生产关系的总和，一般地说，是一定社会形态中占统治地位的生产关系的总和。每个社会都有一种占统治地位的生产关系，这种生产关系的各方面综合起来，就构成该社会的经济基础。经济基础是社会的物质关系，是人们在社会生产中必然发生的、不以人的意志为转移的、同生产力的一定发展阶段相适应的一种客观实在的关系，它是全部社会关系中第一性的、原始的、基本的关系，是划分社会形态的客观依据。生产力作为社会历史发展的最终决定力量，当然会影响到社会机体的各个方面，但直接规定社会形态性质的并不是生产力，而是经济基础。上层建筑是建立在经济基础之上的社会意识形态以及与之相适应的制度和设施的总和。在上层建筑的整个体系中，政治是经济的集中表现，它和经济的联系是直接的，并对上层建筑的其他部分起着不同程度的制约和影响作用，起着某种规定方向的作用，是整个上层建筑的灵魂。

经济基础和上层建筑的有机统一构成社会形态。社会形态是人类社会在其历史发展的一定阶段的具体存在形式，也就是马克思所说的"处于一定历史发展阶段上的社会，具有独特的特征的社会"。① 它是奠基在一定的生产力之上的某种经济基础和上层建筑的有机统一体。上层建筑和经济基础都是社会形态不可缺少的组成部分，它们联系紧密、相互依存。没有无经济基础的上层建

---

① 《马克思恩格斯选集》第 1 卷，人民出版社，1995，第 345 页。

筑，也没有无上层建筑的经济基础，经济基础是上层建筑赖以产生、存在和发展的物质基础，上层建筑则是经济基础得以巩固和发展的思想政治条件。在社会形态这个统一体中，经济基础和上层建筑是对立统一的关系，其中经济基础起着主要的决定性作用，也即经济基础决定上层建筑。因此，马克思曾经指出："随着经济基础的变更，全部庞大的上层建筑也或慢或快地发生变革。"① 恩格斯也指出："每一时代的社会经济结构形成现实基础，每一个历史时期的由法的设施和政治设施以及宗教的、哲学的和其他的观念形式所构成的全部上层建筑，归根到底都应由这个基础来说明。"② 这些科学论断，已经为大量的事实材料所反复证明。在这个统一体中，上层建筑并非无为，而是积极地反作用于经济基础，也即上层建筑反作用于经济基础。经济基础决定上层建筑，上层建筑反作用于经济基础，这是历史唯物主义的基本观点。经济基础和上层建筑这种相互作用，构成社会形态内部的矛盾运动。这种矛盾运动，普遍地存在于一切社会形态之中，并贯穿于每个社会形态发展过程的始终，是推动社会形态更替的原始动力和根本原因。

生产力和生产关系的矛盾，经济基础和上层建筑的矛盾，是整个人类社会的基本矛盾。这两对社会基本矛盾是相互联系、相互制约的，这种联系反映了社会生产方式与社会形态的紧密联系，同时展现了人类社会发展和运动的一般规律。因此，研究一个社会的基本结构，如果把握住了社会基本矛盾及其运动规律，也就基本上把握住了人类社会的全貌。以此哲学基本原

① 《马克思恩格斯选集》第2卷，人民出版社，1995，第33页。
② 《马克思恩格斯选集》第3卷，人民出版社，1995，第365页。

理为理论研究的世界观基础，无论开展对一种理论的研究，还是开展对两种理论的本质比较研究，都能够从宏观上把握住理论的本质层面，从而达到认清理论实质的目的。同样，以唯物史观关于人类社会的基本矛盾及其运动变化的一般规律为依据，在开展理论研究时选择理论的指导思想、经济观点、政治观点作为理论的本质层面，符合历史唯物主义，是科学的、可行的选择。因此，指导思想、经济观点、政治观点的选择属于建立在唯物史观社会基本矛盾及其运动规律基础上的理论本质层面研究的具体选择。

第三节　两种理论本质比较的方法论基础

马克思历史唯物主义基础上的社会系统论是理论本质层面选择的方法论基础。马克思主义是开放的理论。正如恩格斯所说："我们的理论是发展着的理论，而不是必须背得烂熟并机械地加以重复的教条。"[1] 因此，马克思主义始终具有与时俱进的理论品质。这种理论品质决定了马克思主义的生命力。在历史唯物主义关于人类社会发展基本原理的系统思想基础上，结合现代系统论而产生的社会系统论，丰富了马克思主义理论的同时为我们分析社会、研究理论提供了新的认识工具和方法论基础。

一　社会系统论

系统一词来源于古希腊语，是由部分组成整体的意思。古希腊著名学者亚里士多德写道："质有一个开端、中间和结尾，这

---

[1]　《马克思恩格斯选集》第 4 卷，人民出版社，1995，第 681 页。

些位置的变化不造成差异的叫做全体，造成差异的则叫做整体。"① 这里就蕴含了整体超越部分的思想，换句话说，是由部分的不同排列组合构成了整体。这种思想内含了系统的萌芽，因此，马克思称赞亚里士多德是古代最伟大的思想家。由此可见，系统思想源远流长。马克思主义理论体系中蕴含着丰富的社会系统论思想。马克思指出，研究社会系统时，"在理论方法上，主体，即社会，也必须始终作为前提浮现在表象面前"。② 马克思在这里要说明的是，在社会系统中，社会本身是作为主体而存在的，它有自身的系统规则。恩格斯对社会系统论进行了深刻而详细的论证。恩格斯指出："关于自然界所有过程都处在一种系统联系中的认识，推动科学到处从个别部分和整体上去证明这种系统联系。"③ "我们所接触到的整个自然界构成一个体系，即各种物体联系的总体"；"只要认识到宇宙是一个体系，是各种物体相联系的总体，就不能不得出这个结论。"④ 在恩格斯看来，自然界是一个系统联系的整体。同样，恩格斯认为人类社会也是一个相互联系的有机系统。恩格斯认为："当我们深思熟虑地考察自然界或人类历史或我们自己的精神活动的时候，首先呈现在我们眼前的，是一幅由种种联系和相互作用无穷无尽地交织起来的画面。"⑤ 另外，恩格斯为了充分说明人类社会是历史的系统发展的过程，还全面阐释了历史合力论的思想。恩格斯指出："无论历史的结局如何，人们总是通过每一个人追求他自己的、自觉预期

---

① Aristotle, *The Complete Works of Aristotle*, edited by Barnes, J., the Revised Oxford Translation, Vol. 2, Princeton University Press. 1984, 1024a1 - 3.
② 《马克思恩格斯选集》第 2 卷，人民出版社，1995，第 19 页。
③ 《马克思恩格斯文集》第 9 卷，人民出版社，2009，第 40 页。
④ 《马克思恩格斯选集》第 4 卷，人民出版社，1995，第 347 页。
⑤ 《马克思恩格斯选集》第 3 卷，人民出版社，1995，第 359 页。

的目的来创造他们的历史，而这许多按不同方向活动的愿望及其对外部世界的各种各样作用的合力，就是历史。"① 为了进一步全面阐释历史合力论的思想，恩格斯在致约瑟夫·布洛赫的信中写道："历史是这样创造的：最终的结果总是从许多单个的意志的相互冲突中产生出来的，而其中每一个意志，又是由于许多特殊的生活条件，才成为它所成为的那样。这样就有无数互相交错的力量，有无数个力的平行四边形，由此就产生出一个合力，即历史结果，而这个结果又可以看作一个作为整体的、不自觉地和不自主地起着作用的力量的产物。因为任何一个人的愿望都会受到任何另一个人的妨碍，而最后出现的结果就是谁都没有希望过的事物。所以到目前为止的历史总是像一种自然过程一样地进行，而且实质上也是服从于同一运动规律的。但是，各个人的意志——其中的每一个都希望得到他的体质和外部的、归根到底是经济的情况（或是他个人的，或是一般社会性的）使他向往的东西——虽然都达不到自己的愿望，而是融合为一个总的平均数，一个总的合力，然而从这一事实中决不应作出结论说，这些意志等于零。相反地，每个意志都对合力有所贡献，因而是包括在这个合力里面的。"② 在这里，恩格斯全面阐述了其历史合力论思想。从恩格斯的历史合力论思想中我们可以看出，人类社会是一个复杂的系统，这个复杂的社会系统需要"合力"这个动力。马克思主义社会系统论认为社会由意识形态、经济制度、政治制度、文化文明等方面组成，在这个复杂的社会系统中，"历史合力"发挥着重要作用。

---

① 《马克思恩格斯选集》第 4 卷，人民出版社，1995，第 248 页。
② 《马克思恩格斯选集》第 4 卷，人民出版社，1995，第 697 页。

美籍奥地利理论生物学家贝塔朗菲也认为，"社会科学是社会系统的科学。因此，它应该使用一般系统科学的方法"。① 我国著名科学家钱学森同志也曾经指出："从马克思主义哲学到系统学的桥梁可以称为'系统观'或'系统论'，它将成为辩证唯物主义的一个组成部分。"② 社会系统论本质上是属于马克思历史唯物主义的。叶汝贤总结道："唯物史观揭示了人类历史发展的普遍规律，连萨特都认为它是不可超越的，但是，唯物史观并不是一种封闭的、主观思辨的逻辑体系，它并没有穷尽真理，而是开辟了通向真理的宽广的道路。它必然会随着历史的发展而发展。"③ 社会系统论正是运用系统论的思维方式，研究人类社会宏观和微观问题的理论方法和具体工具，它为我们研究社会问题提供了新的理论视角和重要的思维工具。苏联哲学家德里亚赫洛夫写道："列宁也把社会作为具有丰富的联系和关系的完整系统来分析，这种分析是马克思主义社会学的基本原则之一。"④ 所以，社会系统论主要研究社会运动内部的联系、关系以及社会运动的本质及其所具有的规律性与社会科学理论的系统性、层次性、关联性等，它从崭新的视角揭示了人类社会运动过程中的一般规律。

二 社会系统论视域下的理论本质层面

马克思主义历史唯物主义基础上的社会系统论认为，整个社

① 〔美〕冯·贝塔朗菲：《一般系统论——基础、发展和应用》，林康义、魏宏森等译，清华大学出版社，1987，第185页。
② 钱学森：《系统科学、思维科学与人体科学》，《自然杂志》1981年第1期。
③ 叶汝贤：《唯物史观的发展趋势》，载叶汝贤、孙麾主编《马克思与我们同行》，中国社会科学出版社，2003，第95页。
④ 〔苏〕德里亚赫洛夫等编《历史唯物主义范畴》，安起民等译，北京师范大学出版社，1984，第124页。

会可以分为经济、政治、意识、文化等许多方面。陈先达总结道："马克思主义认为，人类社会是一个有机体，是一个由生产力、生产关系、上层建筑等基本要素构成的具有复杂结构的有机整体；同时，它和自然环境又构成了一个更高层次的系统。因此，生产力作为社会有机体的基本要素，它的发展动力必然与整个社会有机体相联系，是一个多层次、多要素的动力系统所形成的合力。"① 社会首先是一个系统，是一个由各种要素构成的复杂的系统。在这个系统中，整个社会可以看作一个有机体，这个有机体有自己的发展动力，有自己的动力系统。社会系统论就是把整个社会看作一个由指导思想、经济制度、政治制度、意识形态、文化文明等构成的高度复杂的有机体，在这个有机体中，社会中的基本矛盾运动推进了社会有机体的向前发展。社会有机体的动力因素最终还是要归结到社会生产力的发展上来，正是社会生产力的发展最终决定了社会发展和前进的方向。研究社会这个有机体，要选择恰当的科学的方法，同样，研究一种社会理论或者把两种理论进行本质比较研究，也需要科学的研究方法。德里亚赫洛夫认为，"作为辩证方法的组成部分的系统方法是富有成效和科学价值的，这一点一定会在社会发展的自然历史过程的分析中表现出来，马克思的《资本论》就是这种分析的光辉典范"。② 因此，研究社会理论的本质，就要运用科学的研究方法，尤其是要运用社会系统论的方法，抓住理论的本质层面，从而能够开展对理论的深入研究。

　　按照社会系统论的观点来把握理论本质层面，要紧紧抓住社

---

① 陈先达主编《历史唯物主义新探》，中国人民大学出版社，1990，第88页。

② 〔苏〕德里亚赫洛夫等编《历史唯物主义范畴》，安起民等译，北京师范大学出版社，1984，第124页。

会关系中的指导思想、经济观点、政治观点这三个方面。正如著名科学家、系统论专家钱学森指出的,从历史唯物主义观点出发,"社会形态的几个方面:一个是马克思已经提出的,即经济的社会形态;另外还有两个,一个是政治的社会形态,另一个是意识的社会形态,意识的社会形态也就是我们通常所说的意识形态,现在我把它明确下来,意识形态不是指哪一个人的意识,而是整个社会的意识,则称之为意识的社会形态"。① 根据社会系统论的观点,社会就是由经济制度、政治制度以及意识形态构成的系统性很强的有机体,社会关系中的这三个方面系统地构成社会有机体,正是这三者的相互影响和相互作用所形成的合力最终决定了社会前进的方向。因此,社会系统论决定了在把两种理论进行本质比较研究过程中,要选择两种理论的指导思想、经济观点和政治观点作为本质比较的理论层面。

---

① 钱学森:《新技术革命与系统工程——从系统科学看我国今后 60 年的社会革命》,《世界经济》1985 年第 4 期。

第二章

民主社会主义理论的演变

民主社会主义的理论源头是社会民主主义。社会民主主义思想实质上是 19 世纪后期各种改良主义思想的集合。社会民主主义与科学社会主义从一开始就是不同的社会政治思潮。在 19 世纪末 20 世纪初，社会民主主义经由伯恩施坦、考茨基等人的修正，与科学社会主义逐渐对立，直至最后走向对抗。到 1951 年《法兰克福声明》正式发表时，在社会民主主义的基础上，民主社会主义形成了自己完整的理论体系。这个理论体系已经与科学社会主义截然分开，并在很大程度上对抗科学社会主义。依托《法兰克福声明》，社会党国际逐渐形成了自己的民主社会主义理论观点并在现实政治生活中实践自己的主张。民主社会主义实质上是资产阶级的改良主义。正如著名学者徐崇温所说："在资本主义社会，民主社会主义是一种社会改良主义的思想体系，这不仅为世人所公认，而且也是西欧工党、社会党、社会民主党人自己所直言不讳的。"[1] 民主社

---

① 徐崇温：《民主社会主义评析》，重庆出版社，2007，第 37 页。

会主义在瑞典、西欧、苏联、东欧等国家和地区的实践，既给我们建设中国特色社会主义提供了有益的借鉴，也为我们留下了深刻的教训。

第一节　民主社会主义起源于社会民主主义思想

穿越历史的云烟，我们可以发现，民主社会主义由社会民主主义思想演化而来。正如周新城先生所指出："民主社会主义是从社会民主主义演变而来的。"① 在19世纪后期，各种改良主义观点的集合逐渐形成了社会民主主义思想体系。可以说，民主社会主义一出现就带有"改良主义"的胎记。

一　社会民主主义的思想来源是改良主义思潮

社会民主主义思想起源于各种改良主义思潮。在国际工人运动史上，科学社会主义从诞生那天起，就同社会民主主义等各种社会政治思潮交织在一起，就同改良主义、修正主义、机会主义等各种社会政治思潮进行了坚持不懈的斗争。早在科学社会主义的经典文献《共产党宣言》中，马克思和恩格斯就对"反动的社会主义"、"保守的或资产阶级的社会主义"、"批判的空想的社会主义和共产主义"等进行了批判。② 这些所谓的"社会主义"并非科学社会主义，而是披着"社会主义"外衣的各种改良主义、机会主义等在社会政治思潮中的现实表现。孕育中的社会民主主义思想并非科学社会主义。

---

① 周新城等：《评人道的民主社会主义》，中国人民大学出版社，1998，第1页。
② 参见《马克思恩格斯选集》第1卷，人民出版社，1995，第295～305页。

（一）社会民主主义的产生

社会民主主义最初产生于 19 世纪三四十年代的法国和德国，它是当时小资产阶级民主共和派和小资产阶级社会主义派在民主的旗帜下把政治改革和社会改革相结合的一种理论主张。

在 1848 年法国革命中，改革派具有明显的民主社会主义倾向。改革派是指法国《改革报》的支持者和拥护者，包括小资产阶级民主主义者和小资产阶级社会主义者，其主要代表人物是小资产阶级民主主义者赖德律－洛兰和小资产阶级社会主义者路易·勃朗。他们主张建立共和国，实行民主改革和社会改革。① 1848～1851 年，改革派又被称为山岳派或山岳党。② 赖德律－洛兰和路易·勃朗自称是社会民主主义者，最先提出了社会民主主义的概念，并带领小资产阶级民主共和派和小资产阶级社会主义派建立了世界上第一个社会民主党或红党。正如马克思指出："社会党与民主党，工人的党与小资产者的党，就结合成社会民主党，即结合成红党。"③ 在这里，马克思对他们的行为做了明确的注解。在 1849 年 6 月，"赖德律－洛兰和山岳党站在革命真理的一边"，"赖德律－洛兰是民主派小资产阶级的主要人物"，"而山岳党则代表着摇摆于资产阶级和无产阶级之间的群众，这些群众的物质利益要求民主制度"。④ 马克思在这里既指出了赖德律－洛兰的阶级基础，又阐明了其政治主张。这就是以小资产阶级为基础，进行民主改革，形成民主制度，实现阶级利益。路易·勃朗则主张通过资产阶级国家的帮助来组建"国家工场"，进行民

---

① 参见《马克思恩格斯选集》第 1 卷，人民出版社，1995，第 811 页。
② 参见《马克思恩格斯选集》第 1 卷，人民出版社，1995，第 782、783 页。
③ 《马克思恩格斯选集》第 1 卷，人民出版社，1995，第 430 页。
④ 《马克思恩格斯选集》第 1 卷，人民出版社，1995，第 432 页。

主改革和社会改革，进而实现马克思所批评的所谓的"空论的社会主义"，也即"小资产阶级的社会主义"。① 因此，马克思批评他们是"半保守、半革命和全然空想的改良家"。② 另外，在 19世纪 40 年代，法国"社会党是指同情无产阶级、具有一定社会主义色彩的小资产阶级民主社会主义者"。③ 所以，从赖德律 - 洛兰和路易·勃朗的活动和主张中我们可以看出，社会民主主义在19 世纪 40 年代就已经生根发芽了。

　　1848 年欧洲革命以前的德国是一个四分五裂、封建割据盛行、资本主义尚未充分发展的国家。恩格斯在分析"革命前夕的德国"时指出，"德国在政治上分解成 36 个大大小小的公国"，"没有共同的利益，也就不会有统一的目的，更谈不上统一的行动"。④ 这样一种情况决定了在 1848 年的德国还没有出现大资产阶级。鉴于这种情况，实现国家统一、消灭封建专制制度、促进资本主义发展的历史任务就自然而然地落在了无产阶级、农民和小资产阶级的肩上。由于资本主义的不发展，1848 年前后的德国无产阶级主要还是手工业工人，没有形成独立的阶级，小资产阶级民主派实际上领导了 1848 年德国革命。小资产阶级民主派天然的两面性决定了其策略上走向社会民主主义。斯蒂凡·波尔恩是当时小资产阶级民主派的重要代表。波尔恩尽管是共产主义者同盟盟员，但其在思想观念上属于小资产阶级民主派。革命期间他在柏林建立了全德工人兄弟会，

---

① 《马克思恩格斯选集》第 1 卷，人民出版社，1995，第 461 页。
② 《马克思恩格斯文集》第 2 卷，人民出版社，2009，第 136 页。
③ 杨宏禹、刘苏邮主编《民主社会主义透视》，湖北人民出版社，1991，第 1页。
④ 《马克思恩格斯选集》第 1 卷，人民出版社，1995，第 490 页。

自称是社会民主主义者。

全德工人兄弟会以建立工会和发展合作社为目标，加强了工人协会的联合，但其许多主张表明，在本质上它是一个改良性质的组织。他们倡导自助相助，进行社会改良以实现其政治、经济目的。只有相助，才会强大有力。由此可见，相助是他们的价值理念。另外，他们主张实行议会立法、促成结社自由、成立生产合作社等，要求在民主的国家里进行社会改革。这些主张只注重经济斗争而忽视政治斗争，因此只能是小资产阶级的改良主义。恩格斯在批评他们时指出："他们特别致力于组织罢工，组织工会和生产合作社，却忘记了首要任务是通过政治上的胜利先取得一块唯一能够持久地实现这些的领土。"[1] 恩格斯的评价可谓一针见血。由此可见，波尔恩的主张及其活动已经明确显示，在那时德国已经出现了社会民主主义思想的萌芽。

以上简单说明社会民主主义在 19 世纪三四十年代法国和德国的萌芽情况，并不是说"民主社会主义"这一提法在此时就没有出现。事实上，民主社会主义的说法也大约产生于此时，只是当时的革命者、理论家以及人民大众在使用时更倾向于使用"社会民主主义"这一概念，而且直到 20 世纪 40 年代末期，社会民主主义一直在理论界、工人运动中以及形形色色赞成的、反对的人的言论中占据了话语的主流地位。

（二）社会民主主义的早期思想源头

19 世纪五六十年代，随着工人运动的深入发展，社会民主党人的情况变得越来越复杂，自称是社会民主党人的既有科学社会主义者，也有小资产阶级社会主义者和激进民主主义者。同时在

---

[1] 《马克思恩格斯选集》第 4 卷，人民出版社，1995，第 204 页。

第一国际里面，既有马克思、恩格斯的科学社会主义，也有诸如法国的蒲鲁东主义、德国的拉萨尔主义以及英国的工联主义等改良主义思潮。社会民主主义就是在这些国际工人运动史上的改良主义思潮的基础上逐步产生和形成的。

蒲鲁东主义是 19 世纪五六十年代在法国和西欧流行的最大的非无产阶级社会主义流派之一，是小资产阶级的社会主义流派。马克思曾经指出，蒲鲁东本人"只是一个小资产阶级空想主义者"，① 蒲鲁东主义本质上是想通过和平改良的道路，实现小资产阶级的社会主义，但其实质上反映了陷于破产和贫困的小生产者的情绪。蒲鲁东主义有两点为社会民主主义所继承和发展。第一，蒲鲁东主义认为可以在不触动资本主义根本制度的前提下，通过组建生产合作社和"交换银行"来消除资本主义社会的弊端。合作运动虽然在一定意义上可以作为反对资本主义的一种形式，但其本身并不能改造资本主义社会。正如马克思所指出："不管合作劳动在原则上多么优越，在实际上多么有利，只要它仍然限于个别工人的偶然努力的狭隘范围，就始终既不能阻止垄断势力按照几何级数增长，也不能解放群众，甚至不能显著地减轻他们的贫困的重担。"② 历史和实践证明，企图通过不消灭资本主义根本制度而通过改良来"和平长入社会主义"是办不到的。正如列宁深刻指出的那样，"'和平长入社会主义'的理论是无稽之谈和庸俗之见"。③ 第二，蒲鲁东主义一方面反对资本主义大生产给工人阶级和小生产者带来的灾难，另一方面却企图永远保存小生产者的所有制及其商品生产的所有权，同时还反对马克思关

---

① 《马克思恩格斯文集》第 10 卷，人民出版社，2009，第 243 页。
② 《马克思恩格斯选集》第 2 卷，人民出版社，1995，第 606 页。
③ 《列宁全集》第 59 卷，人民出版社，1990，第 441 页。

于一切生产资料公有化的原则。保留私有制必然保留资本主义。蒲鲁东主义并不想消灭私有制，只是想在资本主义范围内进行一些改良。蒲鲁东主义的改良思想影响深远，至今仍为法国社会党和意大利社会党所信奉。

拉萨尔主义是一种"普鲁士王国政府的社会主义"，[①] 它倡导工人只要争得普选权，并在国家的帮助下建立生产合作社，就能够实现社会主义。拉萨尔认为，在资本主义制度下，所谓的"铁的工资规律"造成了工人阶级的贫困。拉萨尔写道："平均工资限制在一国人民为维持生存和繁殖后代按照习惯所要求的必要的生活水平上——我给你们重复说一下，这是在现今条件下支配着工资的严酷的铁的规律。"[②] "实际的日工资不能长期地高于这个平均数，因为，否则工人的状况有所改善，工人结婚和繁殖后代就会增加，工人人口就会增加，从而人手的供应就会增加，结果又会把工资压低到原来的或者低于原来的水平。"[③] "工资也不可能长期地大大低于这个必要的生活水平。"[④] "实际的平均工资处于运动之中，始终围绕着它必须不断返回的那个重心来回摆动，时而高些，时而低些。"[⑤] 拉萨尔的这些观点其实就是说，工人工资超过了平均数，工人生活改善，生育人口增加，劳动力就会过剩，进而引起工资降低；工人工资低于平均数，工人生活水平下降，出生率降低，劳动力减少，工人工资提高。换句话说，是工人的平均工资决定了劳动力的供求。这就掩盖了无产阶级贫困的

---

① 《马克思恩格斯全集》第 21 卷，人民出版社，2003，第 337 页。
② 《拉萨尔言论》，生活·读书·新知三联书店，1976，第 125 页。
③ 《拉萨尔言论》，生活·读书·新知三联书店，1976，第 167 页。
④ 《拉萨尔言论》，生活·读书·新知三联书店，1976，第 168 页。
⑤ 《拉萨尔言论》，生活·读书·新知三联书店，1976，第 168 页。

真实根源，即所有制和雇佣劳动制对工人的剥削。拉萨尔作为先驱而被社会民主主义者膜拜。拉萨尔改良主义的逻辑是这样的：工人提高工资，改善处境，必须先废除"铁的工资规律"；废除"铁的工资规律"，需要建立生产合作社；建立生产合作社，就需要国家的帮助；要争得国家的帮助，就必须先争得普选权；要争得普选权，就必须先建立工人联合会。因此，拉萨尔主义的要义在于希望在普鲁士政府帮助下建立生产合作社改善工人待遇，然后靠普选权来和平地实现社会主义，其实质是要对现有的社会进行改良。拉萨尔主义对后世影响很大，19世纪90年代中期伯恩施坦修正主义的产生与其有很大关系。

工联主义产生于19世纪50年代的英国，是英国工人运动中的一种资产阶级改良主义思潮。19世纪中期英国完成了工业革命，经济进入了一个飞速发展的时期。经济发展拓展了英国工人的生存空间，提高了工人的生活品质，也因此改变了工人运动的方向，使其逐步趋向改良主义，这是资本主义经济发展的必然结果。工联主义者的信条是"做一天公平的工作，得一天公平的工资"。① 这表明工联主义者只要求局部改善工人被奴役的条件，而不是要求根本改变工人阶级被奴役的地位。工联主义者还提出了"防御而不进攻"的口号，放弃了英国早期工人运动的战斗精神和宪章运动的革命传统，热衷于搞阶级合作，主张通过和平谈判、"调解"、"仲裁"等手段来解决劳资争端。这样，工联主义只是主张把工人运动局限在经济斗争的范围内，主张同资产阶级合作，通过合法的和平的谈判来改善工人的处境，反对进行推翻资本主义制度的斗争，这就把工人运动引向了错误的方向。正如

———

① 《马克思恩格斯全集》第19卷，人民出版社，1963，第273页。

马克思所指出："总的说来，它们遭到失败是因为它们只限于进行游击式的斗争以反对现存制度所产生的结果，而不同时努力改变这个制度，不运用自己有组织的力量作为杠杆来最终解放工人阶级，也就是最终消灭雇佣劳动制度。"① 因此，工联主义也就完全变成了右倾机会主义和改良主义。

社会民主主义在 19 世纪 40 年代萌芽的基础上，伴随着马克思科学社会主义和共产主义的传播，在 19 世纪 60 ~ 80 年代，社会民主主义也取得了很大的发展，但社会民主主义从发展初期起就带有改良主义和机会主义的特征，这在法国的蒲鲁东主义、德国的拉萨尔主义以及英国的工联主义中表现得很明显。因此，社会民主主义从一产生就带上了明显的"改良主义"的胎记。

（三）修正中形成的社会民主主义

由于 19 世纪八九十年代资本主义获得了较长时间的和平稳定发展，这个时期的工人运动和社会主义运动中逐渐出现了改良主义、机会主义的思潮。马克思、恩格斯在世的时候，即 1895 年以前，社会民主主义还靠近科学社会主义，但当 1895 年 8 月恩格斯逝世以后，社会民主主义则开始了其变异的过程。以伯恩施坦修正主义和考茨基主义的出现为标志，民主社会主义与科学社会主义渐行渐远，直至走向与科学社会主义对立和对抗。

（1）德国伯恩施坦修正主义。爱德华·伯恩施坦是第二国际修正主义的代表，民主社会主义学说的创始人之一。尽管伯恩施坦早在 1872 年就正式加入德国社会民主党，但其思想上具有浓厚的资产阶级自由主义和民主主义色彩，是拉萨尔主义和杜林主义的追随者。伯恩施坦在 19 世纪 70 年代末就认为，绝对不应反

---

① 《马克思恩格斯选集》第 2 卷，人民出版社，1995，第 98 页。

对资产阶级，而应服从资产阶级的领导；要求社会民主党由"片面的"工人政党转变为"有教养的"、"富有真正仁爱精神的人"领导的全面的党；宣称党已不打算"走暴力的、流血的革命道路"，而要走"合法的即改良的道路"；要求党不把一代人不能实现的最终目的放在首要地位，而用全部精力去实现微小的改良，无限期延长纲领的实现；甚至责备党，认为党应当对俾斯麦的《反社会党人法》负一定责任，"因为它完全不必要地增加了资产阶级的憎恨"，这是它用"不大乖的行动给自己讨来的一个鞭子"。① 伯恩施坦的这些观点曾经受到马克思和恩格斯的严厉批判，"将近四十年来，我们都非常重视阶级斗争，认为它是历史的直接动力，特别是重视资产阶级和无产阶级之间的阶级斗争，认为它是现代社会变革的巨大杠杆；所以，我们决不能同那些想把这个阶级斗争从运动中勾销的人们一道走。在创立国际时，我们明确地规定了一个战斗口号：工人阶级的解放应当是工人阶级自己的事情。所以，我们不能和那些公开说什么工人太缺少教育，不能自己解放自己，因而应当由博爱的大小资产者从上面来解放的人们一道走"。② 马克思、恩格斯决不与伯恩施坦一类改良主义分子一道走，在对他们进行严厉批评的同时与他们划清了界限。伯恩施坦受到批评后态度有了很大的转变。到了 80 年代末，在与费边主义者的交往中伯恩施坦的思想又发生了很大的变化，逐渐接受了渐进改良主义的思想，并开始怀疑马克思主义。特别在 1895 年恩格斯逝世以后，伯恩施坦便开始全面批评和修正马克思主义。

---

① 〔德〕伯恩施坦：《社会主义的前提和社会民主党的任务》，殷叙彝译，生活·读书·新知三联书店，1965，第 3 页。
② 《马克思恩格斯全集》第 34 卷，人民出版社，1972，第 383 ~ 384 页。

伯恩施坦修正马克思主义从发表文章开始，然后著书立说，最终形成了一整套修正主义理论体系。从 1896 年起，伯恩施坦在《新时代》杂志上以《社会主义问题》为总标题，发表了一系列文章，宣称马克思的学说已经过时，要求修正马克思主义。1899 年 1 月，伯恩施坦出版了《社会主义的前提和社会民主党的任务》一书，从哲学、经济、政治等各个方面否定和修正马克思主义，全面而系统地形成了其修正主义观点。在这本书里，伯恩施坦明确提出："马克思主义理论的向前发展和改进必须从对它的批判开始。"[①] 马克思主义的哲学和经济学是伯恩施坦修正主义理论的修正基础。哲学上伯恩施坦否认辩证唯物主义和历史唯物主义，认为"纯粹的或绝对的唯物主义跟纯粹的或绝对的唯心主义是同样唯心的东西"。[②] 在政治经济学方面，伯恩施坦否定马克思的剩余价值论和劳动价值论，他认为"只要所考察的是个别的商品或商品范畴，价值就失去了任何可衡量性，成了纯粹的思维的构想"。"当劳动价值还只能作为思维的公式或科学的假说而要求得到承认的时候，剩余价值更加不过成了单纯的公式，成了一个以假说为根据的公式。"[③] 在这里，伯恩施坦把马克思的劳动价值学说和资产阶级的边际效用学派的价值论相提并论，认为二者都是纯粹思维的产物。伯恩施坦还否认资本主义社会存在剥削，宣扬股份资本民主化，声称"有产者的人数不是'或多或少地'增加，而简直就是更多了，就是说绝对地而且相对地增加

---

① 〔德〕伯恩施坦：《社会主义的前提和社会民主党的任务》，殷叙彝译，生活·读书·新知三联书店，1965，第 65 页。

② 《伯恩施坦言论》，生活·读书·新知三联书店，1966，第 58 页。

③ 〔德〕伯恩施坦：《社会主义的前提和社会民主党的任务》，殷叙彝译，生活·读书·新知三联书店，1965，第 89 页。

了"。① 至于社会主义，伯恩施坦认为不能依据客观的历史必然性论证社会主义，社会主义的胜利并不取决于内在的经济必然性，为社会主义提供纯粹唯物主义的论证既不可能也没必要；垄断组织的出现增强了资本主义的适应能力，经济危机已经可以消除，资本主义的矛盾趋于缓和，资本主义的经济崩溃变得越来越不可能；民主制、普选制、政治自由已经使阶级斗争的基础日趋消灭；民主使得阶级统治消灭；普选权可以使工人阶级通过选举取得政权；马克思的暴力革命学说早已过时，通过投票、示威和游行等手段就能实现暴力革命所要达到的目的，即通过改良使资本主义和平地转变为社会主义，和平长入社会主义。伯恩施坦在经过论证后得出了他的结论："我坦白说，我对于人们通常所理解的'社会主义的最终目的'非常缺乏爱好和兴趣。这个目的无论是什么，对我来说都是毫不足道的，运动就是一切。"② 这就是伯恩施坦提出的臭名昭著的、被社会民主主义甚至后来的民主社会主义奉为圭臬的"运动就是一切"的改良主义口号。长期以来，伯恩施坦修正主义对民主社会主义的影响十分深远，它一直是民主社会主义和改良主义极其重要的思想来源，正是在这个意义上，伯恩施坦被称为民主社会主义的"教父"和"鼻祖"。

（2）考茨基主义。考茨基是德国社会民主党和第二国际的重要领袖和理论家。考茨基在19世纪后期写了许多著作，一方面与伯恩施坦修正主义进行斗争，另一方面积极宣传马克思主义，是一个马克思主义者。正如列宁的评价："卡·考茨基在1914—

---

① 〔德〕伯恩施坦：《社会主义的前提和社会民主党的任务》，殷叙彝译，生活·读书·新知三联书店，1965，第104页。
② 〔德〕伯恩施坦：《社会主义的历史和理论》，马元德等译，东方出版社，1989，第195页。

1916 年间的战争以前是马克思主义者，他的一系列极为重要的著作和言论将永远是马克思主义的典范。"① 然而，在 1910 年，考茨基却与鲁道夫·希法亭、奥托·鲍威尔等组成第二国际的"中派"，并成为这个政治集团的首脑人物之一。他们"口头上承认革命而实际上背弃革命"，② 大搞折中主义，力图实现马克思主义与机会主义、左派和右派之间的所谓"团结"和"统一"。这时考茨基实际上已成为一个机会主义者。到第一次世界大战前夕，他又鼓吹"超帝国主义论"，认为资本主义的世界垄断组织能消除帝国主义的基本矛盾和战争根源。十月革命胜利后，考茨基又先后发表《无产阶级专政》《恐怖主义和共产主义》《陷于绝境的布尔什维克主义》等小册子，攻击无产阶级专政，鼓吹所谓"纯粹民主"，诽谤苏维埃制度。列宁在《无产阶级革命和叛徒考茨基》一书中，对考茨基作了彻底批判。列宁指出，考茨基"对无产阶级专政概念作了史无前例的歪曲"，"粉饰和抹杀资产阶级民主的阶级内容，最害怕被压迫阶级的革命暴力"，③ 在这方面他远远超过了伯恩施坦。列宁说："叛徒伯恩施坦同叛徒考茨基比较起来，简直就是小巫见大巫了。"④

考茨基主义主要体现在"超帝国主义论"、超阶级的国家观等内容上。"超帝国主义论"是 1914 年 9 月由考茨基在《帝国主义》中提出来的。考茨基认为帝国主义不是资本主义的最高阶段，而是一种政策。他说："资本主义还不一定因此就到了穷途末路。从纯粹经济观点看来，它能够继续发展，只要老资本主义

---

① 《列宁选集》第 2 卷，人民出版社，1995，第 740 页。
② 《列宁选集》第 3 卷，人民出版社，1995，第 218 页。
③ 《列宁选集》第 3 卷，人民出版社，1995，第 600 页。
④ 《列宁选集》第 3 卷，人民出版社，1995，第 600 页。

国家日益发达的工业还有可能促成农业生产的相应扩展；当然，这种扩展会随着世界工业每年增长幅度的日益提高和尚未开发的农业地区的不断缩小而越来越困难。""从纯经济的观点看来，资本主义不是不可能再经历一个新的阶段，就是把卡特尔政策应用到对外政策上的超帝国主义的阶段。"[①] 他把这种幻想出来的"新政策"或"新阶段"叫做"超帝国主义"。在这一阶段，资本主义将进入一个"持久和平"的"新时代"，世界永久和平的"新纪元"就会到来。考茨基从"超帝国主义论"出发，竭力反对暴力革命，他要工人阶级等待"超帝国主义"时代的到来，然后再去夺取政权。超阶级的国家观是考茨基用来美化资产阶级民主的陈词滥调。考茨基极力宣扬"议会道路"，认为在资产阶级民主制度下，可以"使用和平的、经济的、法律的和道德的手段"，通过"人道主义和民主的道路"取得议会多数，过渡到社会主义，并攻击无产阶级专政是"消灭民主""专横""独裁"，主张社会主义国家实行"纯粹民主"和资产阶级的"自由、平等、博爱"。考茨基对西欧社会民主党思想体系的形成和发展有巨大的影响。他在 1922 年写的《无产阶级革命及其纲领》一书是德国社会民主党 1925 年《海德堡纲领》的基础；他的"民主方法和专政方法根本对立论"，更是社会党国际在第二次世界大战以后，用民主与专政的对立去取代革命和改良的对立，用民主社会主义去取代社会民主主义的一个重要理论支柱。

社会民主主义是在伯恩施坦对马克思主义的修正、考茨基对科学社会主义和布尔什维克主义的攻击中，在逐渐吸收他们及其

---

① 〔德〕卡尔·考茨基：《帝国主义》，史集译，生活·读书·新知三联书店，1964，第 17~18 页。

他改良主义思想过程中形成的一种社会政治思潮。这股思潮经过伯恩施坦的修正和考茨基的攻击，已经走到了科学社会主义的对立面，成了与列宁领导的共产党组织——共产国际相对立的势力。社会民主主义经过曲折和过渡，在第一次世界大战到第二次世界大战结束这段时间内，逐渐发展和演变为民主社会主义。正是社会民主主义奠定了民主社会主义的基础，并最终在1951年由社会民主党人组织的社会党国际发展和形成了一整套系统的民主社会主义理论体系。

二 社会民主主义与科学社会主义的关系

从19世纪中期到20世纪中期，社会民主主义与科学社会主义的关系大体上经历了从逐渐对立到全面对抗的过程。

（一）科学社会主义的诞生

19世纪三四十年代，马克思、恩格斯创立的科学社会主义已经初露端倪。1848年2月，由马克思、恩格斯共同起草的《共产党宣言》的发表，标志着科学社会主义的正式诞生。科学社会主义一经诞生，便为国际工人运动和共产主义运动提供了强大的理论指导，成了全世界广大工人进行阶级斗争和武装反对旧的资产阶级秩序的理论武器。同时，科学社会主义从诞生那天起就与各种各样的非科学社会主义的社会主义派别进行了坚决的斗争，捍卫了科学社会主义的真理性，推动了工人运动的向前发展。

马克思、恩格斯从理论和实践上进行了创立马克思主义和科学社会主义的活动。在理论上，马克思、恩格斯共同创作的《共产党宣言》宣告了科学社会主义的诞生。《共产党宣言》是马克思、恩格斯为共产主义者同盟起草的党纲，是科学社会主义的第一个纲领性文献，是科学社会主义诞生的标志。在《共产党宣

言》里，马克思、恩格斯从唯物史观出发，揭示了人类社会发展
的规律，论证了资本主义必然灭亡、社会主义必然胜利的人类社
会历史发展规律。正如马克思、恩格斯所指出："资产阶级的灭
亡和无产阶级的胜利是同样不可避免的。"① 同时，马克思、恩格
斯还找到了实现社会主义和共产主义的推动力量——无产阶级，
并指明了无产阶级的历史使命。《共产党宣言》的另一个重要之
处是阐明了无产阶级政党的性质和任务，明确指出共产党人是无
产阶级中最革命、最有觉悟的部分。要实现社会主义和共产主义
必须使无产阶级上升为统治阶级，进行无产阶级专政，这样才能
最终实现"自由人的联合体"。在《共产党宣言》的后半部分，
马克思、恩格斯从当时的实际出发，批判了英、法、德等国存在
的各种非科学社会主义的社会主义和共产主义流派，并郑重声明
共产党人不屑于隐瞒自己的观点和意图。《共产党宣言》最后发
出了"全世界无产者，联合起来！"② 的战斗号召。

　　与在理论上明确阐述自己的立场和观点相映照，马克思、恩
格斯在实践上还积极开展建党工作，不断推动工人运动向前发
展。马克思、恩格斯一方面创立马克思主义和科学社会主义，另
一方面还坚持不懈地推动马克思主义与工人运动相结合。1846 年
初建立布鲁塞尔共产主义通讯委员会，是这些活动的开端。马克
思、恩格斯和菲立浦·日果是委员会的领导核心。他们为委员会
的发展开展了许多工作。他们与正义者同盟建立了联系并不断促
成了相互合作，直到最后在马克思、恩格斯的指导和帮助下，正
义者同盟进行了改组，并在此基础上成立了世界上第一个无产阶

① 《马克思恩格斯选集》第 1 卷，人民出版社，1995，第 284 页。
② 《马克思恩格斯选集》第 1 卷，人民出版社，1995，第 307 页。

级革命性政党——共产主义者同盟。共产主义者同盟的成立，标志着国际工人运动进入一个全新的阶段。《共产党宣言》就是马克思、恩格斯为共产主义者同盟起草的党纲。马克思、恩格斯在理论和实践上的活动，为国际工人运动的发展做出了突出的贡献，同时与各种非科学社会主义流派以及各种各样的资产阶级改良主义、小资产阶级民主主义以及社会民主主义等进行了坚持不懈的斗争，既捍卫了马克思科学社会主义，又为国际工人运动指明了正确的前进方向。

（二）逐渐对立阶段（1848～1918年）

1848年欧洲革命的失败既带来了资本主义的平稳发展，也为社会民主主义的发展提供了温润的土壤。19世纪60年代，由于马克思主义的不断发展和广泛传播，欧洲各国工人运动从沉寂走向新的复苏，同时各国工人开始组建工人政党。1869年德国工人阶级建立了世界上第一个民族国家范围内的工人阶级政党——德国社会民主工党。此后，在19世纪80年代，欧美各国相继成立了一批工人政党，这些工人政党大部分都命名为社会民主党或社会民主工党。这个时期，随着工人运动的发展，社会民主主义思潮在工人中的影响不断扩大。1895年8月恩格斯逝世后，随着社会民主主义的发展，国际工人运动逐渐分化。以伯恩施坦为代表的右派，曲解恩格斯晚年的思想，认为不能再搞暴力革命，而是片面强调利用议会民主和平过渡到社会主义，全面而系统地提出了其修正主义主张。从1896年起，伯恩施坦在报刊上大量发表文章，不断出版专著，对马克思主义从哲学、经济、政治等各方面进行全面修正。由于其在德国党内和国际工人运动中的影响和地位，其修正主义理论和主张影响日益扩大，并被当时许多工人党的领导人承认和接受，致使社会民主主义逐渐背离科学社会主义，走上了修正主义的改良主义道路。与此同时，各国政党也不断分化为左、中、右等派别。其中左派强烈批判修正主义，坚决主张暴力革命，坚持阶级斗争理论，通过革命推翻资产阶级的统治，实现无产阶级专政，并最终实现社会主义和共产主义。左派代表人物罗莎·卢森堡等人在批判伯恩施坦时提出，平时可以利用议会民主，但最终还是要靠暴力革命才能通往社会主义。卢森堡提出："资本主义社会的生产关系越来越走向社会主义，而它的政治关系和法律关系则相反，它们在资本主义社会和社会主义社会之间，筑起了越来越高的墙。这座墙靠社会改良和民主的发展是打不通的，相反，它只会因之更加牢固。要打垮这座墙，只有靠革命的锤击，即无产阶级夺取政权。"① 针对伯恩施坦"运动就是一切的观点"，卢森堡在 1898 年 10 月德国社会民主党一年一度的代表大会上指出："夺取政权始终是最终目的，而最终目的始终是斗争的灵魂，工人阶级没有理由站在'最终目的对我来说是微不足道的，运动就是一切'这种哲学家的颓废立场上；不，相反，与最终目的无关的运动本身，即作为自在目的的运动对我们来说是微不足道的，最终目的对我们来说就是一切。"② 因此，以卢森堡、克拉拉·蔡特金、倍倍尔和李卜克内西为代表的左派积极捍卫马克思主义，反对修正主义，反对军国主义和帝国主义战争，认为暴力革命仍然是通往社会主义的唯一正确道路。而以伯恩施坦、福尔马尔为代表的右派则公开修正马克思主义，反对阶级斗争，主张阶级调和，宣传"和平过渡"，反对无产阶

---

① 〔德〕罗莎·卢森堡：《社会改良还是社会革命？》，徐坚译，生活·读书·新知三联书店，1958，第 27 页。
② 〔德〕伯恩施坦：《社会主义的前提和社会民主党的任务》，殷叙彝译，生活·读书·新知三联书店，1965，第 10 页。

级革命和无产阶级专政，渐渐滑向修正主义和改良主义，企图通过点滴改良来实现社会主义，实质上是在维护当时资产阶级的统治。以考茨基、哈泽为代表的中派试图调和左派和右派的矛盾，鼓吹"议会道路"，反对暴力革命和无产阶级专政，借口维护党内"团结"，迁就右派，甚至为右派辩护，最终还是滑向了右派，成了在关键时期右派的帮凶。因此，德国社会民主党逐渐变成了"民主社会主义的改良政党"，渐渐背弃了马克思主义和科学社会主义，主张通过社会改良逐步过渡到社会主义。德国至今仍是资本主义国家这一事实，早就证明了当初德国社会民主党改良主义理论主张的错误性。

有一种观点认为，恩格斯晚年已经不再是马克思主义者，放弃了暴力革命的思想，主张和平过渡到社会主义，甚至认为是恩格斯修正了马克思主义。"如果盖棺定论，这是恩格斯对欧洲各国革命策略问题的最后意见。他期待的是通过工人阶级的合法斗争取得政权，保留资本主义生产方式，和平过渡到社会主义。应该说，这是恩格斯对欧洲各国社会主义运动的最后遗言，是对《共产党宣言》'旧策略'的重要修改。"① "不是伯恩施坦（1850—1932）'修正'了马克思主义的暴力革命理论，提出了和平过渡理论，伯恩施坦只是重复恩格斯的话，继承和发挥了恩格斯对马克思和他共同创立的革命理论的反思和修正。"② 持这种观点的人声称其主要依据是恩格斯晚年在 1895 年 3 月写成的《卡·马克思〈1848年至 1850 年的法兰西阶级斗争〉一书导言》一文。然而，通读该文我们就可以发现，此种做法是断章取义。恩格斯不但没有放弃暴

---

① 谢韬：《民主社会主义模式与中国前途》，《炎黄春秋》2007 年第 2 期。
② 谢韬：《民主社会主义模式与中国前途》，《炎黄春秋》2007 年第 2 期。

力革命的思想，反而与时俱进地提出了在暴力革命前提下的新的行动策略。恩格斯特别声明无产阶级"没有放弃自己的革命权。须知革命权总是唯一的真正'历史权利'，——是所有现代国家一无例外都以它为基础建立起来的唯一权利"。① 但无产阶级应随着形势的变化，可以在民主国家积极争取工人的权益，条件成熟时可以利用议会民主和平过渡到社会主义，这也是无产阶级不拒绝的一种斗争策略，但整个无产阶级的胜利，最终是要靠无产阶级通过阶级斗争、通过暴力革命来全面实现。恩格斯晚年既不是"民主社会主义者"，也不是"'和平长入社会主义'的首倡者"，而是坚定的马克思主义者。

1914 年 8 月，资本主义世界爆发了第一次世界大战。这次大战给国际工人运动、社会民主主义以及各国社会民主党都带来了新的挑战和考验。战争爆发后，欧洲多数国家的社会民主党领导人都背叛了第二国际。他们在"保卫祖国"的幌子下，公开支持本国政府对外作战，彻底抛弃了国际工人阶级的根本利益。因此，这些社会民主党人已经由修正主义者、机会主义者堕落为"社会沙文主义者"，这时的社会民主党也完全蜕化变质，逐步接近了民主社会主义。所以，这个时期是社会民主主义与科学社会主义在思想上逐渐变得尖锐对立、组织上和行动上不断走向分裂的时期，社会民主主义不断向民主社会主义蜕变，并且社会民主主义与科学社会主义逐渐走向对立。

（三）全面对抗阶段（1919～1950 年）

1914 年 8 月，第一次世界大战爆发，欧洲多数国家的社会民主党领导人背叛了第二国际。他们不顾在巴塞尔代表大会上通过

---

① 《马克思恩格斯选集》第 4 卷，人民出版社，1995，第 522 页。

的有关反对帝国主义战争的决议，在"保卫祖国"的幌子下，公开支持本国资产阶级政府对外作战，彻底抛弃了国际工人阶级的根本利益。这些右翼社会民主党人已由修正主义者、机会主义者堕落为社会沙文主义者，被他们控制的党则完全蜕化变质，第二国际遂告破产，从此进入"社会民主主义"与科学社会主义思想上尖锐对立、组织上分裂的时期，并最终完成了由"社会民主主义"到"民主社会主义"的演化。

1917 年俄国十月革命胜利之后，俄国社会民主党的左派领袖列宁感到社会民主党的右派在战争期间支持本国政府，使各国工人互相残杀，战后他们又继续推行和平改良主义政策，这种行径完全背叛了科学社会主义。因此，列宁主张恢复马克思、恩格斯1847 年的建党原则，要求把社会民主党的名称改为共产党。列宁指出："我们应该像马克思和恩格斯那样称自己为共产党。"[1] 列宁随后强调说："现在已经是丢掉脏衬衫、穿上整洁的衣服的时候了。"[2] 列宁把社会民主党这件"脏衬衫"换掉的主张，得到了其他国家社会民主党左派的普遍响应，他们也纷纷另建共产党，以与社会民主党相区别。这样，1919 年 3 月在列宁领导下，各国共产党在莫斯科成立了共产党的国际组织——共产国际。高放写道："从 1918 年俄共改名到 1949 年世界社会主义阵营形成为止，世界上总共建立了 80 个共产党，其中有 20 个党是从原来第二国际中社会民主党的左派转变改名的。"[3] 而同期截至 1949 年社会党在世界范围内有 34 个，由此可见当时共产党受到了大

---

① 《列宁选集》第 3 卷，人民出版社，1995，第 64 页。
② 《列宁选集》第 3 卷，人民出版社，1995，第 68 页。
③ 高放：《科学社会主义与民主社会主义的百年分合》，《南方周末》2007 年 6 月 6 日。

多数人的认同和支持。共产国际诞生以后，共产主义和社会民主主义就开始了尖锐对立，二者逐渐成为国际上各国工人运动中两大对立的意识形态和政治派别，与此同时，社会民主主义也就变成了改良主义、修正主义的同义语。

伴随着俄国十月革命的胜利和第一次世界大战的结束，社会党右派和中派的活动家和理论家，不论在思想上还是在组织上都加强了与共产主义的对抗。早在 1919 年 2 月，他们抢在共产国际成立以前，在瑞士伯尔尼召开了国际社会民主党代表大会，恢复了第二国际，即伯尔尼国际。与 1919 年共产党建立的国际组织——共产国际相对应，社会党伯尔尼国际又与"第二半国际"合并，形成了社会党自己的国际组织——社会主义工人国际。社会主义工人国际的活动在第二次世界大战中一度中断，二战后各国社会党积极恢复活动，于 1951 年建立了社会党国际。社会主义工人国际旨在表明他们也代表工人阶级，也响亮地提出了社会主义，但他们反对暴力革命，推行渐进的改良主义路线，主张通过议会民主来争取执政。他们一方面激烈地反对苏俄的无产阶级专政，如考茨基所写的《无产阶级专政》、鲍威尔发表的《布尔什维主义还是社会民主主义?》等，都极尽攻击共产党和共产主义之能事，竭力反对列宁关于暴力革命和无产阶级专政的理论与实践。他们标榜自己奉行的社会主义是"民主的"，而共产主义和苏维埃国家则是"反民主的""专制的"，强调自己是"民主社会主义者"。这样一来，民主社会主义就以反对无产阶级专政为突出特征，逐渐代替社会民主主义广泛流行起来。第二次世界大战以后的民主社会主义正是在这一阶段社会民主主义的基础上发展而来的。

第二节 《法兰克福声明》与民主
社会主义理论的形成

一 社会党国际第一次代表大会

第二次世界大战结束后,资本主义很快得到恢复和新的发展。短短几年,资本主义世界便呈现一派繁荣景象。资本主义的稳定、发展、繁荣,为民主社会主义理论的形成提供了适宜的条件。各国社会党为了加强联合,共同对抗共产主义,开展了重建社会党国际的工作。社会党国际的建立经历了长时间的酝酿和斗争过程。

早在1944年,英国工党就发出了重建社会党国际的倡议。1945年5月,欧洲部分社会党应英国工党邀请,在伦敦商讨重建社会党国际的相关事宜。1946年5月,在英国的克拉克顿举行了由19个国家的社会党参加的社会党第一次正式会议,研讨了筹建社会党国际组织的问题。1947年11月,在比利时的安特卫普召开了国际社会党第四次会议,决定建立一个常设机构"国际社会党会议委员会",以推进日常工作。在1946年5月至1951年7月,各国社会党共举行了8次国际社会党代表会议,就社会党国际的重建问题进行了全面磋商。所有这些活动为社会党国际组织的正式建立做好了政治上以及组织上的准备工作。经过充分酝酿、大量磋商以及各种斗争,1951年,国际社会党第八次会议在联邦德国的法兰克福正式召开。大会通过了决议,并把这次会议作为社会党国际的第一次代表大会,宣告了社会党国际的正式成立。大会通过了题为《民主社会主义的目标和任务》的基本纲

领，把"民主社会主义"作为社会党国际的目标和宗旨。至此，
民主社会主义理论体系正式形成。社会党国际第一次代表大会的
成功召开，不仅标志着民主社会主义与科学社会主义意识形态全
面对立的开始，而且还宣告了民主社会主义者与共产主义者组织
上的彻底决裂。社会党国际第一次代表大会通过的《法兰克福声
明》，为民主社会主义奠定了理论基础。

二　《法兰克福声明》的基本内容

《法兰克福声明》是社会党国际的第一个以民主社会主义理
论为基本内容的纲领性文件，是社会民主主义发展到民主社会主
义的一块里程碑。要弄清民主社会主义理论的主要观点，首先要
分析《法兰克福声明》的基本内容。因为，正如刘书林总结的，
《法兰克福声明》"既是与共产党人几十年对抗的继续和总结，又
是为未来的对抗奠定了原则性的基础。它打着民主社会主义的旗
号，却以反共为主线展开自己的政治主张"。① 从文本上看，《法
兰克福声明》分为序言和政治民主、经济民主、社会民主与文化
进步、国际民主等几个部分，其基本内容如下。

（一）以指导思想上的"中立化"和"多元化"原则排斥马
克思主义在意识形态领域中的指导地位

意识形态在一个理论体系中起着灵魂作用。民主社会主义与
科学社会主义一个重要的原则性区别就在于民主社会主义否定了
马克思主义在意识形态领域里的指导地位，事实上以变通的手法
放弃了马克思主义的指导。由于马克思主义在国际工人运动中的
历史地位和广泛影响，民主社会主义并没有明确否定或反对马克

---

① 刘书林：《论民主社会主义思潮》，高等教育出版社，2004，第45页。

思主义，而是在意识形态领域里通过确立"中立化"和"多元化"的原则，来达到否定和反对马克思主义的目的。《法兰克福声明》中提到："社会主义是一个国际性运动，它不要求对待事物的态度严格一律。"① 从这里可以看出，民主社会主义不要求有统一的世界观和方法论。在这里，民主社会主义确立起来的是"中立化"的原则。它还提到："不论社会党人把他们的信仰建立在马克思主义的或其他的分析社会的方法上，不论他们是受宗教原则还是受人道主义原则的启示，他们都是为共同的目标，即为一个社会公正、生活美好、自由与世界和平的制度而奋斗。"② 这样，民主社会主义就以偷梁换柱的手法，提出其信仰既可以是马克思主义，也可以是其他原则，比如宗教原则、人道主义原则等。把马克思主义与其他唯心主义派别并列，本身就是对马克思主义的贬低和否定。民主社会主义以"有形的无形手法"确立了其在意识形态领域里的"多元化"原则，并且达到了否定马克思主义的目的。民主社会主义在"去马克思主义化"之后，又进行了对马克思主义基本原则的明确否定。"社会主义的实现不是必然的。"③ 这是《法兰克福声明》序言最后得出的结论。很明显，这是在与马克思、恩格斯在《共产党宣言》中强调的"资产阶级的灭亡和无产阶级的胜利是同样不可避免的"④ 唱反调。这种在意识形态领域里用确立"中立化"和"多元化"原则来消解、否

---

① 社会党国际文件集编辑组编《社会党国际文件集（1951—1987）》，黑龙江人民出版社，1989，第3页。

② 社会党国际文件集编辑组编《社会党国际文件集（1951—1987）》，黑龙江人民出版社，1989，第3页。

③ 社会党国际文件集编辑组编《社会党国际文件集（1951—1987）》，黑龙江人民出版社，1989，第4页。

④ 《马克思恩格斯选集》第1卷，人民出版社，1995，第284页。

定和反对马克思主义的做法，实质上是一种反马克思主义倾向。民主社会主义贬低和排斥马克思主义的做法正彰显了其改良主义和机会主义的本质。

（二）在批判资本主义和攻击共产主义中为民主社会主义明确了要走"第三条道路"的目标选择

民主社会主义要实现的具体道路，《法兰克福声明》为其做了明确阐述，这就是既不同于资本主义，也不同于共产主义的"第三条道路"。民主社会主义确定这条道路，是在既批评资本主义又攻击共产主义中展现出来的。民主社会主义的旗号是社会主义，其理所当然地要批评资本主义。《法兰克福声明》直接指出，资本主义自 19 世纪以来虽然获得了巨大的发展，但这种发展以"排除了绝大多数公民对生产的影响"[①] 为代价。同时，"它（指资本主义——引者注）把所有权置于人权之上。它创造了一个没有财产和社会权利的、靠工资生活的新阶级。它使阶级之间的斗争尖锐化了"。[②] 经过这种对资本主义无关痛痒的批评之后，《法兰克福声明》继续指出，尽管世界蕴藏的资源足以供每个人过像样的生活，但是资本主义没有做到这一点。相反，"它（指资本主义——引者注）证明了，没有灾害性的危机和大规模失业，它就无法运行。它产生了社会的不安定与贫富之间的悬殊差别。它诉诸帝国主义扩张和殖民剥削手段，从而使民族之间和种族之间的冲突更形剧烈。在某些国家中，强有力的资本主义集团帮助过去的野蛮主义，使之以法西斯主义和纳粹主义的形式重新抬

---

① 社会党国际文件集编辑组编《社会党国际文件集（1951—1987）》，黑龙江人民出版社，1989，第 1 页。

② 社会党国际文件集编辑组编《社会党国际文件集（1951—1987）》，黑龙江人民出版社，1989，第 1 页。

头"。① 很明显，在这里社会党人对资本主义进行了较为深刻的批评。但与对资本主义的这种批评相比，社会党人对共产主义的攻击倒是显得更有力度，给人一种共产主义好像远比资本主义更可憎恨的感觉。他们攻击共产主义是"威胁着争取自由与社会公正的运动"；"造成了国际劳工运动的分裂，并使社会主义在许多国家中的实现推迟了几十年"。② 同时他们还歪曲"国际共产主义是新帝国主义的工具。不论在什么地方，只要它获得政权，它就破坏自由与获得自由的机会。它的基础是建立在军事官僚和警察恐怖之上的。由于造成财富和特权的鲜明悬殊，它已创立了一种新的阶级社会。强迫劳动在它的经济组织中起着重要的作用"。③ 在大力诬蔑与诋毁共产主义之后，他们彻底否定了共产主义和马克思主义，"共产主义妄称继承了社会主义的传统。但事实上，它歪曲了这个传统，使它面目全非。它建立了一种僵硬的、同马克思主义的批判精神不相符合的神学"。④ 社会党人在《法兰克福声明》中不断标榜自己的目的在于消灭资本主义造成的剥削，实现自由与公正，同时不停地攻击共产党人，污蔑共产党人为了建立一党专政而使因资本主义剥削而造成的阶级分化不断加剧。

　　社会党人通过《法兰克福声明》在对资本主义轻描淡写的批评和对共产主义的具体而有力的攻击中确立了自己的"中间形

① 社会党国际文件集编辑组编《社会党国际文件集（1951—1987）》，黑龙江人民出版社，1989，第1~2页。
② 社会党国际文件集编辑组编《社会党国际文件集（1951—1987）》，黑龙江人民出版社，1989，第3页。
③ 社会党国际文件集编辑组编《社会党国际文件集（1951—1987）》，黑龙江人民出版社，1989，第3页。
④ 社会党国际文件集编辑组编《社会党国际文件集（1951—1987）》，黑龙江人民出版社，1989，第3页。

象"，做出了走"第三条道路"的选择。这种"第三条道路"的实质只不过是在资本主义框架内的"假社会主义""真资产阶级改良主义"，是与现实共产主义、科学社会主义相对抗的闪转腾挪而已。

（三）全面而又详细地阐述民主社会主义"民主"的含义、作用、意义等的基础上形成了其"民主观"

"民主"是民主社会主义的第一面旗帜，是民主社会主义的灵魂。在民主社会主义那里，民主高于一切。《法兰克福声明》从政治民主、经济民主、社会民主和国际民主四个方面，详尽阐释了民主社会主义中"民主"的含义，从而形成了民主社会主义的"民主观"。《法兰克福声明》阐明了民主社会主义中民主与社会主义的关系。《法兰克福声明》写道："社会主义只有通过民主制，才能完成。而民主制也只有通过社会主义才能完全得到实现。"① 社会主义"是民主制的最高形式"。② 在说明民主与社会主义的关系后，《法兰克福声明》从政治民主、经济民主、社会民主和国际民主四个方面对民主的具体含义和民主社会主义的"民主观"进行了阐述。

政治民主是指实行普选制、多党制和多阶级联合执政，建立民有、民治、民享的政府。《法兰克福声明》对政治民主的具体内容做了如下详细阐述："每一个人有过私人生活的权利，保护其不受国家的任意侵犯"；保障"政治自由，如思想、言论、教育、结社和宗教信仰的自由"；"人民有普遍的、平等的与秘密的

---

① 社会党国际文件集编辑组编《社会党国际文件集（1951—1987）》，黑龙江人民出版社，1989，第4页。
② 社会党国际文件集编辑组编《社会党国际文件集（1951—1987）》，黑龙江人民出版社，1989，第4页。

选举权，自由选举其代表"；"由多数派组织政府，同时尊重少数派的权利"；"所有公民不论出身、性别、语言、信仰和肤色如何，在法律面前一律平等"；"任何拥有自己语言的集团有权实行文化自治"；"建立独立的司法制度"；"为人权进行斗争"；等等。①

经济民主是指消灭少数人在经济上的统治，建立一种在社会监督下的经济制度，使生产的指导原则不是为了私人利润而是为了全体人民的利益。民主社会主义者认为，"公共利益优先于私人利润的利益"，② 这是对经济民主最好的注解。《法兰克福声明》阐发的经济民主包括的具体内容有："公有制可采取把现有私营企业国有化，建立市有或地区性企业、消费合作社或生产合作社等形式"；"社会主义的计划并不以所有生产资料的公有为先决条件。它同重要生产领域内，如农业、手工业、零售业和中小型工业内私有制的存在是可以相容的"；"工会以及生产者与消费者的组织是民主社会的必要因素……应当参与制定总的经济政策"；"所有公民均应通过他们的组织或出于个人的主动性，参与生产进程，防止公营或私营企业内官僚主义的发展。应使工人同他们所在的产业部门民主地联结在一起"；"社会主义的计划并不以所有生产资料的公有为先决条件"；"社会主义的计划并不意味着一切经济决定都置于政府或中央机构手中。只要与计划的目的相符，无论在什么地方，都应当实行经济权力的非集中化"；等等。③

---

① 社会党国际文件集编辑组编《社会党国际文件集（1951—1987）》，黑龙江人民出版社，1989，第4页。
② 社会党国际文件集编辑组编《社会党国际文件集（1951—1987）》，黑龙江人民出版社，1989，第5页。
③ 社会党国际文件集编辑组编《社会党国际文件集（1951—1987）》，黑龙江人民出版社，1989，第6页。

社会民主是指满足人的基本社会权利和实行普遍的社会福利制度，保证人的个性得到全面发展。《法兰克福声明》列出了社会民主以下具体内容："工作的权利"，"享受医疗保险和产期津贴的权利"，"休息的权利"，"因年老、丧失工作能力或失业而不能工作的公民有获得经济保障的权利"，"儿童有享有福利照顾的权利；青少年有按照其才能接受教育的权利"，"得到足够住房的权利"，等等。① 此外，社会民主还包括消灭一切性别之间、社会集团之间、城乡之间、地区之间和种族集团之间法律上、经济上和政治上的歧视等内容。

国际民主是指民主社会主义运动的国际性，并由此阐明了社会党关于国际问题的基本主张。关于国际民主，《法兰克福声明》做了如下说明："民主社会主义是国际性的，因为它的目的在于使所有人从各种形式的经济、精神和政治的束缚中解放出来"；"民主社会主义是国际性的，因为它认为任何国家都不能孤立地解决它的全部经济和社会问题"；"民主制必须根据保障民族自由与人权的国际法的规定，在国际规模上建立起来"；"民主社会主义者认为维护世界和平是我们当前时代的最高任务。只有集体安全体系才能保障和平，为国际裁军创造条件"；等等。② 民主社会主义的这种国际民主强调国际交流与合作，强调其运动的国际性，由此形成社会党世界范围内的民主。

以上就是社会党人在《法兰克福声明》中所阐释的民主社会主义"民主"的含义及其"民主观"的具体内容。这些内容表面

① 社会党国际文件集编辑组编《社会党国际文件集（1951—1987）》，黑龙江人民出版社，1989，第7页。
② 社会党国际文件集编辑组编《社会党国际文件集（1951—1987）》，黑龙江人民出版社，1989，第8-9页。

上看起来并无不妥，但如果对照科学社会主义的基本原理，就会发现民主社会主义是在打着"社会主义"的旗号，行"资产阶级改良主义"之实。

（四）确立了民主社会主义目标实现的途径并试图靠所谓的"民主手段"来最终实现民主社会主义

在《法兰克福声明》中，民主社会主义者不但全面论述了其关于民主社会主义的"民主观"，而且在论述起始就明确指出了实现这种"民主观"并最终实现民主社会主义的途径，这就是要靠"民主手段"。《法兰克福声明》强调："社会党人为通过民主手段建立一个自由的新社会而奋斗。"[①] 社会党人在这里提出的"民主手段"，指的是在现行资产阶级民主制度允许的范围内，通过争取在竞选中的胜利，获得议会多数席位，利用议会及现有国家机器来推行某些改良措施，达到对现有社会加以改造的目的。资本主义国家代表和维护的是资产阶级的利益。资产阶级的民主制度从根本上来说要维护的也是资产阶级的利益。民主社会主义企图通过资本主义国家本身来消灭资本主义国家进而实现社会主义，这无异于"与虎谋皮"，最终只能是"镜中花、水中月"。同时，这也可以充分证明，民主社会主义在实质上就是资产阶级改良主义，社会党在资本主义国家里与其他党派没有什么质的区别。

第三节　社会党国际时期的民主社会主义

社会党国际是欧洲各国社会党、社会民主党和工党（以下简

---

① 社会党国际文件集编辑组编《社会党国际文件集（1951—1987）》，黑龙江人民出版社，1989，第4页。

称为社会党）和世界上其他国家或地区的社会党的联合体。社会
党国际主张民主社会主义，是当今世界上规模和影响最大的国际
性政党联盟。

一 民主社会主义的社会党国际时期

社会党国际时期是民主社会主义理论上的形成、修改、完善
与实践中的探索、发展、扩张阶段。从 1951 年 6 月至 2012 年 9
月，社会党国际共召开了 24 次代表大会。① 根据当今世界出现的
新情况和新问题，社会党国际不断对其理论观点进行调整和完
善，民主社会主义不断得到丰富和发展。社会党国际时期可以大
致分为两个阶段，即 1951～1991 年的扩展阶段和 1992 年至今的
调整阶段。

（一）1951～1991 年的扩展阶段

1951～1991 年社会党国际共召开了 18 次代表大会。每次代
表大会都就相应的时代问题发表决议、声明或宣言来阐述自己的
主张，同时不断丰富和发展民主社会主义理论。如果把 1951 年
第一次代表大会上发布的《法兰克福声明》与 1989 年第十八次
代表大会上发布的《斯德哥尔摩声明》进行对比，就很容易看出
民主社会主义理论的发展和变化。《斯德哥尔摩声明》对《法兰
克福声明》从以下方面作了发展。

首先，《斯德哥尔摩声明》着重强调了民主社会主义的多元
性。《斯德哥尔摩声明》指出了多元性对民主社会主义的非凡意
义，"对于社会党人来说，民主就其本质而言是多元主义的，而

---

① 社会党国际第 24 次代表大会于 2012 年 8 月 30 日到 9 月 1 日在南非开普敦举
行，参见 http://www.socialistinternational.org/congresses.cfm。

多元主义为民主的活力和创造性提供了最好的保证"。① 另外它还指出了要尊重多元性，"社会党国际的宗旨是促进此类团结一致与合作的工作，同时也认识到不同社会促进多元的民主社会主义基本价值观的途径不同这一类事实"。② 随着理论和实践的发展，多元性在社会党人眼中具有非常重要的意义。

其次，《斯德哥尔摩声明》强化了民主社会主义的伦理性价值观。民主社会主义的伦理性价值观主要包括自由、公正、平等、团结一致等价值理念。对此，《斯德哥尔摩声明》指出，自由就是"人人都有权免受政治胁迫，有权得到追求个人目标和发挥个人潜力的最大机会"；"公正意味着结束一切对个人的歧视，以及平等的权利与机会"；"平等是一切人类都具有同等的价值的表现，是人的个性自由发展的先决条件"；"团结一致的内容无所不包，是全球性的。它表达了共同的人性和对不公正的受害者的同情意识。团结一致得到了一切人道主义重要传统的正确的强调与宏扬。"③ 强调以自由、公正、平等、团结一致等为主要内容的伦理性价值观，是民主社会主义理论发展的一个明显特点。

再次，《斯德哥尔摩声明》确认了民主社会主义的中立性原则。尽管在《斯德哥尔摩声明》中社会党人依然既批判资本主义又攻击共产主义，但其中立性特征很明显。正如《斯德哥尔摩声明》中指出的："社会党人并不声称自己占有着一个不会再出现变化、不必在进行改革与进一步发展的终极和固定的社会蓝图。

---

① 中共中央对外联络部资料编辑中心选编《社会党国际和社会党重要文件选编》，中共中央党校出版社，1993，第 17 页。
② 中共中央对外联络部资料编辑中心选编《社会党国际和社会党重要文件选编》，中共中央党校出版社，1993，第 31 页。
③ 中共中央对外联络部资料编辑中心选编《社会党国际和社会党重要文件选编》，中共中央党校出版社，1993，第 15～16 页。

一个致力于民主自决的运动总留有发挥创造性的余地，因为不同国家和不同时代的人民都应树立自己的目标。"① 社会党人通过《斯德哥尔摩声明》的这一阐释，进一步确认和强调了民主社会主义理论的中立性原则，展示了社会党人要走"第三条道路"的目标选择。随后兴起的喧嚣一时的"第三条道路"理论热潮，无疑是民主社会主义中立性原则的确证。

最后，《斯德哥尔摩声明》表明了民主社会主义的国际性和全球性。《斯德哥尔摩声明》直言："近年来，由于在拉丁美洲和加勒比地区取得了非常显著的发展，并在其他一些大洲吸收了新成员，社会党国际已经变为一个更加名副其实的国际性组织。社会党国际的目标是与全世界一切民主社会主义运动实行合作。"② 就国际性和全球性问题，《斯德哥尔摩声明》较为详细地阐述了其和平观、发展观、环境观和人权观。社会党人认为和平是基本的价值观念，"和平是我们一切希望的前提条件。它是一切政治制度共同利益之所在和人类社会必需的基本价值观念"；"建立国际经济与政治新秩序是对和平的至关重要的贡献。"③ 对于发展观，社会党人认为，"无论私有制或国家所有制，其本身都既不能保证经济效率，又不能保证社会公正"；"民主社会主义运动继续主张混合经济基本结构内的社会化和公有财产。"④ "市场制度

---

① 中共中央对外联络部资料编辑中心选编《社会党国际和社会党重要文件选编》，中共中央党校出版社，1993，第18页。
② 中共中央对外联络部资料编辑中心选编《社会党国际和社会党重要文件选编》，中共中央党校出版社，1993，第31页。
③ 中共中央对外联络部资料编辑中心选编《社会党国际和社会党重要文件选编》，中共中央党校出版社，1993，第18页。
④ 中共中央对外联络部资料编辑中心选编《社会党国际和社会党重要文件选编》，中共中央党校出版社，1993，第24页。

本身不可能保障经济增长的社会目标的实现。民主经济政策的合法性作用在于促进既开辟未来的机会且改善生活质量的发展。"①面对环境恶化带来的挑战，社会党人提出了自己的主张，他们认为，"环境危机是全球范围的关键与根本性挑战"；"解决问题最佳、最廉价的方式是变动生产与消费基本结构，首先使环境破坏无从发生"；"我们主张国际的联合努力，对危害环境的一切产品及生产工艺采取强化自然的替代措施。"②社会党人尤其重视人权，"民主社会主义者为争取一切种族、少数民族群体、民族和宗教的平等权利而奋斗"。③"政治民主是民主社会主义社会必不可少的因素。民主社会主义是社会与经济民主化和不断提高社会公正的持续进程"；"个人权利对社会主义价值观念有根本性意义。民主与人权也是人民权力的实质，是人民对长期以来统治着他们的经济结构进行控制的必不可少的手段。"④社会党人在《斯德哥尔摩声明》中通过阐明其和平观、发展观、环境观和人权观，确立了民主社会主义的国际性和全球性原则，推动了社会党国际在全球范围的扩张。

（二）1992 年至今的调整阶段

20 世纪 80 年代末 90 年代初的苏东剧变，既使科学社会主义事业遭到重创，也给民主社会主义造成了一系列混乱。80 年代中

---

① 中共中央对外联络部资料编辑中心选编《社会党国际和社会党重要文件选编》，中共中央党校出版社，1993，第 28 页。
② 中共中央对外联络部资料编辑中心选编《社会党国际和社会党重要文件选编》，中共中央党校出版社，1993，第 21 页。
③ 中共中央对外联络部资料编辑中心选编《社会党国际和社会党重要文件选编》，中共中央党校出版社，1993，第 16 页。
④ 中共中央对外联络部资料编辑中心选编《社会党国际和社会党重要文件选编》，中共中央党校出版社，1993，第 17 页。

后期，对于苏联、东欧的改革社会党国际及其成员党是持欢迎态度的。在社会党国际第十八次代表大会上通过的《斯德哥尔摩声明》中他们明确指出："社会党国际支持旨在通过自由化和民主化改造共产党社会的一切努力。同时也应支持非集中化的市场机制的发展，支持反对官僚主义和腐败的斗争，最重要的是对人权与政治公开性是有活力的进步社会的重要因素的认识。"① 为此他们还在 1989 年召开专门会议讨论帮助苏联和东欧国家进行改革的问题。苏东剧变后，与民主社会主义者预想的相反，苏东剧变不但没有增加民主社会主义队伍的力量，反而给其造成了一系列的经济、政治以及意识形态等方面的混乱。造成这些混乱的原因在于苏东剧变给苏东国家带来了灾难性的后果，而苏东国家的改革目标是民主社会主义，牵连民主社会主义也就在所难免。当时国际上右翼势力又趁苏东混乱之机大肆攻击民主社会主义，于是民主社会主义成了过街老鼠。在 90 年代初的西欧各国大选中，社会党纷纷落选，甚至连执政长达数十年的瑞典社会民主党也下台。为了改变这种被动的局面，澄清一些混乱思想，社会党国际决定重新使用"社会民主主义"的概念。在 1992 年 9 月社会党国际在柏林召开的第十九次代表大会上，社会党人完成了由"民主社会主义"到"社会民主主义"概念转换的任务。在这次大会上，"社会民主主义"被从历史的尘埃中找出来代替了民主社会主义。这样，在理论上民主社会主义就从名称上回转到了社会民主主义。对于这种变化，我们要认清其实质。社会党国际重新使用"社会民主主义"这个概念，不过是民主社会主义"换汤不换

---

① 中共中央对外联络部资料编辑中心选编《社会党国际和社会党重要文件选编》，中共中央党校出版社，1993，第 27 页。

药"的障眼法而已。不论叫哪个名称，民主社会主义的基本理论没有改变，其基本的原则立场没有改变。但随着这种变化和调整，社会党在各国又慢慢活跃起来。

二　民主社会主义实质上是资产阶级改良主义

关于民主社会主义的性质，可谓众说纷纭，纷繁芜杂，令人眼花缭乱。有人认为民主社会主义是介于资本主义和社会主义之间的"第三条道路"；有人认为民主社会主义是两种社会制度的"趋同"；有人认为民主社会主义是生产领域中的资本主义、分配领域中的社会主义；还有人认为民主社会主义比我们信奉的科学社会主义更先进、更优越，更接近马克思主义，更符合社会主义的本意。按照马克思、恩格斯的阶级分析法和历史分析法进行分析，民主社会主义实质上是资产阶级改良主义。法国著名学者雅各·德罗兹写道："民主社会主义是作为改良主义的继承者出现的。"[1]钟哲明也认为，"民主社会主义、社会民主主义一出现就是社会改良主义"。[2]

民主社会主义是第二次世界大战之后流行于西欧并逐渐扩展到世界各地的重大政治思潮之一，是社会党国际各成员党的指导思想，是一种社会改良主义思潮。民主社会主义与马克思主义有一定的历史渊源，同时又是与马克思主义和科学社会主义相对立的一种意识形态。民主社会主义的基本特征是实行改良主义的政策，以改变社会现实中不合理的部分，实现民主社会主义的各项

[1]　〔德〕托马斯·迈尔等：《论民主社会主义（译文集）》，刘芸影等译，东方出版社，1987，第 137 页。

[2]　钟哲明：《马克思恩格斯对民主社会主义及其变种的评析》，《政治学研究》2007 年第 4 期。

民主目标。民主社会主义者认为，目标明确的改良主义是民主社会主义的本质特征。民主社会主义的核心是民主，民主是社会主义的基本价值所在，是社会主义最本质的要求。不过这里的民主是指资产阶级民主而并非无产阶级的民主。

从民主社会主义的理论基础来看，无论过去还是现在，它都是资产阶级改良主义。社会党国际前书记尤利乌斯·布劳恩塔尔曾写道："马克思主义是社会主义的思想。第二国际的绝大多数党在纲领上都拥护马克思主义。"① 对于马克思主义，布劳恩塔尔认为，"第二国际时期'马克思主义无疑是占主导地位的学派思想，第二国际的绝大多数党毫不犹豫地自认为他们是马克思主义的党'，'第二国际的基本原则和全部指导思想是马克思主义的'。1951 年发表的社会党国际宣言——《民主社会主义的目标与任务》强调社会主义的目标的多元论的动力，否认历史的发展自然的或不可避免地走向社会主义。这种观点和布劳恩塔尔的一贯思想不协调，他对此感到十分为难。他自己说，为了通过'宣言'，他不得不和这些基本原则分手。他也承认在欧洲，马克思主义不再是一种作为无产阶级阶级斗争和社会革命理论的有效力量"。② 因此，马克思主义曾是第二次世界大战前在第二国际党内占主要地位的意识形态，但是到了战后，改良主义成了在社会党国际占主要地位的意识形态，马克思主义理论不再能鼓舞工人，不再是其精神领袖，指导他们的是进化社会主义理论，而不是革命的马克思主义理论。

① 转引自朱良润《尤利乌斯·布劳恩塔尔》，载殷叙彝主编《当代西欧社会党人物传》，黑龙江人民出版社，1989，第 508 页。
② 转引自朱良润《尤利乌斯·布劳恩塔尔》，载殷叙彝主编《当代西欧社会党人物传》，黑龙江人民出版社，1989，第 511 页。

马克思主义认为，在资本主义制度下，为了改善工人阶级和劳动群众的现状，可以进行政治、经济、文化生活等方面改善的斗争。马克思主义者与社会党人的区别在于：社会党人认为改良就是一切，而马克思主义者认为改良不是治本之策。在革命条件尚未成熟时，无产阶级可以争取社会生活各方面的改良；但革命条件成熟时，无产阶级应该进行革命斗争，推翻资产阶级的反动统治，夺取政权，建立无产阶级专政，实现真正的广大劳动人民的民主。

第四节　民主社会主义的瑞典模式

民主社会主义不仅有系统的理论观点，而且为了把这些观点运用于现实，他们还进行了大量的实践。民主社会主义的瑞典模式是民主社会主义实践的典范，被称为民主社会主义的"样板和橱窗"，应该以认真积极的态度来看待民主社会主义瑞典模式的实践和其积累的经验。

一　瑞典模式

瑞典王国（The Kingdom of Sweden）位于北欧斯堪的纳维亚半岛东部，领土面积约45万平方公里，与我国中等省份的面积差不多大。截至2007年底，瑞典共有918.3万人。宪法规定瑞典实行君主立宪制。国王是国家元首和武装部队统帅，作为国家象征仅履行代表性或礼仪性职责，不能干预议会和政府工作。议会是国家唯一的立法机构，由普选产生，议会为一院制。政府是国家最高行政机构，对议会负责。①

---

① 参见 http：//news. xinhuanet. com/ziliao/2002 – 06/13/content_ 438438. htm。

关于瑞典的政党制度，从 20 世纪 20 年代起发展到今天，逐渐形成了 7 个政党。这些政党分别代表着不同阶层和集团的利益，代表着不同的思潮和派别，代表着不同的信仰、主张和政策。瑞典的 7 个政党分别是社会民主工党（简称社民党）、温和联合党（又称保守党）、人民党（又称自由党）、中央党（原名农民协会）、基督教民主党（原名基督教社会民主党）、左翼党（原名左翼党 - 共产党人）、环境党。现在执政的是以温和联合党为主，联合人民党、中央党和基督教民主党组成的中右联盟。瑞典的社会民主工党同其他国家的社会党一样，信奉民主社会主义，提出四大民主，即政治民主、社会民主、经济民主、国际民主。事实上，社民党在瑞典历史上执政时间最长，正是在社民党的领导下，在社民党不断推行、贯彻民主社会主义的前提下，瑞典才逐渐形成了所谓的瑞典模式。

"所谓模式，主要指某一社会集团或政党在特定的环境条件下按照一定的方针、路线进行改造社会的活动的最后成果，也就是上述方针、路线以及由此形成的一系列制度的总和。"① 从这个意义上说，"模式"可以理解为一个国家从自己的历史文化传统、政治国情特点等出发而在实践过程中慢慢形成的一种特有的做法，这种做法可以学习借鉴，但不能照搬套用。通常来说，瑞典模式实际上是西方的一种说法，它是指瑞典社民党在累计执政时间 65 年内推行的改良社会主义的政策、理论和实践的统称。瑞典模式形成的基础是在混合经济的制度下，由政府来推行"充分就业""公平分配""社会福利"等政策，以消除资本主义社会的失业、贫困、不平等之类的"弊病"。瑞典模式涵盖了福利社

---

① 黄安淼、张小劲编《瑞典模式初探》，黑龙江人民出版社，1989，第 4 页。

会主义、职能社会主义、基金社会主义等具体内容。瑞典是世界
上典型的福利国家，建立了全方位、多层次的社会保障制度，不
仅福利项目覆盖面宽，而且保障水平高。社民党长期执政以实现
国内"阶级合作"为目标，社会再分配的份额远远高于北美、西
欧，社会福利与经济发展相结合，被称为瑞典模式，是民主社会
主义的"样板"、"橱窗"和"实验室"。徐崇温认为，"所谓
'瑞典模式'，可以说是民主社会主义的样板和橱窗"。① 因此，
瑞典是民主社会主义的"样板"、"橱窗"和"实验室"，对其进
行总结、分析和评价，对于建设中国特色社会主义具有重要的理
论意义和现实意义。

二　瑞典模式的阶段性特征

1932 年上台执政以来，瑞典社民党累计执政长达 65 年。在
这 65 年内，瑞典社民党从最初积极建立福利社会主义，到后来
发展职能社会主义，再到后来提出基金社会主义，不断形成、发
展和巩固了瑞典模式。瑞典模式在不同的历史阶段具有不同的阶
段性特征。

（一）福利社会主义阶段

阿尔宾·汉森的福利社会主义阶段在瑞典社民党执政史上占
有重要的地位，为其以后长达半个多世纪的执政打下了深厚的基
础。美国学者格鲁奇写道："（瑞典——引者注）社会民主党自
1932 年执政以来主要关心的是建立强大的福利国家。"② 福利社
会主义最重要特征就是社会福利的普遍享有原则。所有公民都可

---

① 徐崇温：《民主社会主义评析》，重庆出版社，2007，第 307 页。
② 〔美〕阿兰·G. 格鲁奇：《比较经济制度》，徐节文等译，中国社会科学出版
社，1985，第 386 页。

以享受到社会提供的基本福利，福利面前人人平等。瑞典社民党第二任主席汉森（1932 年起任首相）提出了"人民之家"的思想。汉森认为平等、福利与合作是"人民之家"的基本要素，强调要用阶级合作、消除分歧和互相妥协的方式来实现"福利社会主义"的目标。瑞典社民党 1944 年的纲领就已提出"以平等、自由为基础的公民合作的社会形态来代替以阶级经济为基础的社会秩序"。因此，瑞典模式被誉为福利国家的楷模。瑞典社民党纲领指出："社会民主党促进生产的发展，因为生产是满足居民需要，进一步提高全体人民福利的必要条件。"他们给团结下的定义是"共同负责，普遍互助和合作"。瑞典社民党同时倡导"工人为企业主，企业主为工人"的合作精神。与这样一种福利特征相伴随的是瑞典的妥协政治，福利社会主义是瑞典各种政治力量相互妥协的结果。瑞典工人阶级在组织上高度统一，工会组织化程度很高，工会拥有强大的力量，同时，雇主协会也是一种重要力量，社民党就是不断在与这些各种力量的妥协中平衡各方利益，不断推进其政治主张，实现其福利社会主义模式。

（二）职能社会主义阶段

20 世纪 60 年代后期，瑞典的福利社会主义模式弊端逐渐显现。瑞典社民党在新左派思潮的影响和工人运动的冲击下，曾经试图把回避所有制问题的"福利社会主义"引导到限制所有制问题上，企图通过所有制的发展变革消除福利模式的弊端，推进其福利模式进一步靠近社会主义，因此提出了"职能社会主义"的理论。冈纳·阿德勒－卡尔松对"职能社会主义"做了理论上的概括和总结。他认为可以通过对部分职能实行社会化而对另一部分职能仍保留非社会化的办法，逐步实现社会主义的目标。职能社会主义不主张在瑞典搞大规模的社会化、国有化，而主张对形成所有制的某些职能实行社会化来实现社会主义的目标。职能社会主义者认为要有意识地保持一种尽可能均衡的权力制度，既制约所有权的滥用与集中，又避免社会内部的巨大冲突，保存私有企业对经济生活的重大推动力。由此可以看出瑞典社民党在具体执行政策上的灵活性。卡尔松声称，瑞典的这种实验证明，通过各阶级各团体都能接受的和平方式，即通过对形成所有权的某些职能实行社会化，就既可避免大规模的补偿，又可实行职能社会主义的社会化方针。用社民党的一位理论家的话说："我们一向对扩大国家蛋糕的事更感兴趣，而不屑于为划分这块蛋糕而争论不休。"帕尔梅说："合作是瑞典工人运动的传统，应该为达到现实生活所要求的和解而斗争。""我们深信，由于合作，人们往往会达到较好效果。"卡尔松也提出，求各个经济集团利益之"大同"，存他们之间相互冲突的利益之"小异"，而且努力以和平方式解决这些"小异"。瑞典社民党就是这样，试图通过分解经济体的社会职能，通过调和和妥协政治来继续实现社民党的执政。

（三）基金社会主义阶段

1976 年瑞典社民党在选举中失败，成为在野党。1976~1982年这 6 年在野期间，社民党对自己的理论和政策进行了反思。反思中社民党逐步扬弃了职能社会主义，开始了以"雇员投资基金"为主要方案的"基金社会主义"的尝试。早在 1978 年 4 月，社民党就与工会联合组成了研究小组，提出了题为《雇员投资基金与资本形成》的联合报告。该报告指出，根据瑞典社民党人在1975 年代表大会上修订的纲领，社民党在瑞典的任务，就是"对目前基本上控制在私营公司金融势力之下的经济制度实行转变，代之以一种新的经济秩序，使每一个公民对于生产的方向、利润的分配、生产体制和工作条件具有发言权"。1981 年，社民党全国代表大会通过《瑞典之未来》的决议，主张走膨胀与紧缩相结合的"第三条道路"，开始由传统的凯恩斯主义向新货币主义转变。通过这一系列的对其经济、社会等政策的发展和推进，社民党在1982年大选中重新获胜，此后一直到1991年又连续执政9年。基金社会主义就是要通过政府立法，成立职工和雇员基金，规定每年从各企事业单位征收一定比例的工资税，并从实际利润超过一定额度的企业的超额利润中抽取20%的利润税，在全国购买企业股票，从而建立起一个大型公共基金。工人集体控制企业利润和股份，进而逐步控制资本所有权，扩大投资，增加就业和福利，实现经济民主，以图最后进入社会主义。基金社会主义由于遭到雇主的反对而最终失败。由此可见，试图通过在资本主义框架内实现社会主义，是行不通的。

三　瑞典模式的启示

瑞典模式因为其高福利而吸引了世人的目光。对于瑞典模式，客观地说，应实事求是地看待，既要看到其有利于经济、社会发展的一面，又要看到其存在不容忽视的问题和弊端。

（一）应该实事求是地承认，瑞典模式是瑞典社民党在资本主义社会内部的一种有益尝试

客观上讲，瑞典模式对瑞典社会的改良是有成果的。瑞典社民党在长期执政和不断推行民主社会主义的过程中，的确逐步提高了瑞典的社会生产力，提高了瑞典的国际影响力，提高了瑞典民众的生活水平，并把瑞典由一个贫困落后的农业国建设成一个发达的资本主义国家。截至2007年底，瑞典人均国民生产总值居世界第二位，居世界第一位的是瑞士。瑞典的发展不仅对其国内的工人运动具有重要意义，而且对世界社会主义发展也具有某

种进步意义，它为我们提供了一种借鉴和思路。对于这种认识和结论，必须从瑞典具体的历史和文化以及经济与社会的特点出发，既不能不顾瑞典的具体国情和特点，对其大肆吹捧和宣扬，也不能对其采取偏激的态度，一概斥之为资本主义，只看到其社会发展进程中的问题，而看不到其有益于自身发展的一面，看不到对其他国家的启发和借鉴意义。瑞典社民党领导下逐渐形成的瑞典模式终究是在资本主义社会内部进行的一种社会改良尝试。我们应该看到，尽管这种尝试对于其社会本身有一定的益处，但是从历史唯物主义和人类历史发展基本规律来看，资本主义终究要被社会主义所取代。

（二）要清醒地看到，尽管瑞典福利很高，瑞典社民党也很努力地推进社会主义，但瑞典在实质上仍是资本主义国家

尽管瑞典取得了举世瞩目的成就，但我们应该看到，瑞典模式在理论上是非马克思主义的，具有混杂的、非科学的因素，在实践中并没有根本改变资本主义的社会政治制度。从社会经济制度来看，虽然瑞典实行的是混合经济，但瑞典模式仍然是建立在私有制基础上的资本主义经济制度。因此，瑞典从本质上说仍然是一个资本主义国家。目前在瑞典依然存在资产阶级与无产阶级的基本矛盾，依然存在贫富差别和失业等社会问题。关于这点，在社民党执政几十年后，美国学者格鲁奇写道，"工业大部分仍然在私人手中，财产所有权仍然是高度集中的，阶级差别仍然是很牢固的"。[1] 至于认为瑞典是社会主义国家的论断，纯属无稽之谈。对于这个问题，瑞典社民党的一些理论研究工作者认为，"他

---

① 〔美〕阿兰·G. 格鲁奇：《比较经济制度》，徐节文等译，中国社会科学出版社，1985，第388页。

们所讲的社会主义是有条件的，即在前面必须加上'民主'两个字，完整的说应该是'民主社会主义'。如果不加'民主'两个字，他们宁肯你说他是资本主义，也不愿你说他是社会主义"。①

关于瑞典模式能否向社会主义过渡问题，国内理论界有一种声音，认为民主社会主义才是中国的前途和出路。"只有民主社会主义才能救中国"，声音响亮又刺耳。事实是这样吗？瑞典本身是资本主义国家，可能用其小国的模式和经验"救"中国吗？瑞典模式充其量只是一种有益的探索，还谈不上是社会主义制度。尽管瑞典经过了社民党的大量改良，但其本质上依然是资本主义国家，实行的依然是全套的资本主义制度。

（三）与中国特色社会主义建设相对照，瑞典模式具有其自身难以克服的内在矛盾，同时面临着许多现实问题

瑞典模式毕竟是建立在资本主义私有制基础上的一种对资本主义改良的产物，其核心的指导思想是多元化的理论来源，关键的经济制度是私有制基础上的混合经济，基本的政治制度是资本主义民主制和多党制。这些主要的社会政治经济架构决定了瑞典模式是资本主义制度的一种"花式"，瑞典在本质上仍然是资本主义国家。瑞典乌普萨拉大学副校长拉尔斯·芒努松说："从根本上讲，瑞典是一个资本主义国家，因为大多数生产方式为私人所有。"② 瑞典是资本主义国家就不可避免地具有马克思和恩格斯所指出的资本主义的内在矛盾，这就是社会化大生产与生产资料私人占有之间的矛盾，这种矛盾是内发性的，是在资本主义框架下无法克服的。要解决这种基本矛盾，就必须实行公有制，以公

---

① 杨启先：《一篇迟到的瑞典考察纪要》，《经济观察报》2007 年 6 月 16 日。

② 何秉孟、姜辉、张顺洪：《瑞典是社会主义国家吗？——与瑞典学者座谈实录》，《国外社会科学》2008 年第 2 期。

有制取代私有制，最终才能走向社会主义。

基于资本主义私有制的瑞典模式，现实中面临许多问题和挑战。瑞典社民党长期执政也无法避免，或者说不能改变资本主义私有制的经济基础，这就决定了社民党的改良是在资本主义框架内的循环。瑞典社民党的努力往往既遭到资本家的抵制，又因为竞选的失败而时断时续。瑞典坚持生产资料资本主义私有制，导致了资本和大企业掌握在少数垄断集体和私人手中，瑞典社民党的许多政策得不到支持和具体落实。瑞典社民党企图通过累进税制度来调节国民收入，这在起到一定作用的同时，也产生了消极影响。这就是高税收使本国资本和大企业为了避免政府的征税而向国外转移，到别国投资，影响了国内经济的发展。另外，从摇篮到坟墓的福利制度，提高了居民生活水平的同时，也产生了一批社会寄生阶层，他们通过各种途径，逃避劳动，坐享福利，影响了社会公平和正义。瑞典这种基于资本主义框架下的福利制度模式，至多算作在一定程度上改善了居民生产状况，并不能达到其倡导的"经济民主""政治民主""社会民主"等民主层面，所谓的民主，至多也只是拥有资产的资本家的民主，对于广大的普通居民而言，是无法与资本家拥有的民主程度相比的。

（四）对于中国特色社会主义建设来说，瑞典模式有一定的启发意义和价值，但不能夸大其词，更不能照抄照搬

邓小平在"南方谈话"中指出："社会主义要赢得与资本主义相比较的优势，就必须大胆吸收和借鉴人类社会创造的一切文明成果，吸收和借鉴当今世界各国包括资本主义发达国家的一切反映现代社会化生产规律的先进经营方式、管理方法。"[①] 因此，

<hr>

① 《邓小平文选》第3卷，人民出版社，1993，第373页。

对于瑞典模式的经济发展战略及具体的方针政策可以借鉴和学习，但不能套用，更不能照抄照搬。其中的原因其实也很简单。从大的方面讲，民主社会主义不属于科学社会主义，它与科学社会主义是两种不同的意识形态和价值理念，二者的理论基础、指导思想、经济观点、政治观点、所追求的目标以及实现目标的方式等大不相同，甚至截然相反。同时，社会党和共产党是两种不同类型的政党。社会党是资本主义众多政党中的一种，其价值目标、意识形态较为趋向于工人运动。而共产党则不同，共产党就是要通过暴力革命、进行无产阶级专政并最终实现共产主义。二者不但无法趋同，而且区别很大。

对于包含瑞典模式在内的民主社会主义的经济发展战略及方针政策可以借鉴和学习，但不能套用。原因很简单也很明确。民主社会主义和科学社会主义是两种不同的意识形态和价值理念。社会党和共产党是两种不同类型的政党。社会党和共产党作为"左翼政党"大范畴来说，有某些相同或相似的观点，但并不能说已经"趋同"。区别不同类型政党的"界别"在于政党的指导思想和理论基础、政党建设的组织原则、政党执政的国家政治体制以及政党主要依靠的社会力量和政党确定的最终奋斗目标等。可以相互借鉴，但不可模糊这个"界别"。另外，从小的方面讲，中国与瑞典这样的小国，在政治、经济、文化、历史、资源、人口等方面存在巨大的差别，在瑞典适合的制度、模式，生搬硬套到中国，恐怕不合适。邓小平指出："我们既不能照搬西方资本主义国家的做法，也不能照搬其他社会主义国家的做法，更不能丢掉我们制度的优越性。"① 我们要"走自己的路，建设有中国特

---

① 《邓小平文选》第3卷，人民出版社，1993，第256页。

色的社会主义，中国才有希望"。[①] 党中央也提出并一再强调，要坚持与时俱进、求真务实，不断落实理论创新、制度创新和科技创新"三个创新"的精神，因此，对于瑞典模式，我们尽管不能照搬套用，但我们可以借鉴和吸收其创造的优秀文明成果，学习其在治国理政、发展经济、管理社会、促进贸易等各方面有益的具体方法和措施，以便更好地推进中国特色社会主义建设。

①　《邓小平文选》第 3 卷，人民出版社，1993，第 197 页。

第三章

中国特色社会主义理论体系的形成和发展

毛泽东曾经指出:"指导一个伟大的革命运动的政党,如果没有革命理论,没有历史知识,没有对于实际运动的深刻的了解,要取得胜利是不可能的。"① 同样,建设中国特色社会主义现代化,不断推进改革开放伟大事业的历史进程,也需要以正确理论为指导。中国特色社会主义理论,就是几代中央领导集体在不断结合中国实际推进马克思主义中国化的历史进程中,在改革开放伟大实践中逐渐形成的适合中国国情的正确的理论总结。在当代中国,坚持中国特色社会主义理论体系,就是真正坚持马克思主义。

第一节 中国特色社会主义理论创始于邓小平的改革开放实践

中国特色社会主义理论体系是由邓小平开创的。党的十一届

---

① 《毛泽东选集》第 2 卷,人民出版社,1991,第 533 页。

三中全会以后，邓小平提出以经济建设为中心，进行改革开放，在社会主义现代化建设过程中，中国特色社会主义理论体系不断完善，最终以邓小平理论为核心，形成了中国特色社会主义理论体系的基本架构。邓小平开创的中国特色社会主义理论体系，是奠定在毛泽东对中国社会主义建设道路探索基础上的。在总结1949年新中国成立以来社会主义建设的经验和教训的基础上，邓小平开创了中国特色社会主义理论体系。

一　毛泽东对中国社会主义建设道路的探索

毛泽东的伟大历史功绩，连西方的学者都承认，"1949年以后中国共产党接管中国和新的全国性政权的建立，是一个伟大的创造性成就"。① 正如邓小平所说："没有毛主席就没有新中国，这丝毫不是什么夸张。"② "中华人民共和国的成立和社会主义制度的建立"是20世纪中国人民在前进道路上经历的第二次历史性巨大变化。③ 这次巨大变化是毛泽东彪炳千古的伟大历史功绩。作为共和国的缔造者，毛泽东在领导党和人民建立新中国后就开始了对中国社会主义建设道路的探索，这种探索到1976年9月毛泽东逝世为止，贯其后世，始终不渝。由于种种原因，这些最初的探索既有重大的成就、良好的经验，也有明显的失误和值得汲取的教训。无论是经验还是教训，都对后来中国特色社会主义理论体系的创立和发展提供了丰富的素材，奠定了坚实的基础。毛泽东始终是探索中国社会主义建设道路的开拓者和奠基人。

---

① 〔美〕费正清：《伟大的中国革命（1800—1985年）》，刘尊棋译，世界知识出版社，2003，第329页。
② 《邓小平文选》第2卷，人民出版社，1994，第148页。
③ 《江泽民文选》第2卷，人民出版社，2006，第2~3页。

（一）毛泽东探索中国社会主义建设道路的经验

第一，坚持把马克思主义基本原理与中国社会主义建设的具体实际相结合。胡锦涛同志指出："毛泽东同志是伟大的马克思主义者，伟大的无产阶级革命家、战略家和理论家，是近代以来中国伟大的爱国者和民族英雄，是领导中国人民彻底改变自己命运和国家面貌的一代伟人。"① 作为一代伟人，作为伟大的马克思主义者，作为中国社会主义革命和社会主义建设事业的奠基者，毛泽东始终在探索如何把马克思主义的普遍真理与中国的具体实际结合起来，建设中国自己的具有民族特色的社会主义。新中国成立初期，中国没有自己的社会主义建设经验，因此，只好照搬苏联模式。然而，苏联的社会主义建设在当时已经暴露出一些缺点和错误，为了找到一条适合中国实际的社会主义建设道路，把我国的社会主义建设搞得比苏联、东欧各国更好，毛泽东进行了对中国社会主义建设道路的艰辛探索。毛泽东明确指出，中国搞社会主义建设，不能照抄照搬苏联的那一套，要在坚持社会主义原则基础上，走中国独特的社会主义建设道路。在 1956 年《论十大关系》的讲话中，毛泽东指出："特别值得注意的是，最近苏联方面暴露了他们在建设社会主义过程中的一些缺点和错误，他们走过的弯路，你还想走？过去我们就是鉴于他们的经验教训，少走了一些弯路，现在当然更要引以为戒。"② 这表明了毛泽东一方面要以苏联的错误和教训为鉴戒，另一方面要探索自己的社会主义建设道路的思想。在探索中国社会主义建设道路时，毛泽东十分强调要从中国的实际情况出发，坚持实事求是的基本原

---

① 《十六大以来重要文献选编》（上），中央文献出版社，2005，第 639 页。
② 《毛泽东文集》第 7 卷，人民出版社，1999，第 23 页。

则，坚持把马克思主义的普遍真理与中国社会主义的建设实际相结合，走出一条中国式的、具有中国自己民族特点的社会主义道路。1956 年 4 月，毛泽东在同拉丁美洲一些国家党的代表谈话时曾指出："各国应根据自己国家的特点决定方针、政策，把马克思主义同本国特点结合起来。"① 此外，毛泽东还明确指出："我们要学的是属于普遍真理的东西，并且学习一定要与中国实际相结合。如果每句话，包括马克思的话，都要照搬，那就不得了。我们的理论，是马克思列宁主义的普遍真理同中国革命的具体实践相结合。"② 这是毛泽东立足于中国社会主义建设的实际，冲破对苏联模式的迷信，探索中国自己的社会主义建设道路的开始，体现了毛泽东在社会主义建设中选择一条什么样的道路的观点，表明了中国的社会主义建设要立足于本国国情，走自己的路的明确态度。因此，毛泽东总是将马克思主义的基本原理与中国社会主义建设的实际结合起来，并取得了一定的成绩，初步实现了马克思主义的中国化，为以后社会主义理论发展和创新奠定了良好的理论和实践基础。

第二，坚持发展社会生产力的同时积极探索社会主义商品经济规律。在社会主义建设过程中，毛泽东坚持把解放和发展生产力作为一切工作的指针。早在 1945 年 4 月，毛泽东就明确指出："中国一切政党的政策及其实践在中国人民中所表现的作用的好坏、大小，归根到底，看它对于中国人民的生产力的发展是否有帮助及其帮助之大小，看它是束缚生产力的，还是解放生产力的。"③ 在 1956 年 1 月的最高国务会议上，他又明确提出社会主义革命的目

---

① 《毛泽东文集》第 7 卷，人民出版社，1999，第 64 页。
② 《毛泽东文集》第 7 卷，人民出版社，1999，第 42 页。
③ 《毛泽东选集》第 3 卷，人民出版社，1991，第 1079 页。

的是解放生产力。① 毛泽东领导的三大改造运动顺利完成，目的就是解放生产力。随后，在党的八大决议中又提出，党和全国人民的主要任务是集中力量发展生产力，尽快把我国从落后的农业国变为先进的工业国。1957 年 2 月，毛泽东还提出"从一九五六年以来，情况就根本改变了。就全国说来，反革命分子的主要力量已经肃清。我们的根本任务已经由解放生产力变为在新的生产关系下面保护和发展生产力"。② 以上这些基本思想，不仅在理论上是正确的，而且在实践上也进行了一系列的实施，并取得了一定的成效。关于解放和发展生产力的方式和手段，毛泽东也进行了大量的思考。1956 年 12 月 7 日，在约见民建、工商联负责人黄炎培、陈叔通等人时，毛泽东针对当时中国社会主义建设的实际指出，"可以搞国营，也可以搞私营。可以消灭了资本主义，又搞资本主义"。③ 毛泽东还指出："现在我国的自由市场，基本性质仍是资本主义的，虽然已经没有资本家。它与国家市场成双成对。上海的地下工厂同合营企业也是对立物。因为社会有需要，就发展起来。要使它成为地上，合法化，可以雇工。"④ 很明确，毛泽东在这里强调，虽然自由市场的性质是资本主义，但如果我们的社会主义建设需要，就应该允许其存在和发展。不但如此，而且"只要社会需要，地下工厂还可以增加"。⑤ 同时，"可以开私营大厂，订个协议，十年、二十年不没收"。⑥ 为了鼓励华侨华人积极回国投资，针对华侨华人投资的企业，毛泽东甚至提

① 《建国以来毛泽东文稿》第 6 卷，中央文献出版社，1992，第 22 页。
② 《毛泽东文集》第 7 卷，人民出版社，1999，第 218 页。
③ 《毛泽东文集》第 7 卷，人民出版社，1999，第 170 页。
④ 《毛泽东文集》第 7 卷，人民出版社，1999，第 170 页。
⑤ 《毛泽东文集》第 7 卷，人民出版社，1999，第 170 页。
⑥ 《毛泽东文集》第 7 卷，人民出版社，1999，第 170 页。

出"华侨投资的，二十年、一百年不要没收。可以开投资公司，还本付息"。① 毛泽东把这种允许搞私营、鼓励华侨投资办企业的政策称为"新经济政策"。毛泽东同时指出，由于这样一项政策既可以更好地满足人民群众物质文化生活多方面的需要，又可以作为社会主义公有制经济的重要补充，所以，实行这项政策，允许这些非公有制经济的存在和发展，不是一项临时性的措施，而是一项长期的政策。然而，随着实践的发展和国际国内环境与条件的变化，这项政策并没有得到很好的落实。毛泽东还对社会主义商品经济规律进行了思考和探索。他强调让商品经济价值规律在社会主义建设中发挥作用，号召全党和全国人民都要学习价值规律。毛泽东指出："算账才能实行那个客观存在的价值法则。这个法则是一个伟大的学校，只有利用它，才有可能教会我们的几千万干部和几万万人民，才有可能建设我们的社会主义和共产主义。否则一切都不可能。"② 由此可见，毛泽东不但揭示了社会主义商品经济的本质，而且提出了价值规律是社会主义经济建设过程中不可违背的规律的观点。因此，在毛泽东对中国社会主义建设进行探索过程中，注重发展生产力的同时还注重认识价值规律，利用商品经济，促进和帮助公有制经济发展，是一条重要的经验。尽管这些认识和思想没有得到很好的坚持，但始终给我们今天建设中国特色社会主义提供了理论和实践上的借鉴。

第三，坚持在认清社会主义发展阶段的同时正确处理人民内部矛盾。认清社会主义发展阶段对于建设社会主义具有重要的理论意义和实践意义。关于社会主义发展阶段问题，主要体现在毛

① 《毛泽东文集》第 7 卷，人民出版社，1999，第 170 页。
② 《毛泽东文集》第 8 卷，人民出版社，1999，第 34 页。

泽东关于"不发达"和"比较发达"社会主义两个阶段划分的思想方面。1958 年，毛泽东在第一次郑州会议上提出：我国尚处于"社会主义初期阶段"。后来在读苏联《政治经济学教科书》的谈话中，毛泽东又指出"社会主义可分为两个阶段"，"第一个阶段是不发达的社会主义，第二个阶段是比较发达的社会主义"，[①] 认为当时我国正处在不发达的社会主义阶段。毛泽东认为，"社会主义这个阶段，又可能分为两个阶段，第一阶段是不发达的社会主义，第二阶段是比较发达的社会主义。后一阶段可能比前一阶段需要更长的时间。经过后一阶段，到了物质产品、精神财富都极为丰富和人们的共产主义觉悟极大提高的时候，就可以进入共产主义社会了"。[②] 他还认识到，社会主义是一个很长的历史阶段，社会主义社会要有很大的发展才能过渡到共产主义社会。在我国社会主义制度确立之后，毛泽东对我国社会主义历史发展阶段问题做了一定的科学探索，得出了一些有益的结论，有许多理论的闪光点。虽然这些闪光点在当时还难以构成稳定的体系，还有待于进一步发展，但为以后中国共产党人对社会主义阶段划分问题认识的深化和突破，奠定了突破性的理论基础。这个论断尽管还不能与党的"十三大"提出的社会主义初级阶段论相提并论，但不能不承认在当时条件下可谓真知灼见。

结合我国社会主义社会所处不发达阶段的历史实际，加上当时大量的人民内部矛盾凸显，1957 年初毛泽东提出了在我国的政治生活中要正确处理人民内部矛盾的问题。关于人民内部矛盾，毛泽东进行了全面而准确的分析。毛泽东从当时我国社会主义社

---

① 龚育之、逢先知、石仲泉：《毛泽东读书生活》，生活·读书·新知三联书店，1986，第 164 页。
② 《毛泽东文集》第 8 卷，人民出版社，1999，第 116 页。

会政治生活中存在的主要矛盾、基本矛盾、两类不同性质的矛盾等方面深刻揭示并阐发了如何正确处理我国社会主义社会中的矛盾。关于社会主义社会基本矛盾，毛泽东指出，"在社会主义社会中，基本的矛盾仍然是生产关系和生产力之间的矛盾，上层建筑和经济基础之间的矛盾"。① 毛泽东认为，矛盾是普遍存在的，社会主义社会也充满矛盾。正是这些矛盾推动社会主义社会不断向前发展。社会主义社会的基本矛盾仍然是生产力与生产关系、经济基础与上层建筑之间的矛盾。这种矛盾与旧社会的矛盾根本不同，它不是对抗性的，可以通过社会主义制度的自我调整和完善，不断地得到解决。关于两类矛盾的学说，毛泽东认为，社会主义国家政治生活中存在两类不同性质的矛盾——敌我矛盾和人民内部矛盾。两类不同性质的矛盾在一定条件下可以转化，如果处理得当，敌我矛盾可以转化为人民内部矛盾；人民内部矛盾如果处理不当，有的也可以转化成敌我矛盾。毛泽东根据我国社会主义改造后的阶级状况和社会状况，把复杂的社会矛盾划分为敌我矛盾和人民内部矛盾两类，指出我国大量存在的主要是人民内部矛盾。社会主义社会矛盾，可以经过社会主义制度本身不断完善得到解决。毛泽东提出的正确处理两类不同性质矛盾的方法和一系列方针政策，为调动一切积极因素建设社会主义提供了理论依据，揭示了社会主义社会发展的内在规律。

第四，坚持学习和借鉴外国经验的同时坚守独立自主的原则。毛泽东一贯强调自力更生，但并不排外；相反，他非常强调学习外国，要求把外国好的东西学过来，为社会主义建设服务。为了搞好国内经济、政治、文化等建设，毛泽东适时地提出"向

① 《毛泽东文集》第 7 卷，人民出版社，1999，第 214 页。

外国学习"的口号，强调"一切国家的长处都要学"。在生产资料所有制社会主义改造基础上建立社会主义制度后，党和国家面临的主要任务就是建设社会主义。新中国成立之初，由于缺乏社会主义建设经验，在经济建设方面较多地照搬了苏联的做法，毛泽东对这种倾向十分警觉。在《论十大关系》等著作中，毛泽东指出，"我们的方针是，一切民族、一切国家的长处都要学，政治、经济、科学、技术、文学、艺术的一切真正好的东西都要学。但是，必须有分析有批判地学，不能盲目地学，不能一切照抄，机械搬用。他们的短处、缺点，当然不要学"。① "对于苏联和其他社会主义国家的经验，也应当采取这样的态度。"② "社会科学，马克思列宁主义，斯大林讲得对的那些方面，我们一定要继续努力学习。我们要学的是属于普遍真理的东西，并且学习一定要与中国实际相结合。"③ 毛泽东的这些论述意思明确，内涵丰富。这就是，第一，对于外国的东西要有分析和有批判地学，即取其所长，弃其所短；第二，任何向外国学习都不能代替中国人民自己的创造。因此，他鼓励广大干部要敢于创造自己的独特经验，走我们自己的路。毛泽东在这里所讲的"一切国家"，不仅包括社会主义国家，也包括资本主义国家。毛泽东这种不受社会制度和意识形态束缚，主动向外国学习，积极对外开放的态度，在当时是难能可贵的。

向外国学习并不代表迷失自己。相反，毛泽东在积极倡导向外国学习、借鉴别国建设和发展经验的同时，还旗帜鲜明地坚持了独立自主的原则，体现了一位无产阶级领袖的战略原则性和策

---

① 《毛泽东文集》第7卷，人民出版社，1999，第41页。
② 《毛泽东文集》第7卷，人民出版社，1999，第41页。
③ 《毛泽东文集》第7卷，人民出版社，1999，第42页。

略灵活性。在社会主义建设中，毛泽东提出了独立自主、自力更生的原则。他认为，无论是搞革命还是搞建设，都必须坚持这一原则，即必须把立足点放在自力更生的基础上，这绝不是不要外援，而是把基点放在依靠自己力量上，这就是自力更生为主、争取外援为辅的方针。在这一方针的指导下，我们迅速恢复了国民经济，胜利地实现了社会主义改造，随后全面开始了社会主义建设并取得了重大成就。独立自主、自力更生，至今仍然是我们党和国家事业发展的立足点。正如邓小平后来总结指出的：“独立自主，自力更生，无论过去、现在和将来，都是我们的立足点。”[1]毛泽东进行社会主义建设的不懈探索，表明了中国共产党人在建设社会主义的过程中决心独立自主地发展、决心走出一条适合本国国情的建设道路的意愿，这为邓小平理论的形成和发展奠定了最初的基础。

（二）毛泽东探索中国社会主义建设道路的意义

第一，毛泽东根据新的实践，创造性地发展了科学社会主义理论。毛泽东曾多次要求对经典著作要尊重，但不要迷信；对马克思也不要怕，马克思也是人。他在主观上希望能打破苏联模式的束缚，走出一条中国自己的建设道路，并在不少方面开始了探索和改革。因此，必须坚持在实践中丰富和发展科学社会主义理论，敢于突破与实际情况不相符合的社会主义的传统观念，必须坚持将实事求是的原则贯彻到底，坚持一切从实际出发。第二，毛泽东对社会主义的探索，给后人开辟社会主义建设道路提供了借鉴。毛泽东带领全党、全国人民所进行的伟大探索虽然遭到了严重的挫折，但正是这些正反两个方面的经验和教训，才使我们

---

[1]　《邓小平文选》第3卷，人民出版社，1993，第3页。

真正成熟起来。毛泽东在社会主义建设道路探索中的失误毕竟是在力图寻找适合中国国情的社会主义建设道路过程中出现的，他在理论上的许多闪光点为后来中国特色社会主义理论体系的创立奠定了思想基础。第三，毛泽东对社会主义的探索，是中国特色社会主义的始点。毛泽东对社会主义建设进行全面调查研究，最根本的目的就是要寻找一条适合我国国情、具有中国民族特点的建设道路。通过这一时期的探索，毛泽东以苏联经验为借鉴，总结我国自己的经验，初步形成了适合中国国情的社会主义建设道路的理论，为后来邓小平倡导解放思想、实事求是，从"什么是社会主义，如何建设社会主义"的高度考虑新时期中国特色社会主义建设问题，奠定了坚实的理论和实践基础。

二　邓小平创立中国特色社会主义理论

正如香港大学经济学家 Steven N. S. Cheung 所指出："历史学家们一直争论是历史造就英雄还是英雄创造历史。对邓小平而言，无疑历史把他塑造成了一位英雄。""无论未来怎样评价，邓小平的伟大改革一定会被看作经济史上最杰出的篇章之一。"[1] 沈宝祥认为，"邓小平是中国特色社会主义理论体系的主要创立者"。[2] 正是邓小平开创了中国特色社会主义理论，这是举世公认的事实。

（一）邓小平创立了中国特色社会主义

江泽民同志指出，邓小平同志是"中国社会主义改革开放和现代化建设的总设计师，建设有中国特色社会主义理论的创立

---

[1] Steven N. S. Cheung, "Deng Xiaoping's Great Transformation", in *Contemporary Economic Policy*, Vol. 16, Huntington Beach, 1998, p. 125.

[2] 沈宝祥：《略谈中国特色社会主义理论体系》，《中国特色社会主义研究》2007 年第 6 期。

者"。① 邓小平不仅赢得了中国人民的衷心拥护和无限爱戴，而且在国际上也享有很高的威望。2007 年，美国的重要报纸《今日美国》统计认为邓小平是当今世界最有影响力的 25 个人之一，原因在于"他通过'中国特色社会主义'引领整个国家走向全球市场和经济现代化……"。② 此外，匈牙利传记作家巴拉奇·代内什在《邓小平》一书的最后总结道："政治从来不是一件已经了结的事情，永远是个过程。1978 年以来，在中国出现的这个过程没有邓小平的领导作用是难以设想的，而这种作用并不一定派生于他当时担任的职务。"③ 由此可见邓小平在开创改革开放事业过程中的作用连外国友人都有高度的评价。关于中国特色社会主义的创始问题，美国西雅图华盛顿大学教授汤森和弗吉尼亚大学教授沃马克的观点应该说与国内主流观点有异曲同工之妙。他们认为，"中国特色社会主义标志着从毛泽东主义向现代化模式的转变"。④ 很显然，他们认为中国特色社会主义与毛泽东时代的社会主义有着巨大的差别。侯惠勤教授认为，"中国特色社会主义本质上是在马克思主义的指导下走自己的路。这条道路的基本轨迹就是从照搬'苏联模式'到走出'中国特色'。因此，必须要从马克思主义基本原理同当代中国实践和时代特征相结合的角度，从对于人类社会发展规律、社会主义建设规律以及共产党执政规律新认识、新发展的高度，才能真正深刻把握中国

---

① 《江泽民文选》第 1 卷，人民出版社，2006，第 628 页。

② Susan Page，"Top 25 Influential People：A World under Their Influence"，*USA TODAY*，Sep. 4，2007，p. A. 10.

③ 〔匈牙利〕巴拉奇·代内什：《邓小平》，阚思静、季叶译，解放军出版社，1988，第 300 页。

④ 〔美〕詹姆斯·R. 汤森、布兰特利·沃马克：《中国政治》，顾速、董方译，江苏人民出版社，2005，第 253 页。

特色社会主义理论体系是从邓小平才真正开创的"。① 赵智奎教授认为，"中国特色社会主义这个概念的发明权或者说知识产权属于邓小平，这已经得到全党的公认，得到全世界社会主义者的公认，得到世界社会主义运动的公认"。② 所以，邓小平开创了中国特色社会主义理论体系，已经得到国内外的公认。此外，江泽民同志在1991年总结指出："邓小平同志是捍卫、坚持和发展马列主义、毛泽东思想的杰出代表。他提出的关于建设有中国特色社会主义的理论、路线、方针和原则，是集中全党智慧和经验的创造，是在新的历史条件下对马列主义、毛泽东思想的一个最重大的贡献，标志着我们党对社会主义建设规律的认识有了一个新的飞跃，标志着我国社会主义事业的发展和社会主义制度的完善进入了一个新的历史时期。"③ 在这里，江泽民同志已经明确指出，是邓小平提出了建设有中国特色社会主义的理论，并逐步形成和发展了中国特色社会主义理论。党的十七大报告更是明确提出："我们要永远铭记，改革开放伟大事业，是以邓小平同志为核心的党的第二代中央领导集体带领全党全国各族人民开创的。"④ "中国特色社会主义理论体系，就是包括邓小平理论、'三个代表'重要思想以及科学发展观等重大战略思想在内的科学理论体系。"⑤ 这里就明确提出了中国特色社会主义理论体系渊

---

① 侯惠勤：《从解放思想理解中国特色社会主义》，《中国社会科学院院报》2008年3月4日。

② 赵智奎：《什么是中国特色社会主义？》，《学术讲座荟萃》第37期。

③ 《十三大以来重要文献选编》下，人民出版社，1993，第1635页。

④ 胡锦涛：《高举中国特色社会主义伟大旗帜　为夺取全面建设小康社会新胜利而奋斗》，人民出版社，2007，第7页。

⑤ 胡锦涛：《高举中国特色社会主义伟大旗帜　为夺取全面建设小康社会新胜利而奋斗》，人民出版社，2007，第11页。

源于邓小平理论，中国特色社会主义这面伟大旗帜是矗立在邓小平理论基石上面的。因此，正是邓小平开创了中国特色社会主义，使中国不断从改革开放中走向富强，使人民不断从发展中得到实惠。没有邓小平，就没有中国特色社会主义理论体系，也没有中国特色社会主义伟大道路，这是历史的结论。

（二）邓小平创立中国特色社会主义的条件

总体来看，20 世纪 70 年代末 80 年代初我国具备了邓小平创立中国特色社会主义的国际、国内条件。

国际条件可以分为世界和平与发展潮流的形成和东欧社会主义国家改革浪潮的兴起两个方面。20 世纪 70 年代末 80 年代初，和平与发展逐渐代替革命与战争而成为时代的主题。随着科技革命的兴起，世界经济日新月异，时代主题也悄然发生了新的变化。在发展过程中，主要资本主义国家也逐渐意识到，战争是对经济发展、社会稳定的最大威胁。于是它们逐渐改变思路，趋向于和平与发展。同时由于第三次科技浪潮的兴起，各国间相互联系、相互依赖的程度明显加强，世界经济出现了一体化、全球化的明显趋势。冷战和战争思维的转变以及各国间彼此经济联系的加强，促使和平与发展慢慢变成世界潮流。在大国关系方面，美苏继续保持全球争霸的背景下，中美关系逐渐改善并逐步建立了外交关系，而中苏却由于苏联的扩张而结束了同盟关系并开始关系恶化。世界主题的转换和大国关系的变化，为中国的社会主义建设创造了新的条件，开启了新的思路。另外，这个时期，东欧社会主义国家改革浪潮的兴起是国际共产主义运动中的一个重要特点。由于长期的体制僵化，东欧的社会主义国家出现了严重的困难，各国为了摆脱困境，逐渐走上了改革的道路。20 世纪 70 年代，东欧社会主义国家经济增长的势头开始明显减弱，经济增长率呈下降趋势，这表明高度集中的计划经济体制不能适应集约型经济的发展，促使东欧各国开始对传统体制进行改革探索。当时，世界上大多数社会主义国家都对苏联模式进行了不同程度的改革，这是具有重大意义的改革浪潮。匈牙利是这次改革浪潮的主力。东欧社会主义国家的改革为中国的改革开放开启了思路，提供了借鉴。在这股社会主义国家改革浪潮的影响和带动下，中国进行社会主义改革和探索也就成了情理之中的事情。

　　国内条件可以分为客观条件和主观条件两个方面。客观条件的一个方面是毛泽东对社会主义道路的探索既积累了成功的经验，也提供了失败的教训。尽管受时代历史条件的限制，毛泽东对社会主义道路的探索还是积累了许多成功的经验。但是，毛泽东对社会主义道路的探索也有其历史局限性。比如“大跃进”“以阶级斗争为纲”“文化大革命”等这些局部或全局性错误，为中国特色社会主义的创立提供了可资借鉴的教训。1978 年以后中国的改革开放和邓小平创立中国特色社会主义都离不开这些经验教训。正如薄一波所说：“小平同志在探索建设有中国特色社会主义理论的过程中，吸取了毛主席在探索过程中取得的对现阶段仍有指导意义的全部积极成果，包括当时没有照做或实际上后来又被毛主席否定了的正确观点。”① 邓小平在总结“文化大革命”时指出：“看起来是坏事，但归根到底也是好事，促使人们思考，促使人们认识我们的弊端在哪里。毛主席经常讲坏事转化为好事。善于总结‘文化大革命’的经验，提出一些改革措施，从政治上、经济上改变我们的面貌，这样坏事就变成了好事。为什么我们能在七十年代末和八十年代提出了现行的一系列政策，就是

---

① 薄一波：《毛泽东是真理的坚定探索者》，《人民日报》1993 年 12 月 27 日。

总结了'文化大革命'的经验和教训。"① 他还指出："正如七大以前，民主革命二十多年的曲折发展，教育全党掌握了我国民主革命的规律一样，八大以后社会主义革命和建设二十多年的曲折发展也深刻地教育了全党。"②

　　客观条件的另一个方面就是 1978 年以后的改革开放不断深入和有中国特色社会主义建设的经验，为中国特色社会主义理论的创立奠定了坚实的实践基础。"文化大革命"结束后，我国面临许多现实的问题。国家经济处于崩溃的边缘，物资短缺，人民生活水平低，文化生活单调，基本的生活用品得不到满足。这种局面促使人们开始思考社会主义建设问题。因此，一股思想解放思潮喷薄而出，这就是关于真理标准问题的大讨论。通过这场大讨论确立起的"实践是检验真理的唯一标准"③ 这条思想路线，为新时期改革开放扫清了思想障碍，从而促使人们反思"什么是社会主义，如何建设社会主义"④ 的基本问题。20 世纪 70 年代末 80 年代初的改革开放实践经验，为创立中国特色社会主义提供了鲜活的素材。改革开放首先在农村展开。农村改革的启动是从"包产到户"开始的。"包产到户"是农村打破大锅饭、改变平均主义的自发行动。当时这一好的生产模式得到了党中央的认可和肯定，从而得以在全国推广，最后以党和国家基本制度的形式稳定下来。这一重要举措成了中国全面改革开放的先声。改革在农村奠定基础后，接着在城市也逐步展开。城市改革是伴随着对计划经济的调整而逐步展开的。理论上我们走过了从计划经济到有计划的商品经济，从计划与市场相

① 《邓小平文选》第 3 卷，人民出版社，1993，第 172 页。
② 《邓小平文选》第 3 卷，人民出版社，1993，第 2 页。
③ 《邓小平文选》第 3 卷，人民出版社，1993，第 28 页。
④ 《邓小平文选》第 3 卷，人民出版社，1993，第 116 页。

结合的经济制度到建立、发展和完善社会主义市场经济体制的过程。实践中改革从东部向中部、从中部向西部逐渐展开。城市的改革在企业中下了很大功夫。同时不断改革行政管理体制，改革党政关系，推动改革不断向深层次发展。改革同时伴随着开放。开放也经历了由点到线、由线到面的过程。先是搞经济特区，继而开放沿海城市，接着搞经济开发区，最后由沿海、沿江向内地全面铺开。改革与开放是相伴而行的。改革为开放提供了动力，开放为改革创造了环境。改革开放对中国的生产力、综合国力和人民生活水平的提高起到了巨大的促进作用。改革开放积累了许多重要的经验，为邓小平理论的形成奠定了基础，为中国特色社会主义理论的形成提供了实践经验。

在主观条件方面，邓小平的个人品格和远见卓识是中国特色社会主义创立的主观条件。在个人品格方面，江泽民同志在《在邓小平同志追悼大会上的悼词》中指出："邓小平同志是全党全军全国各族人民公认的享有崇高威望的卓越领导人，伟大的马克思主义者，伟大的无产阶级革命家、政治家、军事家、外交家，久经考验的共产主义战士，中国社会主义改革开放和现代化建设的总设计师，建设有中国特色社会主义理论的创立者。"[1] 邓小平曲折而丰富的革命经历，身经百战的斗争历程，使其形成了鲜明的革命风格和卓越的个人品格。邓小平不畏艰难，意志坚定，思想敏锐，热爱人民，把毕生精力献给了中国的革命、建设、改革和发展事业。长期的革命和斗争考验，锻造了邓小平坚强的品格。这种品格里面，包含着明确的目的性和方向性，那就是为了中国的社会主义建设事业、为了中国人民的幸福安康而工作。邓

---

① 《十四大以来重要文献选编》（下），人民出版社，1999，第 2317 页。

小平曾发自肺腑地说："我是中国人民的儿子。我深情地爱着我的祖国和人民。"① 这饱含深情的告白蕴含着邓小平一心为国为民的真情。在 20 世纪中国发生翻天覆地变化的历史进程中，他把自己的毕生精力和伟大智慧都献给了祖国和人民。邓小平同志自己这样讲："我出来工作，可以有两种态度，一个是做官，一个是做点工作。我想，谁叫你当共产党人呢。既然当了，就不能够做官，不能够有私心杂念，不能够有别的选择。"② 为人民而工作是邓小平一切行动的最高目的和方向，一切工作的出发点和落脚点都以群众拥护不拥护、赞成不赞成、答应不答应、满意不满意作为最高准则。正是邓小平这种坚忍不拔的意志和毅力，这种为国为民的高尚情操，逐步形成了邓小平理论的基本内容，不断丰富和发展了中国特色社会主义理论。在远见卓识方面，邓小平是一位高瞻远瞩的政治家。他在艰苦环境中度过了许多岁月，始终对未来充满信心。他曾经"三落三起"，百折不挠，以超越常人的远见卓识，带领中国人民开创了一条适合中国国情的中国特色社会主义道路。邓小平善于把握时代发展的脉搏，善于继承前人又突破陈规，总是走在时代的最前列。他倡导要借鉴别国经验，但是不能照搬别国模式，要结合中国的国情和实际，进行创造性、开拓性的改革。他从我国的实际出发，从当代世界的实际出发，总结新的工作和实践经验，创造新的解决问题的办法，带领中国人民走上了富裕小康的道路。邓小平还善于以全局的眼光来看待中国和世界的发展，以超前的思维来观察和处理国际国内问题。这主要表现在邓小平往往在关键时刻，能够以非凡的胆识和

---

① 冷溶、汪作玲主编《邓小平年谱（一九七五——一九九七）》（下），中央文献出版社，2004，第 714 页。
② 《十四大以来重要文献选编》（下），人民出版社，1999，第 2320 页。

超常的勇气，对具体问题作出果断而正确的决策，在不利的国际国内环境中杀出一条血路。凭一心为民的优秀品格和超越常人的远见卓识，邓小平为中国人民开创了一条通往中国特色社会主义现代化的正确道路，为中国的未来展现了光明的前景。

（三）邓小平创立中国特色社会主义的过程

邓小平创立中国特色社会主义的过程大致可以分为四个历史阶段。第一阶段：党的十一届三中全会前，这是创立中国特色社会主义萌芽阶段。第二阶段：从党的十一届三中全会到党的十二大前夕，这是对中国特色社会主义开始探索阶段。第三阶段：从党的十二大到十三大前夕，这是中国特色社会主义初步形成阶段。第四阶段：从党的十三大到1992年初邓小平发表"南方谈话"和党的十四大，这是中国特色社会主义最终确立阶段。

第一阶段，中国特色社会主义萌芽阶段（党的十一届三中全会前的一段时间里）。中国特色社会主义的萌芽主要体现在邓小平复出后，根据当时的形势提出的一系列治理整顿思想和一系列中国要实现现代化的理论观点方面。例如，邓小平复出后，不断强调"一定要在党内造成一种空气：尊重知识，尊重人才"。[①]"不抓科学、教育，四个现代化就没有希望，就成为一句空话。"[②]"把我们的国家建设成为社会主义的现代化强国，才能更有效地巩固社会主义制度，对付外国侵略者的侵略和颠覆，也才能比较有保证地逐步创造物质条件，向共产主义的伟大理想前进。"[③]"我们是社会主义国家，社会主义制度优越性的根本表现，就是能够允许社会生产力以旧社会所没有的速度迅速发展，使人民不

---

① 《邓小平文选》第2卷，人民出版社，1994，第41页。
② 《邓小平文选》第2卷，人民出版社，1994，第68页。
③ 《邓小平文选》第2卷，人民出版社，1994，第86页。

断增长的物质文化生活需要能够逐步得到满足。按照历史唯物主义的观点来讲，正确的政治领导的成果，归根结底要表现在社会生产力的发展上，人民物质文化生活的改善上。如果在一个很长的历史时期内，社会主义国家生产力发展的速度比资本主义国家慢，还谈什么优越性？我们要想一想，我们给人民究竟做了多少事情呢？我们一定要根据现在的有利条件加速发展生产力，使人民的物质生活好一些，使人民的文化生活、精神面貌好一些。"①"中国在历史上对世界有过贡献，但是长期停滞，发展很慢。现在是我们向世界先进国家学习的时候了"；"关起门来，固步自封，夜郎自大，是发达不起来的"。② 邓小平的这一系列思想，强调了知识、人才、教育的重要性以及科学技术是生产力，强调了要实行改革开放来推进社会主义建设，强调了发展的目标是建设现代化的社会主义，强调了社会主义是为了人民利益而发展等。因此，这个阶段是中国特色社会主义的萌芽阶段。

　　第二阶段，中国特色社会主义开始探索阶段（从党的十一届三中全会到十二大前夕）。这个阶段的理论成果主要体现在邓小平在拨乱反正过程中和改革开放的尝试实践中进行的理论探索。十一届三中全会是新中国成立以来党的历史上具有深远意义的伟大转折，是新的历史发展阶段的开始。全会重新确立了马克思主义的思想路线、政治路线和组织路线。早在 1979 年，邓小平就提出"搞建设，也要适合中国情况，走出一条中国式的现代化道路"。③ 邓小平曾经强调，在中国实现四个现代化，至少有两个重要特点是必须看到的，"一个是底子薄"，"第二条是人口多，耕

①　《邓小平文选》第 2 卷，人民出版社，1994，第 128 页。
②　《邓小平文选》第 2 卷，人民出版社，1994，第 132 页。
③　《邓小平文选》第 2 卷，人民出版社，1994，第 163 页。

地少"。① 因此，"中国式的现代化，必须从中国的特点出发"。②
针对改革开放后出现的一些错误思潮，邓小平旗帜鲜明地提出：
"在中国实现四个现代化，必须在思想政治上坚持四项基本原则。
这是实现四个现代化的根本前提。"③ 随着解放思想的不断深入，
党带领全国人民逐步恢复和确立了马克思主义"实践是检验真理
的唯一标准"的理论，推动了改革开放的逐步发展。

　　第三阶段，中国特色社会主义初步形成阶段（从党的十二大
到十三大前夕）。从党的十二大到十三大，是全面改革和建设有
中国特色社会主义理论初步形成的时期。党的十二大以后，随着
改革开放的全面展开和现代化建设实践的不断发展，邓小平围绕
着"什么是社会主义，如何建设社会主义"这个首要的基本的理
论问题，对中国特色社会主义进行了理论总结和升华。十二大和
以后几次全会，提出关于"建设有中国特色的社会主义"的理
论、关于社会主义精神文明的理论、关于社会主义社会中改革的
理论、关于社会主义经济是公有制基础上的有计划的商品经济的
理论、关于我国社会主义现代化建设的总体布局理论、关于我国
经济建设分三步走的理论等。在党的十二大上，邓小平第一次明
确提出"建设有中国特色的社会主义"的科学命题。在党的十二
大开幕词中，邓小平指出："把马克思主义的普遍真理同我国的
具体实际结合起来，走自己的道路，建设有中国特色的社会主
义，这就是我们总结长期历史经验得出的基本结论。"④ 这一新的
提法比过去诸如"中国式的现代化道路""中国社会主义道路"

---

① 《邓小平文选》第 2 卷，人民出版社，1994，第 163~164 页。
② 《邓小平文选》第 2 卷，人民出版社，1994，第 164 页。
③ 《邓小平文选》第 2 卷，人民出版社，1994，第 164 页。
④ 《邓小平文选》第 3 卷，人民出版社，1993，第 3 页。

等更为科学、确切，为建设有中国特色社会主义理论的最终形成指明了理论方向。十二大还第一次提出社会主义精神文明是社会主义的重要特征以及到 20 世纪末分两步走的战略步骤等。正如后来邓小平总结的："我们搞的现代化，是中国式的现代化。我们建设的社会主义，是有中国特色的社会主义。"[1] 1984 年 10 月党的十二届三中全会通过的《中共中央关于经济体制改革的决定》中提出了社会主义经济是公有制基础上有计划的商品经济[2]的论断，对建设有中国特色社会主义理论在经济方面增添了新的内容。邓小平高度评价这个决定是"马克思主义基本原理和中国社会主义实践相结合的政治经济学"。[3] "这次经济体制改革的文件好，就是解释了什么是社会主义，有些是我们老祖宗没有说过的话，有些新话。我看讲清楚了。过去我们不可能写出这样的文件，没有前几年的实践不可能写出这样的文件。写出来，也很不容易通过，会被看作'异端'。我们用自己的实践回答了新情况下出现的一些新问题。"[4] 1986 年 9 月党的十二届六中全会通过的《中共中央关于社会主义精神文明指导方针的决议》，进一步阐明了社会主义精神文明和物质文明"两个文明"一起建设，坚持改革开放与坚持四项基本原则的辩证关系，强调"两手抓"的战略方针，使建设有中国特色社会主义理论的内容更加丰富。至此，中国特色社会主义初步形成，并在中国社会主义建设中展示了巨大理论威力。因此，这个阶段是中国特色社会主义在理论上逐步丰富和发展的阶段。

---

① 《邓小平文选》第 3 卷，人民出版社，1993，第 29 页。
② 《十二大以来重要文献选编》（下），人民出版社，1988，第 1326 页。
③ 《邓小平文选》第 3 卷，人民出版社，1993，第 83 页。
④ 《邓小平文选》第 3 卷，人民出版社，1993，第 91 页。

　　第四阶段，中国特色社会主义最终确立阶段（从党的十三大到党的十四大）。1987年10月，党的十三大对建设有中国特色社会主义理论的最终形成作出了巨大贡献。十三大通过的报告，较为全面地总结了改革开放和现代化建设的实践经验，确立并系统论述了社会主义初级阶段理论，全面论述和科学概括了党的"一个中心、两个基本点"的基本路线，明确提出"生产力标准"的理论，提出了"国家调节市场，市场引导企业"的新的经济运行机制，确定了"建设有中国特色的社会主义"这个概念，并且归纳为12条，构成了建设有中国特色的社会主义理论的轮廓，实现了较为全面的理论升华。因此，建设有中国特色社会主义理论初步形成。1991年7月1日，江泽民同志在庆祝建党70周年大会上的讲话着重论述了有中国特色社会主义的经济、政治、文化，既回答了有中国特色的社会主义是个"什么样子"的问题，又提出了建设有中国特色社会主义的基本要求，具有鲜明的实践性，对建设有中国特色社会主义进行了新的总结和提升。邓小平1992年初视察南方的重要谈话总结了20世纪80年代党的基本实践和基本经验，提出了90年代改革开放和现代化建设的战略构想，特别是关于社会主义的本质、关于判断各方面工作是非得失的标准、关于社会主义市场经济、关于党的基本路线要100年不动摇以及要警惕右但主要是防止"左"等论述，明确回答了这些年来经常困扰和束缚我们思想的许多重大理论认识问题，为建设有中国特色社会主义理论充实了许多极为重要的新内容。1992年10月党的十四大，在对十一届三中全会以来14年伟大实践作出郑重历史结论的基础上，对建设有中国特色社会主义理论进行了新的概括，从社会主义的发展道路、发展阶段、根本任务、发展动力、外部条件、政治保证、经济发展战略、领导力量和依靠力量、和平统一祖国的构想等九个方面概述了邓小平的基本思想，归纳了这一理论的主要内容，系统形成了建设有中国特色社会主义理论。与以往的概括相比较，十四大的表述层次更高，理论性更强，标志着一个完整的理论体系已经形成。1992 年初邓小平"南方谈话"和十四大，标志着我国改革开放和现代化建设进入一个新的阶段，建设有中国特色社会主义理论走向成熟，最终成为系统的科学理论。

（四）创立中国特色社会主义理论的伟大意义

邓小平理论是中国特色社会主义理论的初步总结。在党的十五大上，党对中国特色社会主义建设的理论与实践进行了系统的总结，理论与实践总结的成果就是邓小平理论。党的十五大报告指出："马克思列宁主义同中国实际相结合有两次历史性飞跃，产生了两大理论成果。""第二次飞跃的理论成果是建设有中国特色社会主义理论，它的主要创立者是邓小平，我们党把它称为邓小平理论。"① 邓小平理论是马克思列宁主义在中国发展的新阶段，是对中国特色社会主义理论体系的初步总结。邓小平创立中国特色社会主义理论具有伟大的意义。

（1）理论意义。邓小平理论坚持解放思想、实事求是，开创了马克思主义的新境界，实现了马克思主义与中国实际相结合的第二次历史性飞跃，推动了马克思主义理论的新发展，推动了马克思主义中国化的历史进程。邓小平坚持从中国实际出发，坚持发展马克思主义，坚持对科学社会主义进行创造性运用，为马克思主义理论的发展作出了历史性贡献，这是马克思主义发展史上的一次重大突破，正因为如此，中国特色社会主义成为科学社会

---

① 《十五大以来重要文献选编》（上），人民出版社，2000，第 9 页。

主义新的理论形态。建设有中国特色社会主义理论，为我国的改革开放提供了科学的理论指导，进行了详细的战略部署，是中国特色社会主义理论体系的前导和光辉指南。中国特色社会主义理论超越了苏联模式，成功地走出了一条中国特色社会主义道路。

（2）世界意义。邓小平站在中国和世界相互联系的高度，从中国与世界相联系的思路出发，使中国特色社会主义理论具有了世界意义，对世界上其他国家的改革、发展等具有参照价值和借鉴意义。邓小平创立的中国特色社会主义理论及其实践成就，极大地鼓舞了世界各国工人阶级和人民群众争取社会主义的信心，他们从中国取得的成就中看到了世界社会主义的希望和光辉前景。近几年来，中国的国际地位越来越高，国际影响越来越大，不但许多发展中国家前来学习中国经验，而且许多发达资本主义国家的工人阶级政党和友好人士也来中国参观、访问和学习。正如邓小平指出："只要中国社会主义不倒，社会主义在世界将始终站得住。"① 这对于全世界信仰马克思主义的人们坚定共产主义信念，推进世界社会主义运动和推动社会主义历史进程，具有重要的方法论和世界观意义。

第二节   中国特色社会主义理论的发展和丰富

一   以江泽民为核心的党中央对中国特色社会主义理论的发展

以江泽民同志为核心的第三代中央领导集体，从我国处于社

① 《邓小平文选》第3卷，人民出版社，1993，第346页。

会主义初级阶段这个最大的实际出发，坚持四项基本原则，坚定不移地推进改革开放，逐步建立和发展社会主义市场经济，发展社会主义政治文明，不断发展了中国特色社会主义理论。

（一）受任于危难之际，成就于稳定之中

1989 年 6 月 23～24 日，在党的十三届四中全会上，江泽民同志当选为中共中央总书记，以江泽民同志为核心的党中央领导集体形成。这个时期，国际国内形势复杂多变，江泽民同志此时出任总书记，可谓"受任于危难之际"。党的十七大报告指出："从十三届四中全会到十六大，受命于重大历史关头的党的第三代中央领导集体，高举邓小平理论伟大旗帜，坚持改革开放、与时俱进，在国内外政治风波、经济风险等严峻考验面前，依靠党和人民，捍卫中国特色社会主义，创建社会主义市场经济新体制，开创全面开放新局面，推进党的建设新的伟大工程，创立'三个代表'重要思想，继续引领改革开放的航船沿着正确方向破浪前进。"① 也如美国作家罗伯特·劳伦斯·库恩博士所言："临危受命的江泽民既不是共和国的缔造者，也不是军界强人。当年他接任总书记时，正值 1989 年风波发生之后，中国政治出现裂痕，社会形势紧张，经济发展停滞，民众精神低落，在国际上孤立无援。江面对着无数难以解决的问题——失业加剧，腐败蔓延，国有企业日渐衰落，贫富严重分化——他还必须时刻防备着来自'左'的和右的意识形态方面的攻击。"② 但是，以江泽民同志为核心的第三代中央领导集体并没有辜负党和人民的期

---

① 胡锦涛：《高举中国特色社会主义伟大旗帜　为夺取全面建设小康社会新胜利而奋斗》，人民出版社，2007，第 8 页。

② 〔美〕罗伯特·劳伦斯·库恩：《他改变了中国：江泽民传》，谈峥、于海江等译，上海译文出版社，2005，第 449 页。

望，在13年间成功保持了中国的稳定、发展，提升了中国的国际地位，也可谓"成就于稳定之中"。党的十六届四中全会《关于同意江泽民同志辞去中共中央军事委员会主席职务的决定》中指出："江泽民同志是中国共产党第三代中央领导集体的核心。二十世纪八十年代末九十年代初，我们党面临国际国内政治风波的严峻考验，我国社会主义事业的发展面临空前巨大的困难和压力。在这个决定党和国家前途命运的重大历史关头，以江泽民同志为核心的党的第三代中央领导集体，紧紧依靠全党、全军、全国各族人民，旗帜鲜明地坚持四项基本原则，维护国家的独立、尊严、安全和稳定，毫不动摇地坚持经济建设这个中心，坚持改革开放，捍卫了中国特色社会主义伟大事业，打开了我国改革开放和社会主义现代化建设的新局面。"① 针对这种实际，中共中央党校柳建辉教授总结道："十三届四中全会以来的十三年，我们党面临的国内环境异常复杂，改革开放和现代化建设的任务十分繁重，真正是外有压力、内有困难、风险不断、考验不断。面对极其复杂的国际国内形势，以江泽民同志为核心的党中央审时度势，从容应对，紧紧团结和依靠全党同志和全国各族人民，战胜各种困难和风险，经受住一次又一次严峻考验，排除各种干扰，保证了改革开放和现代化建设的航船始终沿着正确的方向破浪前进。"② 正如党的十六大报告指出："人们公认，这十三年是我国综合国力大幅度跃升、人民得到实惠最多的时期，是我国社会长期保持安定团结、政通人和的时期，是我国国际影响显著扩大、民族凝聚力极大增强的时期。我们党和我国人民作出的艰辛努力

---

① 《十六大以来重要文献选编》（中），中央文献出版社，2006，第297～298页。
② 柳建辉主编《建设中国特色社会主义基本经验教程》，中共中央党校出版社，2003，第49页。

和取得的伟大成就举世瞩目，必将载入中华民族伟大复兴的光辉史册。"①　"江泽民同志参加革命六十年来，矢志不移地为党和人民的事业而奋斗，为党和人民建立了卓越功勋，赢得了全党、全军、全国各族人民的衷心爱戴和国际社会的广泛赞誉。"②

（二）与时俱进、创新理论，用"三个代表"重要思想统领全局

中国共产党是一个勇于和善于进行理论创新的党。党的十三届四中全会以来，以江泽民同志为核心的第三代中央领导集体，面对国内外前所未有的挑战和机遇，以与时俱进的创新精神，坚持党的解放思想、实事求是的思想路线，不断进行理论创新。江泽民同志指出："创新是一个民族进步的灵魂，是一个国家兴旺发达的不竭动力，也是一个政党永葆生机的源泉。"③ 遵循这种与时俱进的创新精神，江泽民同志经过长时期的深思熟虑，提出了"三个代表"重要思想。"'三个代表'重要思想是对马克思列宁主义、毛泽东思想和邓小平理论的继承和发展，反映了当代世界和中国的发展变化对党和国家工作的新要求，是加强和改进党的建设、推进我国社会主义自我完善和发展的强大理论武器，是全党集体智慧的结晶，是党必须长期坚持的指导思想。始终做到'三个代表'，是我们党的立党之本、执政之基、力量之源。"④ 以"三个代表"重要思想为统领，江泽民同志带领第三代中央领导集体，对"建设什么样的党，怎样建设党"进行了理论创新，对"什么是社会主义，怎样建设社会主义"进行了丰富和发展。

---

① 《十六大以来重要文献选编》（上），中央文献出版社，2005，第5页。
② 《十六大以来重要文献选编》（中），中央文献出版社，2006，第297页。
③ 《江泽民文选》第3卷，人民出版社，2006，第537页。
④ 《中国共产党章程》，人民出版社，2007，第2~3页。

为了推进党的建设新的伟大工程，江泽民同志指出，在新的历史时期，中国共产党必须始终代表中国先进生产力的发展要求，代表中国先进文化的前进方向，代表中国最广大人民的根本利益。归结起来，就是在新的历史时期中国共产党要始终做到"三个代表"。"三个代表"重要思想坚持马克思主义与时俱进的理论品质，体现了马克思主义理论创新的巨大勇气，为我们坚持马克思主义基本原理、不断在实践中推进理论创新打开了新的理论视野，为我们在新的时代条件下运用辩证唯物主义和历史唯物主义认识和把握社会发展规律、更好地推进我国社会主义事业作出了新的理论概括。"三个代表"重要思想统领全局，既很好地解决了"建设什么样的党，怎样建设党"的重大理论问题，又很好地发展了"什么是社会主义，怎样建设社会主义"基本理论，丰富了中国特色社会主义理论的基本内容。

（三）思想、经济、政治方面发展中国特色社会主义

13 年来不断推进改革开放的伟大实践证明，以江泽民同志为核心的党中央带领全国各族人民，不断进行理论创新，不断探索推进党的建设新的伟大工程，不断丰富和发展中国特色社会主义理论，加深了我们对"建设什么样的党，怎样建设党"，"什么是社会主义，怎样建设社会主义"的认识，积累了十分宝贵的经验。具体来讲，可以归结为如下方面。

第一，坚持以邓小平理论为指导，以与时俱进的精神不断推进理论创新。关于理论创新，毛泽东曾经指出，"马克思这些老祖宗的书，必须读，他们的基本原理必须遵守，这是第一。但是，任何国家的共产党，任何国家的思想界，都要创造新的理论，写出新的著作，产生自己的理论家，来为当前的政治服务，

单靠老祖宗是不行的"。① 邓小平理论是我们的旗帜，党的基本路线和基本纲领是各项工作的根本指针。在高举邓小平理论伟大旗帜，坚持马克思列宁主义基本原理的基础上，江泽民同志以宽阔的胸襟，结合时代发展的要求，顺应时代潮流，以巨大的创新精神，全面推进马克思主义中国化，最终形成了"三个代表"重要思想，从指导思想上丰富了中国特色社会主义理论。

第二，坚持以经济建设为中心，提出和发展社会主义市场经济。邓小平同志指出："发展才是硬道理。"② 为了更好地坚持以经济建设为中心，推进经济的可持续发展，江泽民同志提出和发展了社会主义市场经济。以江泽民同志为核心的第三代中央领导集体系统地构建了社会主义市场经济体制的基本框架，解决了诸如所有制结构、公有制实现形式、非公有制经济地位等社会主义市场经济理论中的具体问题。1993 年 11 月，在江泽民同志领导下，在党的十四大提出建立社会主义市场经济体制的基础上，党的十四届三中全会专门审议并作出了《中共中央关于建立社会主义市场经济体制若干问题的决定》。这个决定初步解决了社会主义基本制度与市场经济制度怎样结合以及旧体制怎样向新体制转化的问题，勾画了建立社会主义市场经济的体制框架，成为有计划、有步骤地建立社会主义市场经济新体制的行动纲领。1997 年 9 月在党的十五大上，江泽民同志又带领全党实现了对公有制、多种所有制、混合所有制等的新认识，使全党对社会主义市场经济的理论认识提高到一个全新的水平。党的十六大报告进一步指出，"必须毫不动摇地巩固和发

---

① 《毛泽东文集》第 8 卷，人民出版社，1999，第 109 页。
② 《邓小平文选》第 3 卷，人民出版社，1993，第 377 页。

展公有制经济","必须毫不动摇地鼓励、支持和引导非公有制经济发展",① 这就为社会主义市场经济的发展提供了稳定的政治保障和奠定了坚实的制度基础。

第三，坚持四项基本原则，建设社会主义政治文明。党中央明确指出："坚持四项基本原则，是我们事业健康发展的根本前提和根本保证。"② "四项基本原则是立国之本。"③ 江泽民同志领导全党和全国各族人民，进一步推进社会主义民主政治建设，在坚持四项基本原则的基础上，明确提出发展社会主义政治文明。"发展社会主义民主政治，建设社会主义政治文明，是全面建设小康社会的重要目标。"④ 建设社会主义政治文明，关键一点在于要处理好党的领导、依法治国与人民当家做主的有机统一。这就要求一定要坚持中国共产党的领导，要不断巩固和完善人民民主专政的国体和人民代表大会制度的政体，不断坚持和完善共产党领导的多党合作和政治协商制度以及民族区域自治制度。同时，要继续推进政治体制改革，发展民主，健全法制，依法治国，建设社会主义法治国家，保证人民行使当家做主的权利。

以江泽民同志为核心的党中央对中国特色社会主义理论的丰富，从理论的高度上创立了"三个代表"重要思想，并且以"三个代表"重要思想为指导，统领全局，与时俱进，适应国内外新形势，以"建设什么样的党，怎样建设党"为主要内容成功推进了党的建设新的伟大工程，从马克思列宁主义指导思想的进一步

---

① 《江泽民文选》第3卷，人民出版社，2006，第547~548页。
② 中共中央宣传部：《邓小平同志建设有中国特色社会主义理论学习纲要》，学习出版社，1995，第68页。
③ 《中国共产党第十六次全国代表大会文件汇编》，人民出版社，2002，第8页。
④ 《江泽民文选》第3卷，人民出版社，2006，第553页。

中国化、社会主义经济制度重大创新、政治制度的稳步推进等方面，以"什么是社会主义，怎样建设社会主义"为中心理论问题，充实了中国特色社会主义理论的基本内容。

二 以胡锦涛为总书记的党中央对中国特色社会主义理论的丰富

党的十六大以来，以胡锦涛为总书记的党中央，不断解放思想，坚持与时俱进，立足求真务实，在改革开放取得重大成果的基础上，坚持科学发展观，不断促进社会主义和谐社会建设，深入总结中国特色社会主义理论体系，初步回答了"什么是中国特色社会主义，怎样发展中国特色社会主义"的重大理论问题，全面而深刻地丰富了中国特色社会主义理论。

（一）稳定繁荣中继往开来的发展新思路

2002 年 11 月，中国共产党第十六次全国代表大会在北京召开，中国特色社会主义建设事业和中国改革开放事业，在承前启后、继往开来中进入了一个新的历史阶段。在这一次党的代表大会上，最令人瞩目的是以江泽民同志为核心的第三代中央领导集体，以宽阔的胸襟和不凡的气度，作出了战略政治家的英明选择，模范而忠实地践行了邓小平理论。江泽民同志和其他政治局常委，在声望最高和政绩最为卓著的时候，率先垂范，急流勇退，以胡锦涛同志为总书记的新一届中央领导集体开始全面主持中央工作。党史理论专家龚育之认为，"党的最高领导层的正常化、规范化、体制化的新老交替是十六大的一项重大贡献，应当载入中共史册"。[①] 在稳定繁荣的经济政治社会环境中，以胡锦涛

---

① 龚育之：《党的最高领导层的新老交替》，《学习时报》2003 年 1 月 6 日。

同志为总书记的新一届中央领导集体登上历史舞台，开始了中国特色社会主义建设的新一轮接力赛。时代在变化，社会在进步，理论和实践也需要在新的形势下发展和创新。胡锦涛总书记履职以来，坚持邓小平理论和"三个代表"重要思想，不断开拓进取，不断推进创新，面对新问题，结合新情况，迎接新挑战，提出了一系列发展思路，对中国特色社会主义进行了积极的丰富，并科学界定了中国特色社会主义。

党的十六大以后，世情、国情、党情都发生了一系列新的变化。形势在变化、时代在进步、社会在发展，理论应该随着时代的进步而不断创新。以胡锦涛同志为总书记的新一代中央领导集体，始终坚持发展是硬道理，牢牢把握"发展是党执政兴国的第一要务"，在新时期始终在谋发展、促发展、推进发展上开启思路。中国特色社会主义的根本任务，如果用一个核心词语来表示就是"发展"。"发展"是建设中国特色社会主义的主题，是解决中国所有问题的关键。日本学者村田忠禧在对中国改革开放以来党的十二大、十三大、十四大、十五大、十六大报告所用词语进行统计、分析和比较之后得出结论："最引人注目的比较结果是出现次数最多的'发展'一词（239次），比在十六大报告中出现次数居第二位的'建设'一词（157次）多出82次，而且比历届党代会中任何词语的出现次数都要多。在从十二大到十六大的历届党代会中出现次数排在'发展'之后的是十三大的'经济'（206次），其次是十四大的'经济'（197次），再接下来是十六大的'经济'（142次）。'经济'这个词在十六大是第三位的。从这个比较结果来看，如果列举十六大具有代表性的关键词的话，首先应该列举的是'发展'

一词吧！"① 同样，在党的十七大报告中，据笔者统计，"发展"一词使用次数仍然高居首位，共计 307 次，超过十六大报告使用次数（239 次）68 次。由此可以看出，新一届中央领导集体更加高度关注发展，并在实践基础上提出了统领全局的以人为本、全面协调可持续的科学发展观。

（二）以科学发展观为指导，系统总结中国特色社会主义理论

中国共产党是一个勇于理论创新的政党。十六大以来党的理论创新，集中体现在党中央提出的科学发展观上。以邓小平理论和"三个代表"重要思想为指导提出的科学发展观，集中了全党智慧，既体现了中国特色社会主义建设关键时期新的发展要求，又符合中国全面建设小康社会、构建社会主义和谐社会的具体国情。正如党的十七大报告所指出："科学发展观，是对党的三代中央领导集体关于发展的重要思想的继承和发展，是马克思主义关于发展的世界观和方法论的集中体现，是同马克思列宁主义、毛泽东思想、邓小平理论和'三个代表'重要思想既一脉相承又与时俱进的科学理论，是我国经济社会发展的重要指导方针，是发展中国特色社会主义必须坚持和贯彻的重大战略思想。"② 科学发展观，第一要义是发展，核心是以人为本，基本要求是全面协调可持续，根本方法是统筹兼顾。

新的时代特点呼唤理论创新，新的改革开放伟大实践要求对中国特色社会主义进行系统总结。改革开放 30 多年来，中国特色社会主义事业始终保持蓬勃生机，始终持续稳定发展。目前，

① 〔日〕村田忠禧：《从改革开放以来的党代会政治报告的词语变化来看中共十六大的特点》，《中共党史研究》2003 年第 1 期。
② 胡锦涛：《高举中国特色社会主义伟大旗帜　为夺取全面建设小康社会新胜利而奋斗》，人民出版社，2007，第 12～13 页。

我国改革开放和社会主义现代化建设事业进入了发展的关键期、改革的攻坚期、矛盾的凸显期。以胡锦涛为总书记的新一代中央领导集体，从新世纪新阶段党和国家事业发展全局出发，在继承三代中央领导集体关于发展思想的基础上，提出了科学发展观这一指导中国特色社会主义发展的重大战略思想。历史在推移，时代在发展，情况在变化。改革开放30多年来，随着我国改革开放的不断深入进行，各种利益纠葛和各种矛盾问题逐步凸显。近年来，我国政治意识形态领域里各种思潮活跃，在以马克思主义为主导的共同思想基础引导下，民主社会主义、"普世价值"的争论、"宪政民主"的争论、历史虚无主义、新自由主义、质疑改革开放、质疑中国特色社会主义性质等社会政治思潮不断活跃，对马克思主义主流意识形态造成了一定的冲击和影响。经济体制改革在不断向着社会主义市场经济体制迈进。在不断发展和完善社会主义市场经济体制的过程中，各种对社会主义市场经济的困惑、疑问甚至质疑也不断涌现。社会生活领域中，由于改革的深入发展，利益格局不断调整，住房、教育、医疗等关系人民群众切身利益的问题和矛盾逐渐凸显。这些重大问题解决的关键在于以什么态度对待发展，在于我们党坚持什么样的道路和理论体系。因此，在新的历史时期，在改革开放的这种关键时期，我们党对待为什么发展、为谁发展、发展为了什么、实现什么样的发展、怎样发展的态度，以及我们党举什么旗、走什么路、以什么样的精神状态、朝着什么样的发展目标继续前进，对于我们继续推进改革开放、不断构建社会主义和谐社会、逐步实现全面建设小康社会等具有重大的历史和现实意义。在这样一种历史背景下，科学发展观的提出、形成和完善，就成了党的理论创新的必然。在科学发展观指导下，进一步系统总结我国改革开放30多年来走过的道路和坚持的理论体系，也就成了历史的必然。因此，正如十七大通过的《中国共产党章程》中指出的："科学发展观，是同马克思列宁主义、毛泽东思想、邓小平理论和'三个代表'重要思想既一脉相承又与时俱进的科学理论，是我国经济社会发展的重要指导方针，是发展中国特色社会主义必须坚持和贯彻的重大战略思想。"① 在明确了科学发展观的历史地位后，以此为指导，结合历史和现实，对中国特色社会主义进行系统总结，就成为自然而然的事情。对于中国特色社会主义的系统总结，党的十七大报告回顾和总结改革开放近30年的伟大历史进程后作出结论："改革开放以来我们取得一切成绩和进步的根本原因，归结起来就是：开辟了中国特色社会主义道路，形成了中国特色社会主义理论体系。高举中国特色社会主义伟大旗帜，最根本的就是要坚持这条道路和这个理论体系。"②

　　党的十六大以来，以胡锦涛为总书记的党中央，高举中国特色社会主义伟大旗帜，坚持解放思想、实事求是，不断与时俱进、促进发展，在求真务实、开拓进取中创立指导中国改革开放伟大事业的科学发展观，在科学发展观基础上系统总结中国特色社会主义。首先，中国特色社会主义是一条适合中国国情，能够把中国引向正确航向的道路，这条道路就是社会主义道路。"中国特色社会主义道路，就是在中国共产党领导下，立足基本国情，以经济建设为中心，坚持四项基本原则，坚持改革开放，解放和发展社会生产力，巩固和完善社会主义制度，建设社会主义市场经济、社会主义民主政治、社会主义先进文化、社会主义和

---

① 《中国共产党章程》，人民出版社，2007，第3页。
② 胡锦涛：《高举中国特色社会主义伟大旗帜　为夺取全面建设小康社会新胜利而奋斗》，人民出版社，2007，第11页。

谐社会，建设富强民主文明和谐的社会主义现代化国家。中国特色社会主义道路之所以完全正确、之所以能够引领中国发展进步，关键在于我们既坚持了科学社会主义的基本原则，又根据我国实际和时代特征赋予其鲜明的中国特色。在当代中国，坚持中国特色社会主义道路，就是真正坚持社会主义。"① 其次，中国特色社会主义是一个符合中国实际，能够指导中国不断发展强大的理论体系，这个理论体系的核心和本质是马克思主义。"中国特色社会主义理论体系，就是包括邓小平理论、'三个代表'重要思想以及科学发展观等重大战略思想在内的科学理论体系。这个理论体系，坚持和发展了马克思列宁主义、毛泽东思想，凝结了几代中国共产党人带领人民不懈探索实践的智慧和心血，是马克思主义中国化最新成果，是党最可宝贵的政治和精神财富，是全国各族人民团结奋斗的共同思想基础。中国特色社会主义理论体系是不断发展的开放的理论体系。《共产党宣言》发表以来近一百六十年的实践证明，马克思主义只有与本国国情相结合、与时代发展同进步、与人民群众共命运，才能焕发出强大的生命力、创造力、感召力。在当代中国，坚持中国特色社会主义理论体系，就是真正坚持马克思主义。"② 最后，中国特色社会主义还是一面凝聚党心民心，增强中国创造力、凝聚力、战斗力的旗帜。"旗帜就是方向，旗帜就是形象。"③ 旗帜在我国的政治、经济、文化、社会生活中发挥着重要的引领作用。今天的中国，需要的

---

① 胡锦涛：《高举中国特色社会主义伟大旗帜　为夺取全面建设小康社会新胜利而奋斗》，人民出版社，2007，第 11 页。
② 胡锦涛：《高举中国特色社会主义伟大旗帜　为夺取全面建设小康社会新胜利而奋斗》，人民出版社，2007，第 11～12 页。
③ 《十五大以来重要文献选编》（上），人民出版社，2000，第 1 页。

是一面什么样的旗帜？是中国特色社会主义旗帜！正如党的十七大报告一开篇就指出的："中国特色社会主义伟大旗帜，是当代中国发展进步的旗帜，是全党全国各族人民团结奋斗的旗帜。"①只有中国特色社会主义旗帜，而没有什么别的旗帜能够引领中国、凝聚中国、发展中国、富强中国。中国特色社会主义旗帜是全党全国各族人民必须永远高举的一面伟大旗帜。

系统归结起来，十六大以来以胡锦涛为总书记的党中央，在坚持解放思想、实事求是、与时俱进的思想路线指导下，在求真务实、开拓进取中创新党的思想理论体系，不断推进马克思主义中国化，创立了实现什么样的发展、怎样发展的科学发展观，创造性地回答了"什么是中国特色社会主义，怎样发展中国特色社会主义"的战略问题，为继续推进和发展中国特色社会主义奠定了坚实的思想和理论基础。

（三）在求真务实中丰富中国特色社会主义理论体系

在指导思想上创立科学发展观，构建社会主义核心价值体系。在我国改革开放事业发展的关键时期，以胡锦涛为总书记的党中央坚持以邓小平理论和"三个代表"重要思想为指导，高扬中国特色社会主义大旗，依据国际国内形势，创立了科学发展观。科学发展观在继承马克思主义以及党的三代中央领导集体关于发展思想的基础上，有机统一于我们党对共产党执政规律、社会主义建设规律和人类社会发展规律三大规律的不懈探索中，熔铸于什么是中国特色社会主义、怎样发展中国特色社会主义的现实问题里，深化和拓展了马克思主义中国化的历史进程，是马克

---

① 胡锦涛：《高举中国特色社会主义伟大旗帜　为夺取全面建设小康社会新胜利而奋斗》，人民出版社，2007，第1页。

思主义中国化的最新成果。党中央以科学发展观为基础,统领全局,锐意进取,在求真务实中对丰富中国特色社会主义理论体系作出了突出贡献。

科学发展观是社会主义性质的发展观。科学发展观的创立,既显示了中国特色社会主义发展道路的政治优势,又证明了中国特色社会主义理论体系的发展张力。科学发展观在进一步丰富中国特色社会主义建设事业指导思想的基础上,推动中国经济、政治、文化、社会等综合系统又快又好地发展,极大地增强了中国的综合国力,给中国的发展带来巨大的成功。以科学发展观为指导,进一步构建社会主义核心价值体系,引领各种社会思潮,形成全国人民团结奋斗的共同思想基础,成为新形势下建设中国特色社会主义的现实需要。那么,社会主义核心价值体系包括哪些内容呢?"马克思主义指导思想,中国特色社会主义共同理想,以爱国主义为核心的民族精神和以改革创新为核心的时代精神,社会主义荣辱观,构成社会主义核心价值体系的基本内容。"[①] 这些基本内容,决定了社会主义核心价值体系是全民族奋发向上的精神力量和团结和睦的精神纽带,要坚持以社会主义核心价值体系引领各种社会思潮,尊重差异,包容多样,最大限度地形成社会思想共识,增强全民族奋斗的共同思想基础。贯彻落实科学发展观,必须在坚持以经济建设为中心的同时,加强社会主义民主政治建设、精神文明建设、和谐社会建设。

经济方面强调发展是第一要务,是解决中国所有问题的关键。胡锦涛同志访问日本在早稻田大学演讲时指出:"中国人口

---

① 《中共中央关于构建社会主义和谐社会若干重大问题的决定》,《人民日报》2006年10月19日,第1版。

多、底子薄、发展很不平衡，在发展中遇到的矛盾和问题，无论是规模还是复杂性，都是世所罕见的。"① 发展是中国特色社会主义建设中的核心问题。科学发展观第一要义是发展，一定要紧紧抓住发展这个党执政兴国的第一要务，必须聚精会神搞建设、一心一意谋发展。发展必须是全面协调可持续的发展。"发展是第一要务。"要坚持以科学发展观统领经济社会发展全局，推动经济社会又好又快地发展。"科学发展观，是对党的三代中央领导集体关于发展的重要思想的继承和发展，是马克思主义关于发展的世界观和方法论的集中体现，是同马克思列宁主义、毛泽东思想、邓小平理论和'三个代表'重要思想既一脉相承又与时俱进的科学理论，是我国经济社会发展的重要指导方针，是发展中国特色社会主义必须坚持和贯彻的重大战略思想。"② 要立足科学发展、着力自主创新、完善体制机制、促进社会和谐。要促进国民经济又好又快地发展。实现未来经济发展目标，关键要在加快转变经济发展方式、完善社会主义市场经济体制方面取得重大进展。要大力推进经济结构战略性调整，更加注重提高自主创新能力、提高节能环保水平、提高经济整体素质和国际竞争力。要深化对社会主义市场经济规律的认识，从制度上更好发挥市场在资源配置中的基础性作用，形成有利于科学发展的宏观调控体系。提高自主创新能力，建设创新型国家。加快转变经济发展方式，推动产业结构优化升级。统筹城乡发展，推进社会主义新农村建设。加强能源资源节约和生态环境保护，增强可持续发展能力。推动区域协调发展，优化国土开发格局。完

---

① http://military.people.com.cn/GB/1076/52963/7217222.html.
② 胡锦涛：《高举中国特色社会主义伟大旗帜 为夺取全面建设小康社会新胜利而奋斗》，人民出版社，2007，第 12~13 页。

善基本经济制度，健全现代市场体系。深化财税、金融等体制改革，完善宏观调控体系。拓展对外开放广度和深度，提高开放型经济水平。实现国民经济又好又快地发展，必将进一步增强我国经济实力，彰显社会主义市场经济的强大生机和活力。党的十七大第一次明确提出要建设生态文明，标志着我们对社会主义现代化建设规律的认识进一步深化。要认真贯彻节约资源和保护环境的基本国策，真正把建设资源节约型、环境友好型社会放在工业化、现代化发展战略的突出位置，推动生态文明观念进一步深入人心，推动节能减排、污染防治等重点工作落实，推动可持续发展体制机制尽快形成。

在社会生活中倡导公平正义，创造性地提出构建社会主义和谐社会。从我国目前经济社会发展处于关键时期的具体实际出发，以胡锦涛同志为总书记的党中央提出构建社会主义和谐社会，不但针对目前我国中国特色社会主义现代化建设面临的紧迫而又复杂的问题和任务，而且还顺应了中国特色社会主义的未来发展方向和实现共产主义的长远目标。一定要牢牢秉持全心全意为人民服务的宗旨，坚持立党为公、执政为民，着力解决人民最关心、最直接、最现实的利益问题，真心实意为人民办实事、办好事，努力促进社会公平正义。群众利益无小事。和谐社会建设，要从解决人民群众最关心、最直接、最现实的利益问题入手，为群众办好事、做实事、解难事。这是坚持以人为本的必然要求，也是坚持发展为了人民、发展依靠人民、发展成果由人民共享的必然要求。坚持以解决人民群众最关心、最直接、最现实的利益问题为着力点，扎扎实实推进和谐社会建设，是构建社会主义和谐社会的关键。建设社会主义和谐社会，是中国特色社会主义事业的有机组成部分，是推进全面建设小康社会的重大战略举措。这方面的工作做好了，有利于调动广大人民群众的积极性、主动性、创造性，有利于为推动经济社会发展创造良好的社会氛围，有利于为我们党巩固执政地位、完成执政使命奠定坚实的社会基础。要按照民主法治、公平正义、诚信友爱、充满活力、安定有序、人与自然和谐相处的要求，科学把握和谐社会建设和经济建设、政治建设、文化建设的关系，既通过经济建设为和谐社会建设提供物质基础，又通过政治建设、文化建设为和谐社会建设提供政治保障和智力支持，推动和谐社会建设不断取得新的进展，全面推进社会主义市场经济、社会主义民主政治、社会主义先进文化、社会主义和谐社会建设，努力实现以人为本、全面协调可持续的科学发展。

第三节　中国特色社会主义理论体系是马克思主义中国化最新成果

马克思主义旺盛的生命力就在于它不断地以开阔的胸襟、以与时俱进的理论品质与具体的历史和现实情况相结合，从而为各国革命、建设、改革和发展事业提供指导。正如恩格斯指出："我们的理论不是教条，而是对包含着一连串互相衔接的阶段的发展过程的阐明。"① 所以，对于马克思主义不能教条式地理解和运用，而要将其作为行动的指南，同时要把马克思主义理论的基本原理与本国国情和实际情况结合起来，进行马克思主义民族化，才能更好地彰显马克思主义的威力。

---

① 《马克思恩格斯选集》第4卷，人民出版社，1995，第680页。

一 马克思主义中国化的历史过程和最新成果

马克思曾经明确指出:"正确的理论必须结合具体情况并根据现存条件加以阐明和发挥。"① 马克思主义中国化从内涵上讲,其本质内容是把马克思主义基本原理同中国具体实际结合起来,运用马克思主义基本原理,来分析和解决中国革命、建设、改革和发展过程中的具体实际和实践问题。在这个过程中,属于马克思主义基本原理的坚硬内核的"一是'实事求是'的思想路线","二是'一切为了人民'的价值导向"②,其基本原则和内容坚决不能变。以此为指导和基础,把马克思主义基本原理的具体内容和具体原则与中国的实践、中国的历史、中国的文化、中国的特点相结合,用中国的语言来反映马克思主义基本原理,形成中国化的马克思主义,用来解决中国的实际问题。

"马克思主义中国化"作为一个科学命题,是由毛泽东最先提出来的。1938 年 10 月,在党的六届六中全会上,毛泽东首先指出:"马克思主义必须通过民族形式才能实现。没有抽象的马克思主义,只有具体的马克思主义。所谓具体的马克思主义,就是通过民族形式的马克思主义,就是把马克思主义应用于中国具体环境具体斗争中去,而不是抽象地应用它。成为伟大中华民族之一部分而与这个民族血肉相联的共产党员,离开中国特点来谈马克思主义,只是抽象的空洞的马克思主义。"③ 接着,他又进一步指出:"马克思主义的中国化,使之在其每一表现中带着中国

---

① 《马克思恩格斯全集》第 27 卷,人民出版社,1972,第 433 页。
② 李德顺:《关于马克思主义的基本原理和根本原则——从一个平常问题引发的思考》,《马克思主义与现实》2005 年第 5 期。
③ 《中共中央文件选集》第 11 册,中共中央党校出版社,1991,第 658 页。

的特性，即是说，按照中国的特点去应用它，成为全党亟待了解并亟须解决的问题。"① 在此，毛泽东向全党同志提出了一个科学的命题——马克思主义中国化。在这种思想指导下，我们党在革命和建设过程中不断推进马克思主义理论与中国实际相结合，从而产生了毛泽东思想。毛泽东思想是马克思主义中国化的典范理论成果。

　　1978 年党的十一届三中全会启动改革开放以后，我们党继续不断推进马克思主义中国化的历史进程，力图用马克思主义中国化的新成果来指导中国的改革开放和社会主义现代化建设，来推动中国特色社会主义事业的不断发展。1982 年，邓小平在党的十二大开幕词中又强调指出："把马克思主义的普遍真理同我国的具体实际结合起来，走自己的道路，建设有中国特色的社会主义，这就是我们总结长期历史经验得出的基本结论。"② 此言掷地有声、铿锵有力，可谓新时期马克思主义中国化的先声。江泽民同志也一再强调，马克思主义不但不能丢，而且要不断地推进马克思主义与中国实际问题相结合。他指出："马克思列宁主义、毛泽东思想一定不能丢，丢了就丧失根本。同时一定要以我国改革开放和现代化建设的实际问题、以我们正在做的事情为中心，着眼于马克思主义理论的运用，着眼于对实际问题的理论思考，着眼于新的实践和新的发展。"③ 这不仅是在坚持马克思主义，也是在推进马克思主义中国化。进入新世纪新阶段，胡锦涛总书记不仅多次直接使用了"马克思主义中国化"的提法，而且强调"我们必须始终坚持解放思想、实事求是、与时俱进，继续在新的时代条件下把马克思主义基本原理同中国具体实际相结合，不断推进马克思主义的中国

① 《中共中央文件选集》第 11 册，中共中央党校出版社，1991，第 659 页。
② 《邓小平文选》第 3 卷，人民出版社，1993，第 3 页。
③ 《江泽民文选》第 2 卷，人民出版社，2006，第 12 页。

化"。① 因此，在改革开放 30 多年的历史进程中，党在马克思主义中国化过程中逐渐形成了邓小平理论、"三个代表"重要思想以及科学发展观等马克思主义中国化的最新成果，并在此基础上逐渐形成了中国特色社会主义理论体系，中国特色社会主义理论体系是马克思主义中国化的最新成果。

二　中国特色社会主义理论的本质特征

考察中国特色社会主义的本质特征，需要先明确一下邓小平关于社会主义本质的论断。邓小平指出："社会主义的本质，是解放生产力，发展生产力，消灭剥削，消除两极分化，最终达到共同富裕。"② 同时，邓小平在 1989 年 5 月会见戈尔巴乔夫时还指出："多年来，存在一个对马克思主义、社会主义的理解问题。……经过二十多年的实践，回过头来看，双方都讲了许多空话。马克思去世以后一百多年，究竟发生了什么变化，在变化的条件下，如何认识和发展马克思主义，没有搞清楚。"③ 所以说，我们需要进一步探讨"什么是社会主义，如何建设社会主义"，需要弄明白"什么是中国特色社会主义，怎样发展中国特色社会主义"，需要搞清楚中国特色社会主义到底有哪些本质特征。那么，中国特色社会主义到底有哪些本质特征呢？

（一）指导思想上以马克思列宁主义、毛泽东思想和马克思主义中国化最新成果为指导

中国特色社会主义以马克思列宁主义、毛泽东思想、邓小平理论和"三个代表"重要思想为指导，坚持科学发展观，不断推

---

① 《十六大以来重要文献选编》（上），中央文献出版社，2005，第 645 页。
② 《邓小平文选》第 3 卷，人民出版社，1993，第 373 页。
③ 《邓小平文选》第 3 卷，人民出版社，1993，第 291 页。

动全面建设小康社会，构建社会主义和谐社会，推进中国特色社会主义现代化建设。中国共产党从诞生起就以马克思列宁主义为指导，在漫长的革命斗争岁月中，以毛泽东为核心的第一代中央领导集体，不断推进马克思列宁主义中国化，不断用中国的语言、中国的文化来发展和内化马克思列宁主义，推动了马克思主义中国化的最初进程，形成了毛泽东思想。"毛泽东思想是马克思列宁主义在中国的运用和发展，是被实践证明了的关于中国革命的正确的理论原则和经验总结，是中国共产党集体智慧的结晶。"① 正是毛泽东思想的逐渐形成和发展，开启了马克思列宁主义中国化的历史进程。中国共产党是一个与时俱进、继往开来的政党，善于正确运用马克思列宁主义的基本原理来分析和解决中国自己的革命、建设、改革和发展问题，善于坚持毛泽东思想中的基本的立场、观点和方法，善于不断推进党的指导思想的丰富和发展。所以，从 1978 年改革开放以来，我们党依次形成了邓小平理论、"三个代表"重要思想和科学发展观，并把它们进一步确立为党的长期的指导思想。特别是十八大以来，党中央坚持以邓小平理论、"三个代表"重要思想和科学发展观为指导，根据新的发展要求，集中全党智慧，提出了实现中华民族伟大复兴的中国梦。中国梦是中国共产党第十八次全国代表大会召开以来，以习近平为总书记的新一代中央领导集体提出的重要指导思想和重要执政理念，其中心任务是把实现中华民族伟大复兴作为中国人民的最伟大梦想，其基本内涵是实现国家富强、民族振兴、人民幸福，其实现途径是走中国特色社会主义道路，坚持中国特色社会主义理论体系，高扬中国特色社会主义旗帜，弘扬民

① 《十一届三中全会以来重要文献选读》（上），人民出版社，1987，第 332 页。

族精神，凝聚中国力量，通过政治文明、经济文明、精神文明、社会文明、生态文明五位一体的手段实现社会主义现代化建设，最终实现中华民族的伟大复兴。这样，中国共产党从最初的坚持以马克思列宁主义为指导，随着革命、建设、改革和发展的不断推进，逐渐就形成了毛泽东思想、邓小平理论、"三个代表"重要思想、科学发展观和伟大复兴中国梦等重大战略指导思想，不断推进了马克思主义中国化，形成了对中国革命、建设、改革和发展具有重要指导意义的中国化的马克思主义，从指导思想上丰富和发展了马克思列宁主义。

马克思主义是党和国家的指导思想，是我们团结奋斗的共同思想基础。正如邓小平所说："马克思主义是打不倒的。打不倒，并不是因为大本子多，而是因为马克思主义的真理颠扑不破。……我们讲了一辈子马克思主义，其实马克思主义并不玄奥。马克思主义是很朴实的东西，很朴实的道理。"[①] 我们说坚持马克思列宁主义、毛泽东思想，坚持马克思主义中国化的最新成果，是因为马克思主义具有与时俱进的理论品质。马克思主义总是在发展中展现自己的生命力。马克思、恩格斯曾经针对自己创立的理论强调指出："我们的理论是发展着的理论，而不是必须背得烂熟并机械地加以重复的教条。"[②] 列宁也明确指出："我们决不把马克思的理论看作某种一成不变的和神圣不可侵犯的东西；恰恰相反，我们深信：它只是给一种科学奠定了基础，社会党人如果不愿落后于实际生活，就应当在各方面把这门科学推向前进。"[③] 随着时代的进步、科学的发展、实践的丰富，不断完善自己的理论，推

①《邓小平文选》第3卷，人民出版社，1993，第382页。
②《马克思恩格斯选集》第4卷，人民出版社，1995，第681页。
③《列宁选集》第1卷，人民出版社，1995，第274页。

进理论的发展是马克思主义与时俱进的理论品质的具体表现。正是马克思主义这种与时俱进的理论品质，最终决定了我们始终坚持以马克思列宁主义、毛泽东思想为指导，坚持以马克思主义中国化的最新成果为指导，也正因为如此，我们的社会主义是以马克思主义和马克思主义中国化成果为指导的社会主义。

（二）经济制度上以公有制为主体、多种所有制经济共同发展，逐步走向共同富裕

公有制为主体表现在：公有资产在社会总资产中占有优势；国有经济控制国民经济命脉；国有企业是国民经济的支柱；公有经济是社会安全的保障。邓小平多次强调指出，社会主义有两个根本性原则，一个是公有制占主体，一个是共同富裕。这两个根本性原则必须坚持而不能动摇。同时，党的十六大报告指出，必须毫不动摇地巩固和发展公有制经济；必须毫不动摇地鼓励、支持和引导非公有制经济发展；坚持公有制为主体，促进非公有制经济发展，统一于社会主义现代化建设的进程中。坚持公有制为主体，才能够更好地保证社会主义的方向，体现社会主义的价值取向。发展多种所有制经济成分，有助于在现阶段改善就业状况，促进经济发展。社会主义初级阶段就要坚持以公有制为主体、多种所有制经济共同发展。

我们的社会主义是社会主义基本制度与市场经济体制相结合的社会主义。邓小平指出："计划多一点还是市场多一点，不是社会主义与资本主义的本质区别。计划经济不等于社会主义，资本主义也有计划；市场经济不等于资本主义，社会主义也有市场。计划和市场都是经济手段。"① 江泽民指出，我们搞的是社会

---

① 《邓小平文选》第 3 卷，人民出版社，1993，第 373 页。

主义市场经济，"社会主义"这几个字是不能没有的，这并非多余，并非"画蛇添足"，而恰恰相反，这是"画龙点睛"。社会主义市场经济体制的建立是伟大的创举，在社会主义发展史上还是第一次提出，这充分体现了马克思主义的基本立场、观点和方法，坚持了马克思主义的发展性和创新性，展现了马克思主义中国化的又一重大理论成果。市场经济既可以为资本主义服务，更可以用来为社会主义服务。社会主义制度与市场经济体制相结合，充分展示了中国特色社会主义的独特魅力。同时，中国特色社会主义还是共同富裕的社会主义，共同富裕是社会主义的本质所在。正如 1985 年 3 月 7 日邓小平在全国科技工作会议上的讲话中指出："总之，一个公有制占主体，一个共同富裕，这是我们所必须坚持的社会主义的根本原则。"[1] 1992 年初邓小平"南方谈话"中更进一步明确提出："社会主义的本质，是解放生产力，发展生产力，消灭剥削，消除两极分化，最终达到共同富裕。"[2] 要最终实现全体人民的共同富裕，必须处理好先富和共富的关系，既要坚持一部分人先富裕起来，又要强调先富带动后富，最终实现共同富裕。现实中要切实注意避免贫富差距扩大，认真分析和总结贫富差距扩大的现实原因，及时解决社会分配中的偏差。要注重社会公平正义，确保逐步实现共同富裕的过程中社会稳定和谐。

（三）政治制度上坚持人民代表大会制度和共产党领导下的多党合作和政治协商制度、民族区域自治制度

中国共产党的领导是中国社会主义建设事业顺利推进和不断

---

① 《邓小平文选》第 3 卷，人民出版社，1993，第 111 页。
② 《邓小平文选》第 3 卷，人民出版社，1993，第 373 页。

发展的根本保证。历史和实践证明,就像邓小平指出的,"没有共产党,就没有社会主义的新中国"。[①] 同时,又如邓小平在《目前的形势和任务》中指出的,"中国由共产党领导,中国的社会主义现代化建设事业由共产党领导,这个原则是不能动摇的;动摇了中国就要倒退到分裂和混乱,就不可能实现现代化"。[②] 因此,中国特色社会主义是坚持马克思主义指导和中国共产党领导的社会主义。

中国特色社会主义在坚持以马克思主义为指导、坚持中国共产党的领导的基础上,在具体政治制度方面坚持人民代表大会制度和中国共产党领导下的多党合作和政治协商制度。人民代表大会制度是我国的根本政治制度,是我国人民在党的领导下,经过长期革命斗争作出的历史的必然选择,是党领导人民当家做主、行使国家权力的最好的政权组织形式。中华人民共和国宪法规定,中华人民共和国的一切权力属于人民。人民代表大会制度就是根据宪法规定的民主集中制原则,通过民主选举,产生全国人民代表大会和地方各级人民代表大会,再以人民代表大会为基础,组成整个国家机构,实现人民当家做主、行使国家权力的政权组织形式。坚持和完善这一制度,是发展社会主义民主、健全社会主义法制、建设社会主义政治文明、构建社会主义和谐社会的重要内容,也是提高党的执政能力,保障人民当家做主,实施依法治国基本方略,做好新形势下人大工作的必然要求。坚持和完善人民代表大会制度,发展社会主义民主政治,最根本的是要把坚持党的领导、人民当家做主和依法治国有机统一起来。中国

---

① 《邓小平文选》第 2 卷,人民出版社,1994,第 170 页。
② 《邓小平文选》第 2 卷,人民出版社,1994,第 267~268 页。

共产党领导的多党合作和政治协商制度是中国新民主主义革命和社会主义革命与社会主义建设长期发展的历史结果，是以毛泽东为核心的第一代领导集体同各民主党派共同创造的马克思主义同中国实际相结合的一大创举，是符合中国国情的新型的社会主义政党制度。坚持和完善共产党领导的多党合作和政治协商制度，继续保持和发挥多党合作和政治协商制度的政治优势，对于加强中国共产党的领导，巩固中国共产党的执政地位，充分发挥参政党的参政、议政职能，积极推进社会主义和谐社会建设，具有十分重要的历史意义和现实意义。因此，中国特色社会主义在具体政治制度上是坚持人民代表大会制度和共产党领导下的多党合作和政治协商制度的社会主义。另外，中国共产党执政以来，从我国是一个多民族国家的具体国情出发，创造性地形成和发展的民族区域自治制度，也是我国的基本政治制度之一。民族区域自治制度是符合我国国情的政治制度，对于中国共产党团结全国各族人民，建设社会主义现代化强国，实现中华民族的伟大复兴，具有极为重要的意义。

第四章

民主社会主义与中国特色社会主义的指导思想比较

指导思想隶属于社会政治意识形态的范畴，是整体的、全面的社会文化的一部分，并且是其核心部分。指导思想是一条道路走向的决定性因素，是一个理论体系的核心和灵魂。指导思想正确与否，直接关系到道路方向正确与否和理论体系的发展完善。正如列宁指出，"没有革命的理论，就不会有革命的运动"。① 指导思想对于一个政党或国家具有重要的指导作用，是一个政党或国家事业不断发展和进步的重要保证。"只有以先进理论为指南的党，才能实现先进战士的作用。"② 因此，指导思想是一个政党或国家道路选择的旗帜和方向，是其理论体系的核心和灵魂。

---

① 《列宁选集》第 1 卷，人民出版社，1995，第 153 页。
② 《列宁选集》第 1 卷，人民出版社，1995，第 312 页。

第一节　民主社会主义奉行多元化的指导思想

民主社会主义奉行指导思想的多元化，反对把马克思主义作为统一的指导思想。指导思想多元化是民主社会主义所宣扬的主要理论观点之一，也是它在意识形态领域里的重要纲领。民主社会主义的指导思想多元化表现在其思想来源的多元化、具体指导思想构成的多元化等方面。民主社会主义指导思想多元化的实质是否定马克思主义，目的是确定其资产阶级改良主义思想在意识形态领域里的指导地位。

一　民主社会主义多元化指导思想的成分

民主社会主义一贯主张指导思想的多元化，与此相对应，其理论渊源也具有多种成分。民主社会主义继承了国际工人运动和社会主义运动中的改良主义思想，这并非简单的继承，而是根据其理论发展的需要进行的有选择的继承。在奠定民主社会主义理论基础的重要文件——《法兰克福声明》中，民主社会主义者明确指出，"社会主义是一个国际性运动，它不要求对待事物的态度严格一律。不论社会党人把他们的信仰建立在马克思主义的或其他的分析社会的方法上，不论他们是受宗教原则还是受人道主义原则的启示，他们都是为共同的目标，即为一个社会公正、生活美好、自由与世界和平的制度而奋斗"。① 这就明确表示，民主社会主义不但不主张形成一个统一的世界观，而且还要实行多元

---

① 社会党国际文件集编辑组编《社会党国际文件集（1951—1987）》，黑龙江人民出版社，1989，第3页。

化的指导思想。

虽然民主社会主义的理论体系十分烦琐、庞杂，各国社会党人对民主社会主义的理解和解释也很不一致，但是，从各国社会党共同协商制定的社会党国际的宣言、决议和声明来看，它们仍具有许多共同的政治理论观点，大体上形成民主社会主义理论体系。就民主社会主义理论的指导思想而言，民主社会主义不追求单一的指导思想，而是坚持多元化的指导思想，并不时随世界局势、历史条件、文化传统等因素调整和改变自己的指导思想。民主社会主义指导思想的来源从大的分类来讲，主要包括资产阶级改良主义思想、资产阶级自由主义思想、基督教伦理道德思想、马克思主义思想等。民主社会主义指导思想主要有如下成分。

（一）资产阶级改良主义思想

资产阶级改良主义思想是民主社会主义指导思想的主要组成部分。资产阶级改良主义主要包括 19 世纪末期到 20 世纪上半期的一些改良主义思潮，其中影响较大的有费边社会主义、修正主义、米勒兰主义等。民主社会主义指导思想从这里面吸取了大量的成分，用来指导自己的行动和实践。

（1）费边社会主义。费边社会主义来源于费边主义，英文中费边主义为"Fabianism"。费边主义的来源与古罗马帝国大将军费边·迈克斯有关。公元前 217 年，古罗马帝国与迦太基之间发生了一场战争。迦太基一代名将汉尼拔骁勇善战，屡屡战败古罗马帝国将官。当费边接替前任败将后，采取避其锋芒，缓步渐进战略，改用迅速出击、小规模进攻策略，逐步实现既避免失败又不断打击对方的目的，并最终打败了汉尼拔。后经演化，费边主义就包含了缓步渐进、谋而后动的意蕴。19 世纪 80 年代英国伦敦有一批知识分子，如爱德华·披士、萧伯纳、韦伯、华莱士、贝特森等人，因仰慕罗马大将费边，推崇费边的缓步渐进、谋而后动的策略而组织了费边社。费边社以费边主义来代表他们共同主张的渐进的、改良的社会主义思想。费边社会主义主张建设福利国家，发展合作社，公平分配社会财富，主张一切"重大的根本变革"都必须是"民主的""渐进的"并要合乎资产阶级的道德与宪法，依靠资产阶级普选制，"和平地"走向社会主义。日本学者伊藤诚认为，"费边主义利用既存的民主社会中的政治机构，通过日常活动实现社会不断改良来达到社会主义"。① 所以，费边社会主义与马克思主义主张的用激进的暴力革命来推翻资产阶级统治，实现社会主义相反，他们主张通过渐进的、温和的而不是激进的、暴力的手段达到社会主义，是一种渐进的改良主义。这种思想对英国、荷兰等国的社会党产生过很大的影响。

（2）修正主义。修正主义英文对应词语是"Revisionism"，在英语中其本意是改正、修改错误使某理论、思想或主张等变得正确。在汉语中，修正主义特指对马克思主义的修正，这种修正不是要经过改正、修改使理论、思想或主张等变得正确的意思，而恰恰相反，它不是对错误的修正，而是对真理的篡改。1895 年8 月恩格斯逝世以后，1896 年 10 月至 1898 年 6 月，伯恩施坦以《社会主义问题》为总标题在《新时代》上发表了一系列文章，指责马克思主义含有空想成分，已经过时。1899 年，伯恩施坦又发表了《社会主义的前提和社会民主党的任务》，全面论述了其修正主义的观点。在伯恩施坦的修正主义理论中，在哲学方面背弃辩证唯物主义和历史唯物主义，提出"回到康德去"，主张用

---

① 〔日〕伊藤诚：《现代社会主义问题》，鲁永学译，社会科学文献出版社，1996，第 24 页。

唯心论和庸俗进化论对抗辩证法；在政治经济学方面，修改马克思主义剩余价值学说，竭力掩盖帝国主义矛盾，否认资本主义制度的经济危机和政治危机；在社会主义学说方面，极力反对马克思主义阶级斗争学说，特别是反对无产阶级革命和无产阶级专政理论，主张最终的目的算不得什么，"运动就是一切"。积极倡导阶级合作和资本主义"和平长入"社会主义，不断传播改良主义和机会主义思潮。

在社会主义运动史上，修正主义就是这样一种以伯恩施坦为代表的第二国际时期的改良主义思潮，其实质上是一股资产阶级性质的思潮。这股思潮以伯恩施坦为代表，在19世纪90年代开始出现于德国社会民主党内。伯恩施坦打着马克思主义的旗号，提出对马克思主义进行系统而全面的修正，故名修正主义，又称伯恩施坦主义。伯恩施坦提出，"最终目的是微不足道的，运动就是一切"。修正主义者反对所谓的"顽固保守派"坚守的"正统马克思主义"，自认为他们的理论和做法是对马克思主义的发展。事实上，修正主义通过篡改马克思主义的基本原则、否定马克思主义的普遍真理性、阉割马克思主义的根本精神来达到其麻痹工人阶级的革命意志和否定共产主义方向的目的。修正主义是资产阶级世界观及其影响在社会主义工人运动中的反映，列宁和其他马克思主义者曾对它进行了批判。然而，修正主义为第二国际的考茨基等机会主义领袖所接受，并得到第二国际各国党多数领袖的支持，成为当代民主社会主义的重要思想来源。

（3）米勒兰主义。米勒兰在1920～1924年曾任法国总统，早年他在政治上属于资产阶级激进派，从19世纪90年代开始转向社会主义。在1898年参与建立和领导法国独立社会党人联合会，主张通过加入资产阶级政府的办法，和平过渡到社会主义。
为实践其政治主张，米勒兰在未征得社会党同意的情况下，于
1899 年 6 月出任当时的内阁工商业部长，开社会党人参加资产阶
级政府之先河，史称米勒兰事件。这一事件引起了广泛而激烈的
争论。米勒兰认为其入阁是工人夺取政权的开端，是为了保卫共
和制度并发展党的力量等，因此，米勒兰主义又被称为内阁主
义。米勒兰主义认为社会主义是一个渐进的过程，它和资本主义
不是根本对立的，普选权是达到社会主义目标的有效手段，社会
主义政治和经济都可以在资本主义制度下建立和发展起来。米勒
兰主义鼓吹阶级合作，宣扬和平走向社会主义，反对阶级斗争，
主张用参加资产阶级政府的方法，改善工人阶级的生活状况，逐
渐改变资产阶级政权的性质，以便和平过渡到社会主义。米勒兰
宣扬劳资合作与社会和平，声称由于工人和资本家有共同的起
源，他们不再互相仇视，主张通过普选加入资产阶级内阁，使各
种形式的生产和交换手段逐步从资本主义所有制转变为国家所有
制。米勒兰主义认为合法的改良是社会主义运动的直接目的，又
是接近遥远目标的唯一实际的方法。米勒兰公开声称："如果我
们认为暴力既是无益的，也是应受谴责的，如果我们认为合法的
改良既是直接的目的，又是使我们接近遥远目标的唯一实际的办
法，那么就让我们拿出勇气（而且这并不难）来用我们的名字称
呼自己，也就是把我们叫作改良主义者，何况我们毕竟是改良主
义者。"① 米勒兰主义主要体现在米勒兰的代表作《法国的改良社
会主义》一书中，其实质上是一种资产阶级改良主义的社会主义

---

① 〔法〕亚·米勒兰：《法国的改良社会主义》，史集译，生活·读书·新知三
联书店，1978，第 7 页。

思潮，米勒兰主义在民主社会主义的指导思想里有所体现。米勒兰主义曾经给国际工人运动和国际共产主义运动造成很大的危害，因此，列宁称米勒兰主义为"实践的伯恩施坦主义"。

（二）资产阶级自由主义思想

现代资产阶级自由主义的思想理论对民主社会主义的影响很大，成为民主社会主义非常重要的思想来源之一。现代资产阶级自由主义理论趋向实用化，注重为资本主义提供解决社会问题的种种处方，以求缓和社会弊病对人民的威胁，减少人民对国家的不满，巩固资产阶级的统治；主张更多的社会合作，奉行改良主义；既批判帝国主义，也反对科学社会主义，主张以实验的办法、妥协的方式促进社会的进步与发展，走"第三条道路"。现代资产阶级自由主义的这些主张，对民主社会主义造成很大影响。民主社会主义在政治上就主张资产阶级的自由主义，把建立所谓自由社会作为奋斗目标。《法兰克福声明》明确宣称，社会党国际的奋斗目标是要"为通过民主手段建立一个自由的新社会而奋斗"，① 即主张通过所谓民主的议会斗争方式和平取得政权，对社会继续进行资产阶级自由主义的改造。《法兰克福声明》还说，民主社会主义的目的"是在实现经济与社会保障和社会日益繁荣的基础上扩大个人自由"。② 正如 20 世纪初的自由社会主义者卡洛·罗塞利所言："社会主义运动是自由主义的具体继承者，是历史上正在实现的自由这个充满活力的思想的传播。同某一次陈腐的辩论中所说的相反，自由主义与社会主义非但不对立，反

---

① 社会党国际文件集编辑组编《社会党国际文件集（1951—1987）》，黑龙江人民出版社，1989，第 4 页。
② 社会党国际文件集编辑组编《社会党国际文件集（1951—1987）》，黑龙江人民出版社，1989，第 4 页。

而是关系紧密相辅相成的。"① 可见，自由主义是民主社会主义的
来源之一。

　　民主社会主义吸取资产阶级自由主义的方方面面。资产阶级
的哲学、经济学、政治学等都成了民主社会主义学习和借鉴的对
象。在哲学方面，民主社会主义吸收了新康德主义和波普尔的
"开放社会论"。新康德主义者提出伦理社会主义理论，认为社会
主义不是历史发展规律的必然产物，而是属于"意志的领域"
"应当的领域"，是人们普遍接受的伦理原则。民主社会主义继承
了新康德主义的伦理社会主义理论，认为"康德及其拥护者们的
学术著作，是论证最终目的，论证达到最终目的活动的取之不尽
的源泉"。② 强调社会主义需要的不是科学的论证，而是伦理学的
论证，"民主社会主义"的理想不是从时代的现实趋势中产生的，
而是从自由、人的尊严、正义和团结的要求中产生的，从"人只
是目的而不是工具"的个人价值中产生的。正因为民主社会主义
理论家们把康德哲学特别是康德的伦理学作为自己的理论基础，
从而把社会主义看作人的伦理价值要求的产物，所以他们也特别
注重民主社会主义的基本价值的研究。波普尔则认为共产主义是
"封闭性社会"，民主社会主义是没有对抗的"开放性社会"。这
些哲学思想为民主社会主义所吸收，成了民主社会主义的哲学基
础。在经济学方面，民主社会主义吸收了福利经济学的福利国家
理论和凯恩斯主义的国家干预理论、充分就业理论等经济理论，
这些经济理论直接影响了民主社会主义的经济政策选择。在政治

---

① 〔法〕雅·德罗兹：《民主社会主义（1864—1960年）》，时波译，上海译文
　　出版社，1985，第327页。
② 〔苏〕B. A. 尼基京：《"民主社会主义"思想体系批判》，常玢、崔建设、马
　　吉霞译，中国人民大学出版社，1985，第14页。

学方面，民主社会主义吸取了本特利的政治多元论和拉斯基的国家观。本特利认为政治利益、政治组织多元论仅是民主的先决条件。拉斯基认为国家是普遍利益的代表，通过民主选举夺取国家政权，使资本主义走向社会主义是可能的。

（三）基督教伦理道德思想

基督教伦理道德思想中的人道主义精神对民主社会主义影响很大，奉行民主社会主义的社会党党纲中都能看到这种影响的痕迹，许多社会党国际成员党在正式纲领中，都承认社会、宗教团体和教义的"特殊意义"，完全回避了政教分离的问题。宗教规范被看作"民主社会主义"社会中精神生活的源泉和组成部分之一，基督教传统被看作民主社会主义重要的思想基础。德国社会民主党《哥德斯堡纲领》中直接声称"民主社会主义植根于基督教伦理、人道主义和古典哲学，它不想宣布什么最终真理，这并不是由于缺乏理解，不是由于对于世界观或者宗教真理采取漠不关心的态度，而是出自于对于人们的信仰决定的尊重"。[①] 为此，他们还主观杜撰了一个离奇的公式：民主社会主义＝社会主义－无产阶级专政＋基督教。1984 年德国社会民主党新纲领关于基本原则的一章草案中写道："不管我们怎样论证人的尊严，我们都共同相信，人的尊严是我们行动的出发点和目标。"可见德国社会民主党人把人作为社会主义运动的最高原则，人道主义被上升到世界观的高度。社会党人也把基督教作为他们的理论来源。他们认为，民主社会主义在基本理论上与基督教教义是一致的。因此，他们指出，"社会主义承认宗教和人道主义对于世界文明和伦理体系的形成所起的作用。它尤其承认，在欧洲，基督教福音

---

① 《德国社会民主党纲领汇编》，张世鹏译，北京大学出版社，2005，第70页。

是社会主义思想的精神源泉和伦理源泉之一"。① 德国社会民主党在 1952 年的行动纲领中写道，民主社会主义的思想来源是基督教、人道主义和古典哲学。1989 年的新纲领更是明确规定："欧洲的民主社会主义思想渊源来自于基督教、人道主义哲学、启蒙主义思想、马克思主义的历史和社会学说以及工人运动的经验。"② 由此我们可以看出，在民主社会主义者那里，基督教伦理道德思想构成其重要的理论来源。

（四）马克思主义思想

马克思主义思想理所当然应该是民主社会主义的指导思想，社会党国际及其大多数成员党一般都承认马克思主义是其指导思想来源之一。但是，随着民主社会主义指导思想的泛化和多元化，马克思主义思想逐渐在民主社会主义指导思想中被淡化，甚至很多社会党党纲中不再提及马克思主义是其指导思想。1977 年德国社会民主党主席勃兰特说："民主社会主义从马克思主义那里边继承的是自由的社会主义。"意大利社会党的克拉克西也认为，"马克思主义继续是民主社会主义的智力和道德武器的一部分"。不过，社会党所说的马克思主义是经过他们歪曲和阉割了革命精神的"马克思主义"，并非原本意义上具有革命精神、为了解放全人类而号召"全世界无产者联合起来"向资产阶级进行斗争的马克思主义。

民主社会主义的思想来源并不限于以上几个方面，它是一个开放性的、多元的、庞杂的、大杂烩式的思想体系。程恩富教授总结道："民主社会主义反对把马克思主义作为唯一的指导思想，

---

① 社会党国际文件集编辑组编《社会党国际文件集（1951—1987）》，黑龙江人民出版社，1989，第 42 页。

② 《德国社会民主党纲领汇编》，张世鹏译，北京大学出版社，2005，第 93 页。

主张世界观和指导思想的多元化，提倡社会主义思想构成和来源的多样性。他们把基督教学说、法国大革命的人权宣言、康德的伦理学与启蒙思想、黑格尔的辩证历史哲学、伯恩施坦的修正主义、凯恩斯主义经济学等都作为自己的思想来源和构成，将多种思想观点熔为一炉，冠之为'多元化'和'思想民主'。"① 德国社会民主党的理论刊物《新社会》也认为，"关于人类现象及其伦理要求的基督教学说，法国革命的人权宣言，康德的伦理与启蒙思想，黑格尔历史哲学，马克思主义的资本主义批判，伯恩施坦批判的马克思主义等等，都是民主社会主义的思想渊源"。由此可见，民主社会主义的指导思想是各种各样思想和观念的大杂烩。

二 民主社会主义从本质上否定马克思主义

民主社会主义是社会党国际和各国工党、社会党、社会民主党的官方思想体系，是第二国际后期的社会民主主义思潮在新的历史条件下的继承和发展。尽管它的理论概念和实践纲领流派各异、形形色色、五花八门，但总体上来说民主社会主义是以民主为核心，在多元化思想原则指导下，企图通过议会道路和渐进改良的办法，逐步建立一个经济民主、政治民主、社会民主、国际民主的民主社会。可以说超阶级的民主观是民主社会主义思潮的核心内容。尽管民主社会主义者宣称他们所走的道路是既非资本主义也非共产主义的"中间道路"，但是考察一下民主社会主义在当代两大社会制度较量中的表现，看一看 20 世纪初社会民主

---

① 程恩富：《要深入研究中国特色社会主义的特征和内涵》，《社会科学管理与评论》2007 年第 4 期。

主义与社会沙文主义、反共主义对摇篮中的社会主义制度实施的联合攻击，再看看 20 世纪末民主社会主义与反共主义，以及国际垄断资本主义搞的"和平演变""趋同论"那一套，对变动中、改革中的社会主义制度实施的又一次联合围剿，就可以从总体上看清楚民主社会主义维护的是哪一种社会制度，反对的是哪一种社会制度，扮演的是什么角色，而不至于被它们华丽的理论外表迷惑。正如列宁指出："问题只能是这样：或者是资产阶级的思想体系，或者是社会主义的思想体系。这里中间的东西是没有的（因为人类没有创造过任何'第三种'思想体系，而且在为阶级矛盾所分裂的社会中，任何时候也不可能有非阶级的或超阶级的思想体系）。因此，对社会主义思想体系的任何轻视和任何脱离，都意味着资产阶级思想体系的加强。"[①] 因此，透过民主社会主义多元化的指导思想，撩开民主社会主义思想理论体系"华丽的面纱"，我们可以很清楚地看到，虽然民主社会主义不时地提到马克思主义，但其实质上是在实行"去马克思主义化"，进行对马克思主义的彻底否定。民主社会主义否定马克思主义主要表现在以下方面。

（一）用多元化的唯心史观否定唯物史观

中国特色社会主义具备科学性的原因在于它根植于唯物史观，符合人类社会历史发展规律。马克思主义唯物史观认为，人类社会的发展是一个不以人的意志为转移的客观历史进程。社会生产力水平以及社会、经济、政治、文化等的形式，决定了人类社会历史的发展阶段。生产力和生产关系、经济基础和上层建筑的矛盾运动，决定了人类社会在总体上必然沿着原始社会、奴隶

---

① 《列宁选集》第 1 卷，人民出版社，1995，第 326 页。

社会、封建社会、资本主义社会、共产主义社会路径向前发展，社会主义的到来和共产主义的实现是生产力和人类历史发展的必然。人类历史的发展是一个社会内部规律发生作用的历史过程，社会主义代替资本主义是人类历史发展的必然。唯物史观的这一核心思想是人类社会历史发展的客观规律，是不以人的意志为转移的客观过程。任何否定这种必然的做法注定要因违背规律而遭到规律的惩罚。民主社会主义者就是这样。他们不怕违反规律，不惜遭到规律的惩罚，甚至认为人类社会没有什么规律可言，社会主义的实现不是社会发展规律的必然，而是人们思想中的道义追求的必然。民主社会主义追求的是多元化的世界观。在民主社会主义的理论体系中，构成其思想基础的是新康德主义、基督教伦理道德思想、人道主义等。这种多元化的世界观从根本上否定了马克思主义的唯物史观，从而否定了马克思主义本身。民主社会主义把社会主义看作自由、平等、和平、团结等美好价值的体现，认为人们只要确立了这些基本价值，并不断地依据这些价值去追求，那么，自由、平等、和平、团结的社会主义就会实现。从民主社会主义的这种思想可以看出，它的哲学思想基础是典型的主观唯心主义，即认为社会意识决定社会存在、人的理性观念主导社会的发展。

（二）用泛化的民主否定阶级斗争理论

马克思主义以"阶级"立论，认为在阶级社会中，阶级斗争是社会发展的根本动力。民主社会主义以泛化的和抽象的民主与超阶级的"人"立论，认为"人"对美好社会向往和追求的本性是社会发展的主要力量源泉。马克思主义认为，在原始社会末期，由于生产力的发展，出现了社会分工和生产资料的私人占有。私有制的出现，导致了阶级的出现。在阶级社会中，阶级斗争成为解决生产力和生产关系这对矛盾的主要方式，无论在生产方式量变时期对生产方式改革的推动，还是在生产方式质变时期对生产方式的根本变革，都离不开阶级斗争。因此说，在阶级社会中，阶级斗争是社会发展的根本动力。马克思主义从生产力的发展角度来寻求阶级和阶级斗争产生的根源，认为阶级斗争是解决生产力和生产关系这对矛盾的主要方式，坚持了马克思主义的历史唯物主义。民主社会主义则用泛化的民主和抽象的"人性论"来否定在阶级社会中阶级斗争是社会发展的根本动力这一客观事实。泛化的民主论、抽象地谈论"人"和"人性"是民主社会主义否定马克思主义阶级斗争理论的主要手段。他们认为，由于人们生存和发展的需要，人生来就具有对美好事物和美好社会追求的天性，这种追求的天性推动人们去努力、去奋斗。无数单个人的美好追求汇合成一股强大的社会力量，就能推动社会朝着美好的方向发展，因此，人对美好社会向往和追求的本性是社会发展的主要力量源泉。这种思想，既是民主社会主义否定马克思主义阶级斗争理论的表现，又是民主社会主义唯心主义思想体系在社会发展动力方面的集中体现。

（三）在反对共产主义中否定马克思主义

马克思主义认为共产主义是社会主义发展的最终目标；民主社会主义认为社会主义没什么终极目标可言，它只是一项不断追求美好社会的持久任务，从而反对共产主义，否定马克思主义。基于对人类社会发展规律的认识和分析，马克思主义得出结论：社会主义社会由于生产力的不断发展、生产力和生产关系的矛盾运动，它必然要由初级阶段向中级阶段、高级阶段发展，最终要达到共产主义。共产主义是我们今天可以展望到并可以初步认识的美好社会。在这个社会中，社会生产力高度发展，劳动生产率极大提高；建立了共产主义的公有制，实行"各尽所能，按需分配"的原则；阶级彻底消灭，国家完全消亡；人人获得全面而又自由的发展。马克思主义对社会主义发展前途及共产主义社会主要特征的初步认识，是建立在唯物主义的可知论的思想基础之上的，它首先承认事物是可以认识的，人类会逐步地从必然王国走向自由王国。与此相反，民主社会主义认为社会主义没有什么终极目标可言，它只是一项不断追求美好社会的持久任务。这一思想从其渊源来看是伯恩施坦"目的是微不足道的，运动就是一切"的思想的翻版，从哲学角度来看，这是典型的唯心主义的不可知论。实际上，这一思想表明了民主社会主义者的这样一种认识，即认为人类社会的发展是盲目的，是偶然事件的堆砌。民主社会主义者正是通过否定马克思主义的哲学基础——历史唯物主义的手法来达到否定马克思主义的目的。

（四）在指导思想的多元化中虚无马克思主义

真正的马克思主义者历来主张一元化的指导思想，即以马克思主义为唯一指导思想。但是，马克思主义理论并不是封闭的理论，马克思主义总是强调坚持、继承和发展的统一。坚持马克思主义的基本原理，坚持马克思主义基本的立场、观点和方法，是真正坚持马克思主义的做法。在这种坚持的基础上，马克思主义本身强调要和具体的、历史的、民族的实际情况相结合，用鲜活的马克思主义来解决现实中出现的新问题。同时，对马克思主义进行民族化的过程中，还要不断继承和发展马克思主义。马克思主义只有在不断发展中才能展现其生命力和感召力。

民主社会主义反对指导思想的一元化，主张指导思想的多元化。民主社会主义认为自己植根于基督教伦理学、人道主义和古典哲学等。对待马克思主义，民主社会主义认为，马克思早年阐述的人道主义思想是它的思想来源之一，马克思主义的辩证法是一种进行社会分析的有用的方法，但马克思主义不再是它的指导思想。与马克思主义者坚持马克思主义为一元化的指导思想相比，民主社会主义者这种对待马克思主义的做法实质上是背弃了马克思主义。从表面上看，民主社会主义对马克思主义既有肯定的一面，也有否定的一面。但在实质上，它肯定的只是马克思主义的非本质的东西，而否定的却是马克思主义本质的东西。民主社会主义承认马克思主义是一种致力于个人的自由和幸福的社会哲学，是一种解释思想意识和社会经济结构在历史上的发展的学说，在第一国际工人运动组织中起了关键性的作用。但是，他们却坚决否定马克思主义的核心思想，即历史唯物主义理论、阶级斗争理论及无产阶级革命学说。因此，民主社会主义已经从根本上背弃了马克思主义的唯物史观和无产阶级革命思想，滑向了资产阶级改良主义。对此，社会党人自己也不否认，德国社会民主党人自己写的《德国社会民主党简史》中提到，尽管德国社会民主党对马克思主义学说的信仰产生过多次动摇，但从 1890 年《反社会党人法》废除以后直至第二次世界大战爆发，社会民主党无疑可以称为一个"马克思主义"的政党，但这种对马克思主义的信仰仅仅起到了统一党的作用，但导致了行动上的迟疑和思想上的僵化。从这里可以看出，社会党人自己也认为，第二次世界大战以后，他们就放弃了马克思主义。放弃了对马克思主义的信仰，民主社会主义就滑向了思想的多元化。如前所述，德国社会民主党 1959 年通过的《哥德斯堡纲领》中讲道：民主社会主义植根于基督教伦理、人道主义和古典哲学。民主社会主义这种思想的多元化，又进一步否定了马克思主义。《哥德斯堡纲领》"仅局限于指出欧洲民主社会主义的历史渊源：基督教伦理学，人道主义和古典哲学。确定社会主义是一项持久的任务，即'争取、捍卫自由和公正，而且它本身在自由和公正中经受检验'。不言而喻，这就摈弃了以往那种从马克思主义的认识中得出的关于社会主义'最终目标'的观念"。① 社会党人自己也宣称：民主社会主义奉行的多元主义本身就是对历史唯物主义和辩证唯物主义"垄断"社会主义科学的一种否定，这就表明民主社会主义已经从根本上同马克思主义脱离开来。

第二节 中国特色社会主义坚持一元化的指导思想

科学社会主义作为一种学说和理论体系，是马克思主义的重要组成部分，它始终坚持马克思主义的一元化指导。正如日本学者伊藤诚所说："马克思与恩格斯共同创立的科学社会主义在迄今为止所看到的现代社会主义的丰厚源泉与种种尝试的洪流中显现出来，不仅继承了其积极的方面，也克服了其弱点。20 世纪以来吸引了千万人的心，是使本世纪成为革命世纪的有力指导思想。"② 因此，中国特色社会主义作为科学社会主义在当代中国发展的新阶段，当然要以一元化的马克思主义为行动指南；同时，我们又在坚持实事求是、解放思想、与时俱进、求真务实中始终把马克思主义与中国革命、建设、改革和发展的实际相结合，不断推进马克思主义中国化，并取得了马克思主义中国化的一系列

---

① 〔德〕苏姗·米勒、海因里希·波特霍夫：《德国社会民主党简史》，刘敬钦、李进军等译，求实出版社，1984，第 234 页。
② 〔日〕伊藤诚：《现代社会主义问题》，鲁永学译，社会科学文献出版社，1996，第 25 页。

成果。马克思列宁主义、毛泽东思想以及马克思主义中国化的最新成果，共同构成了中国特色社会主义的指导思想，有力地保证了中国革命、建设、改革和发展的顺利推进。

一 结合中国革命、建设、改革和发展的实际发展马克思主义

苏联哲学博士姆切德洛夫写道："马克思列宁主义理论的特点是，它不仅在理论论战中证明自己是正确的，而且在历史上第一次在社会实践中也证实了自己的正确性。"① 正因为这样，马克思列宁主义是放之四海而皆准的真理。"十月革命一声炮响，给我们送来了马克思列宁主义。"② 正是在马克思列宁主义指导下建立了中国共产党。中国共产党一经诞生，就把马克思列宁主义作为自己的指导思想。从此，在革命的血与火中，马克思列宁主义指引了中国革命的前进方向。马克思列宁主义在中国发挥作用，主要体现在与中国的实际情况相结合。姆切德洛夫还认为，"要发展马克思列宁主义理论，必须不断地丰富它的范畴体系"。③ 毛泽东早在 1938 年就指出："马克思主义必须和我国的具体特点相结合并通过一定的民族形式才能实现。马克思列宁主义的伟大力量，就在于它是和各个国家具体的革命实践相联系的。对于中国共产党说来，就是要学会把马克思列宁主义的理论应用于中国的

---

① 〔苏〕米·彼·姆切德洛夫：《社会主义——新型文明的形成》，赵国琦等译，求实出版社，1982，第 2 页。
② 《毛泽东选集》第 4 卷，人民出版社，1991，第 1471 页。
③ 〔苏〕米·彼·姆切德洛夫：《社会主义——新型文明的形成》，赵国琦等译，求实出版社，1982，第 5 页。

具体的环境。"① 对于推进马克思主义中国化,毛泽东不但第一个
提出,而且进行了全面而深刻的论述。在 1940 年,毛泽东讲道:
"中国共产主义者对于马克思主义在中国的应用也是这样,必须
将马克思主义的普遍真理和中国革命的具体实践完全地恰当地统
一起来,就是说,和民族的特点相结合,经过一定的民族形式,
才有用处,决不能主观地公式地应用它。"② 公式化、教条式地对
待马克思列宁主义,不但对中国革命无益,而且害处很大。要想
马克思主义在中国革命、建设、改革和发展中发挥作用,就必须
不断推进马克思主义中国化。马克思主义自传入中国以来,主要
是在不断中国化的过程中发挥着积极的指导作用。违背马克思主
义与中国实际相结合的原则,教条式地对待马克思主义,从来都
要遭到失败。马克思主义正是在与中国革命、建设、改革和发展
的实际相结合中发挥了重要的指导作用。

　　结合中国实际不断发展马克思主义,其实就是不断推进马克
思主义中国化的历史过程。恩格斯写道:"每一个时代的理论思
维,从而我们时代的理论思维,都是一种历史的产物,它在不同
的时代具有完全不同的形式,同时具有完全不同的内容。"③ 从这
里我们可以推导出,马克思主义来到中国,如果不进行中国化,
势必会僵化、教条化。这样马克思主义也就不能适应中国革命、
建设、改革和发展的具体实践形势。因为理论思维"是一种历史
产物",并且在不同的时代具有不同的形式和内容。毛泽东是不
断推进马克思主义中国化的第一人,也是一贯坚持促进马克思主
义中国化的典范。如前所述,毛泽东最初提出了马克思主义中国

---

① 《毛泽东选集》第 2 卷,人民出版社,1991,第 534 页。
② 《毛泽东选集》第 2 卷,人民出版社,1991,第 707 页。
③ 《马克思恩格斯选集》第 4 卷,人民出版社,1995,第 284 页。

化问题，同时，他本人在社会主义理论、革命和建设实践中，一直倡导、坚持和实践马克思主义中国化的理论成果——中国化的马克思主义，也就是成为党的集体智慧结晶的毛泽东思想。自从中国共产党 1921 年建党以来，对于指导思想的发展，一直没有停顿。"中国共产党自 1921 年产生以来，就以马克思列宁主义的普遍真理和中国革命的具体实践相结合为自己一切工作的指针。"① 如前所述，毛泽东首先提出了马克思主义中国化的问题，同时，党的其他领导也不断发展和运用马克思主义中国化的理论成果。特别是刘少奇同志在 1945 年党的七大所作的关于修改党章的报告中，不仅多处使用了"马克思主义中国化"的命题，而且对这个命题的科学含义进行了系统的论证。邓小平 1956 年 11 月在一次谈话中就说过："马克思列宁主义的普遍真理与本国的具体实际相结合，这句话本身就是普遍真理。它包含两个方面，一方面叫普遍真理，另一方面叫结合本国实际。我们历来认为丢开任何一面都不行。"② 据吴冷西回忆，毛主席说，"各国具体的历史、具体的传统、具体的文化都不同，应该区别对待，应该允许把马克思列宁主义具体化，也就是说把马克思列宁主义的普遍真理和本国革命的具体实践相结合"。③ 因此，以毛泽东为核心的第一代中央领导集体，在长期的战争、革命和建设实践中，逐步形成了马克思主义中国化的最初成果——毛泽东思想。"党从诞生之日起，就把马克思列宁主义确立为自己的指导思想。经过遵义会议和延安整风，党的七大又把马克思列宁主义的理论与中国

---

① 《毛泽东选集》第 3 卷，人民出版社，1991，第 952 页。
② 《邓小平文选》第 1 卷，人民出版社，1994，第 258~259 页。
③ 吴冷西：《十年论战——1956—1966 中苏关系回忆录》，中央文献出版社，1999，第 451 页。

革命的实践之统一的思想——毛泽东思想，确立为党的指导思想。这是总结建党二十四年经验作出的历史性决策。"① "毛泽东思想是马克思列宁主义在中国的运用和发展，是被实践证明了的关于中国革命和建设的正确的理论原则和经验总结，是中国共产党集体智慧的结晶。"② 毛泽东思想是马克思列宁主义同中国实际相结合的第一次飞跃的理论成果。

1978年改革开放以来，中国共产党不断推进马克思主义中国化的历史进程，在改革开放后的30多年时间里，党在带领中国人民不断推进马克思主义中国化的历史进程中，逐渐形成了新时期指导中国特色社会主义建设、改革和发展的马克思主义中国化理论最新成果——邓小平理论、"三个代表"重要思想，以及科学发展观等重大指导思想和发展战略。这是结合中国建设、改革和发展的实践经验，结合中国国情和实际特点逐步形成的最新理论成果，是全党全国各族人民集体智慧的结晶。正是在这个意义上说，"马克思主义具有与时俱进的理论品质"。③

二　以马克思主义中国化最新成果为指导

中国特色社会主义坚持以马克思列宁主义、毛泽东思想、邓小平理论和"三个代表"重要思想为指导，坚持不懈地贯彻落实科学发展观。孙伯鍨先生曾说："我认为，关于马克思主义哲学的历史命运问题，所涉及的不仅是马克思主义哲学作为世界观和方法论的理论性质和内容问题，而且更多的是它为之服务的无产阶级和人类解放的宏大理想和目标问题，在今天的中国，就是关

① 《十五大以来重要文献选编》（上），人民出版社，2000，第9页。
② 《十二大以来重要文献选编》（上），人民出版社，1986，第64页。
③ 《江泽民文选》第3卷，人民出版社，2006，第282页。

于社会主义道路的政治选择和理想信念问题。"① 所以，坚持一元化的指导思想，是中国特色社会主义的必然选择。一元化的指导思想是中国特色社会主义指导思想的重要特征和灵魂。中国的国家性质、发展阶段、历史传统、文化特点等因素决定了中国特色社会主义要坚持一元化的指导思想。中国特色社会主义指导思想是在中国革命、建设、改革和发展实践过程中逐步形成和发展的，是历史的选择、人民的选择。

（一）马克思主义中国化最新成果

中国特色社会主义理论体系，是 30 多年来改革开放实践的结果，是历史发展的必然。这个理论体系，是适合中国文化传统、对中国特色社会主义道路具有重大的指导意义的理论。在当代中国，坚持中国特色社会主义道路，就是真正坚持社会主义；坚持中国特色社会主义理论体系，就是真正坚持马克思主义。正如党的十七大报告指出："改革开放以来我们取得一切成绩和进步的根本原因，归结起来就是：开辟了中国特色社会主义道路，形成了中国特色社会主义理论体系。高举中国特色社会主义伟大旗帜，最根本的就是要坚持这条道路和这个理论体系。"②

中国特色社会主义道路和理论体系的形成和发展，经历了 30 多年的漫长历程，并且还在不断的发展和完善之中。在这 30 多年中，党带领中国人民坚持以经济建设为中心，坚持四项基本原则，坚持改革开放，取得了举世瞩目的辉煌成就。"这是改革开放 35 年中国经济发展的几个数字轨迹：国内生产总值由 1978 年

---

① 孙伯鍨：《作为方法的历史唯物主义》，载叶汝贤、孙麾主编《马克思与我们同行》，中国社会科学出版社，2003，第 117 页。

② 胡锦涛：《高举中国特色社会主义伟大旗帜　为夺取全面建设小康社会新胜利而奋斗》，人民出版社，2007，第 11 页。

的 3645 亿元，跃升至 2012 年的 518942 亿元；经济总量居世界位次从 1978 年的第十，到 2010 年排位第二；人均 GDP 从 1978 年的 381 元，到 2012 年的 38420 元；外汇储备从 1978 年的 1.67 亿美元、居世界第三十八位，到 2012 年的 33116 亿美元、连续 7 年稳居世界第一位……"① 改革开放 30 多年经济、政治、文化以及社会发展等领域的巨大成就的取得，无不与我国选择的中国特色社会主义道路和中国特色社会主义理论体系紧密相连。正因为我们坚持了中国特色社会主义道路，正因为我们坚持了中国特色社会主义理论体系，所以我们才取得了如此巨大的成就。

在中国特色社会主义理论指导下取得巨大成就的过程中，我们党始终从实事求是、解放思想、与时俱进、求真务实出发，坚持党的基本路线，坚持不断推进马克思主义中国化的历史进程。在不断推进马克思主义中国化的历史进程中，我们党先后形成了邓小平理论、"三个代表"重要思想以及科学发展观等重大中国化马克思主义的理论成果，并用来指导我国的改革开放实践，推动了我国社会主义现代化建设的巨大发展。

马克思主义具有与时俱进的理论品质，这种品质来源于马克思主义的实践性和批判性。"马克思的实践理论或实践理性因为终止了绝对真理、永恒真理的哲学幻象，因而它是一种具体的、谦虚的、探索性的理论和理性，它在对现实世界的理解中保持着开放的、宽广的理论视野。"② 在中国，马克思主义与时俱进的理论品质的表现及结果就是中国特色社会主义理论体系。马克

---

① 朱剑红：《35 年，中国经济"一路向上"》，《人民日报》2013 年 11 月 21 日第 4 版。

② 高清海、孙利天：《马克思的哲学观变革及其当代意义》，载叶汝贤、孙麾主编《马克思与我们同行》，中国社会科学出版社，2003，第 31 页。

思列宁主义与马克思主义中国化的最新成果——邓小平理论、"三个代表"重要思想以及科学发展观之间是一脉相承的源与流的关系。马克思主义中国化的最新成果就是中国特色社会主义理论体系。我们说中国特色社会主义坚持一元化的指导思想，就是要坚持以马克思列宁主义、毛泽东思想、邓小平理论和"三个代表"重要思想为行动指南，不断贯彻和落实科学发展观，使中国特色社会主义道路越走越宽广，推进中国特色社会主义理论体系越来越完善。中国特色社会主义理论体系，就是包括邓小平理论、"三个代表"重要思想以及科学发展观等重大战略思想在内的科学理论体系。这个理论体系，坚持和发展了马克思列宁主义、毛泽东思想，凝结了几代中国共产党人带领人民不懈探索实践的智慧和心血，是马克思主义中国化的最新成果，是党最可宝贵的政治和精神财富，是全国各族人民团结奋斗的共同思想基础。中国特色社会主义理论体系是不断发展的开放的理论体系。《共产党宣言》发表160年来的实践证明，马克思主义只有与本国国情相结合、与时代发展同进步、与人民群众共命运，才能焕发出强大的生命力、创造力、感召力。在当代中国，坚持中国特色社会主义理论体系，就是真正坚持马克思主义。

（二）坚持以马克思主义中国化最新成果为指导的原因分析

首先，马克思主义中国化最新成果反映了中国的社会主义国家性质。中国特色社会主义理论体系全面反映了马克思主义中国化最新成果。坚持以马克思主义中国化最新成果为指导，就是坚持中国特色社会主义理论体系。中国特色社会主义理论体系深刻反映了我国的国家性质。我国宪法总纲第一条就明确规定："中华人民共和国是工人阶级领导的、以工农联盟为基础的人民民主专政的社会主义国家。社会主义制度是中华人民共和国的根本制度。"这就明确规定了我国的国家性质和根本制度，这就是社会主义制度。中国特色社会主义理论体系是中国社会主义制度在现阶段的具体反映，是科学社会主义理论在中国现阶段的具体化。中国特色社会主义理论体系表明了中国首先是社会主义国家，然后表明中国的社会主义是符合中国国情的、结合中国实际的、适应中国特点的、具有中国气派的社会主义。在当代中国，坚持以中国特色社会主义理论体系为指导的中国特色社会主义道路，就是真正坚持社会主义。

其次，马克思主义中国化最新成果适合了中国初级阶段的具体国情。中国目前处于并将长期处于社会主义初级阶段。那么，我国的社会主义初级阶段是一个什么样的历史阶段呢？又具有哪些深刻的含义呢？正如党的十三大报告中所指出的，社会主义初级阶段"不是泛指任何国家进入社会主义都会经历的起始阶段，而是特指我国在生产力落后、商品经济不发达条件下建设社会主义必然要经历的特定阶段。我国从五十年代生产资料私有制的社会主义改造基本完成，到社会主义现代化的基本实现，至少需要上百年时间，都属于社会主义初级阶段"。① 在这个界定中，我们至少应该把握两点：第一，我国社会已经是社会主义社会，我们必须坚持而不能离开社会主义；第二，我国的社会主义社会还处在初级阶段。我们必须从这个实际出发，而不能超越这个阶段。第一层含义是我国现阶段的社会性质是社会主义社会；第二层含义是我国的社会主义社会尚处于不发达的阶段。这是一个完整的不可分割的科学论断。

---

① 《十三大以来重要文献选编》（上），人民出版社，1991，第 12 页。

我国社会主义初级阶段最基本的国情是国家大、人口多、底子薄，生产力落后，商品经济很不发达，文化落后，文盲半文盲人口占很大比重。这就决定了我们进行现代化建设的起点低，实现现代化的时间比较长。因此，这就注定中国的改革道路是一条渐进式的道路。中国经济改革从确立解放思想、实事求是的思想路线开始，逐步确定以发展生产力为根本任务，不断推进建立和完善社会主义市场经济体制，形成了一条渐进式的改革开放道路。具体做法是采取由点到面、由下而上、由外促内、由双轨到单轨，不断实践、认识、再实践、再认识的稳步推进的改革方式。正是在这样一种方式中，我们党带领全国人民不断推进马克思主义中国化，并形成了马克思主义中国化最新成果，用来指导中国特色社会主义建设和实践。

最后，马克思主义中国化最新成果适应了中国传统的历史文化特点。中国传统历史文化典型的特征是在政治意识形态领域里的"大一统思想"。"祖国统一、合家团圆"是中国人典型的心理诉求；"国泰民安、人寿年丰"是中国人真实的内心期盼。马克思主义中国化最新成果，既反映了中国人的这种心理意识，又充分保证了社会主义初级阶段的中国能够满足人民的这种心理需求。马克思主义之所以能够放之四海而皆准，原因就在于马克思主义的这种与当地实际相结合的旺盛的生命力。马克思主义与中国实际和社会主义建设实践相结合，奠定在中国的传统文化基础上，所以马克思主义中国化的最新成果能够反映中国的历史文化特点，适应中国国情，推动中国特色社会主义不断向前发展。

第三节　民主社会主义与中国特色
社会主义指导思想的比较

一　民主社会主义指导思想的哲学基础是历史唯心主义

民主社会主义指导思想的哲学基础是历史唯心主义，主要表现在以下方面。

第一，民主社会主义认为，人类社会的发展没有什么规律可言，社会主义是人们对自由、平等、团结、和平等价值观念的追求和这些价值的不断实现。在民主社会主义者的视野里，人类社会没有什么规律可言，社会主义的实现不是社会发展规律运转的必然，而是人们思想中的道义追求的必然。它把社会主义看作自由、平等、团结、和平等美好价值的体现，认为人们只要确立了这些基本价值，并不断地依据这些价值去追求，那么，自由、平等、和平、团结的社会主义就会实现。正如布莱尔所说："社会主义，我认为，从来不和国家政权相连，和经济无关，甚至和政治也无关。社会主义是一种生活道德目标，是一套价值体系，是社会生活中用来共同实现那些我们单个人无法实现的价值目标的合作信念。"① 从民主社会主义的这种思想可以看出，它的哲学思想基础是典型的主观唯心主义，即认为社会意识决定社会存在，人的理性观念主导社会的发展。

第二，民主社会主义以超阶级的"人"立论，认为"人"对美好社会向往和追求的本性是社会发展的主要力量源泉。民主社

---

① http://encarta.msn.com/media_701879446_761577990_-1_1/Tony_Blair_on_Socialism.html.

会主义否定在阶级社会中阶级斗争是社会发展的根本动力这一客观事实，抽象地谈论"人"和"人性"以及"人道主义"等。它认为，由于人们生存和发展的需要，人生来就具有对美好事物和美好社会追求的天性，这种追求的天性推动人们去努力、去奋斗。无数单个人的美好追求汇合成一股强大的社会力量，就能推动社会朝着美好的方向发展，因此，人对美好社会向往和追求的本性是社会发展的主要力量源泉。这些思想，是民主社会主义唯心主义思想体系在社会发展动力方面的集中体现。

　　第三，民主社会主义认为社会主义没有什么终极目标可言，它只是一项不断追求美好社会的持久任务。民主社会主义的基本价值是主观的，在不从根本上改变社会生产关系的情况下，只能是空想的，是不可能实现的。民主社会主义把自由、平等、团结、和平作为民主社会主义的基本价值，这些东西只不过是些理性观念，与早期资产阶级提出的"自由、平等、博爱"等观念没有多大差别。历史和实践证明，在以生产资料私人占有为主体的资本主义社会中，只要生产关系不从根本上加以变革，自由、平等、团结、和平的实现是不可能的。在那种通过占有生产资料而进行剥削的社会中，劳动人民从根本上讲只有出卖自己劳动力和任人剥削的自由，而很难谈得上什么基本自由，更不会有充分发挥自己的个性和才能的高层次自由。一方是剥削者，一方是被剥削者，更谈不上平等。这种剥削与被剥削、压迫与被压迫的关系从来也不会存在什么真正的团结。至于和平，只要以对内剥削、对外侵略与掠夺为特征的资本主义制度不消灭，根本就不会有永久的和平。因此，资本主义的社会生产关系不进行变革，民主社会主义的社会主义价值理念只能是一种幻想，一种带有主观唯心主义色彩的美好愿望，它终究不会成为现实。

二　中国特色社会主义指导思想的哲学基础是历史唯物主义

马克思科学社会主义及在此基础上发展起来的中国特色社会主义，都以历史唯物主义为哲学基础。中国特色社会主义指导思想在实践过程中逐步形成，具有鲜明的实践性。从实事求是的基本原则出发，中国特色社会主义指导思想坚持解放思想、与时俱进，不断发展和完善，因而具有科学性。此外，中国特色社会主义指导思想是在广大人民群众推进中国革命、建设、改革和发展过程中逐渐丰富的，人民性是其重要特色。马克思历史唯物主义的重要特性就在于其实践性、科学性、人民性等，所以，中国特色社会主义指导思想的哲学基础是历史唯物主义。

（一）中国特色社会主义指导思想是在实践中逐渐形成的，实践性是其鲜明的特点

马克思列宁主义、毛泽东思想以及马克思主义中国化最新成果是中国特色社会主义的指南。中国特色社会主义的指导思想是在中国革命、建设、改革和发展中逐渐形成的，实践性是其鲜明的特点。理论总是来源于实践。毛泽东指出："只有千百万人民的革命实践，才是检验真理的尺度。"① 中国特色社会主义理论的指导思想，是在党的领导下，在广大人民群众的积极参与下，在深厚的社会实践的基础上形成和发展起来的。马克思列宁主义一经传入中国，迅速与中国革命的具体实践相结合，使中国革命的面貌焕然一新。马克思列宁主义毕竟是外来的理论，在指导中国革命的过程中，会产生"水土不服"的现象，这一点不奇怪。敢

---

① 《毛泽东选集》第 2 卷，人民出版社，1991，第 663 页。

于创造、勇于创新的中国共产党人，面对马克思列宁主义对中国革命的不适应，既没有弃之不用，更没有教条搬用，而是在中国革命的宏大实践中，以创新的精神，把马克思列宁主义基本原理与中国革命实际相结合，逐渐形成了能够有效指导中国革命的毛泽东思想。毛泽东思想就是在中国革命和建设实践过程中，把马克思列宁主义基本原理与中国具体实际情况相结合的结果，是适应中国革命和建设需要的中国化的马克思主义理论成果。

党的十一届三中全会以后，邓小平团结带领全国各族人民，总结历史经验，提出改革开放的战略思想，并在改革开放的伟大实践中提出和形成了"建设有中国特色的社会主义理论"，党的十五大把它总结为邓小平理论。邓小平理论是在中国改革开放的实践中逐步形成和发展起来的，是改革开放实践的应然结果。进入新世纪新阶段，中国特色社会主义建设不断面临新的发展机遇和各种内外挑战，以江泽民同志为核心的第三代中央领导集体，高瞻远瞩、深谋远虑，创造性地提出并形成指导中国特色社会主义现代化建设的"三个代表"重要思想，开拓了中国特色社会主义建设的新局面。"三个代表"重要思想同样也是中国改革和发展实践的结果，是适应新的历史条件，适应新的国内国际形势的重要指导思想。总之，马克思列宁主义、毛泽东思想以及马克思主义中国化最新成果，都是在中国革命、建设、改革和发展实践过程中，适应不同历史阶段具体需要而产生的中国特色社会主义的指导思想，这些指导思想来自实践，指导实践，从实践中来，又回到实践中接受检验，是经受住了长期考验的正确的指导思想。因此，实践性是中国特色社会主义指导思想的鲜明特性。

马克思历史唯物主义的特点之一是其鲜明的实践性。李崇富教授认为，"马克思主义同一切科学理论一样，都是来源于实践，以实践为基础，为实践服务，并在实践中进一步得到验证和发展"。① 唯物史观之所以是科学的真理，就在于它来源于实践，又能够有效地指导社会实践。实践性是唯物史观和中国特色社会主义指导思想的共同特性，这种共同的特性决定了中国特色社会主义指导思想奠基在了历史唯物主义之上。

（二）中国特色社会主义指导思想是在实事求是中发展的，科学性是其主要的特征

中国特色社会主义指导思想植根于实事求是的基本原则，是在实事求是的精神下发展生成的，科学性是中国特色社会主义指导思想的主要特征。实事求是是毛泽东提出并一直坚持的基本原则。中国革命和社会主义建设就是结合中国实际、在实事求是的基础上逐渐发展起来的。毛泽东讲到实事求是时指出："'实事'就是客观存在着的一切事物，'是'就是客观事物的内部联系，即规律性，'求'就是我们去研究。我们要从国内外、省内外、县内外、区内外的实际情况出发，从其中引出其固有的而不是臆造的规律性，即找出周围事变的内部联系，作为我们行动的向导。"② 基于这种实事求是的精神，毛泽东带领中国人民取得了中国革命的胜利，建立了新中国。基于这种实事求是的精神，我们党在长期的革命和建设过程中，不断推进马克思主义中国化，逐步形成了马克思主义与中国革命和建设实际相结合的毛泽东思想。邓小平在把历史和现实进行对比后得出这样的结论："实事求是，是毛泽东思想的出发点、根本点。这是唯物主义。"③ 客观地说，邓小平的评价是公允的。对于实事求是的传统精神，邓小

---

① 李崇富：《科学对待马克思主义的试金石》，《中华魂》2007 年第 1 期。
② 《毛泽东选集》第 3 卷，人民出版社，1991，第 801 页。
③ 《邓小平文选》第 2 卷，人民出版社，1994，第 114 页。

平一贯倡导并长期坚持。邓小平还指出："实事求是，是无产阶级世界观的基础，是马克思主义的思想基础。过去我们搞革命所取得的一切胜利，是靠实事求是；现在我们要实现四个现代化，同样要靠实事求是。"① 因此，实事求是是中国特色社会主义指导思想的理论基础，是中国特色社会主义形成和发展的精神根基。正是在实事求是的精神指引下，我们党不断坚持解放思想、坚持与时俱进、坚持求真务实，不断推进马克思主义中国化，逐步形成了马克思主义与中国改革和发展实际相结合的邓小平理论、"三个代表"重要思想以及科学发展观等指导中国改革和发展的战略指导思想。建立在实事求是精神基础上的中国特色社会主义指导思想，符合马克思主义基本原理，具有科学性。科学性是中国特色社会主义指导思想在实事求是基础上显现的主要特征。

中国特色社会主义指导思想之所以具有科学性，就在于它依据马克思主义的历史唯物主义原理，揭示了社会历史发展的客观规律。恩格斯说："我们党有个很大的优点，就是有一个新的科学的观点作为理论的基础。"② 恩格斯在这里所指的"新的科学的观点"指的就是历史唯物主义。历史唯物主义的根本精神就在于实事求是，就在于把理论与实际的革命情况相结合。唯物史观和中国特色社会主义指导思想共同的精髓都是实事求是，所以说，中国特色社会主义指导思想是建立在历史唯物主义基础之上的。

（三）中国特色社会主义指导思想是在人民群众中丰富的，人民性是其重要的特色

中国特色社会主义指导思想是在党的领导下，在广大人民群

---

① 《邓小平文选》第 2 卷，人民出版社，1994，第 143 页。
② 《马克思恩格斯选集》第 2 卷，人民出版社，1995，第 39～40 页。

众的宏大的社会实践活动中不断丰富的，人民性是中国特色社会主义的重要特色。马克思列宁主义一个核心的观点是人民性，或者叫以人为本。马克思主义之所以历经100多年而始终放射着真理的光芒，原因就在于马克思主义从一产生就建立在对普通人民、对无产者的关注上。"全世界无产者，联合起来!"① 《共产党宣言》这最后的号召，始终响彻全球，始终体现了马克思、恩格斯高尚的人文情怀以及对无产阶级的同情。在马克思列宁主义指导下的中国共产党，理所当然地继承了马克思主义的这种人民性。毛泽东曾经深情地写道："我们这个队伍完全是为着解放人民的，是彻底地为人民的利益工作的。"② 的确，毛泽东带领中国人民闹革命、搞建设，无不从人民的利益出发，为了实现人民的利益而无私奋斗。"全心全意为人民服务"是毛泽东思想的要义。毛泽东始终把人民看作社会发展和进步的动力。毛泽东指出："人民，只有人民，才是创造世界历史的动力。"③ 这既符合马克思主义唯物史观，又符合历史事实。正是广大的人民群众创造了物质财富和精神财富，创造了人类历史。同样，党的历代领导人都把人民置于首位。邓小平指出："全心全意为人民服务，一切以人民利益作为每一个党员的最高准绳。"④ "党必须密切联系群众和依靠群众，而不能脱离群众，不能站在群众之上；每一个党员必须养成为人民服务、向群众负责、遇事同群众商量和同群众共甘苦的工作作风。"⑤ "要全心全意为人民服务，深入群众倾听

他们的呼声。"① 这些重要论述，给我们党、给我们每一位党员提出了鲜明的要求，那就是"为人民服务"，那就是一切以人民的利益为核心而开展工作。江泽民同志在新的历史时期，同样把人民的利益摆在首位。"我们党要始终代表中国最广大人民的根本利益"，② "我们党始终坚持人民的利益高于一切。党除了最广大人民的利益，没有自己特殊的利益。党的一切工作，必须以最广大人民的根本利益为最高标准"。③ 江泽民同志在这里把人民的利益摆在最高位置，坚持人民的利益高于一切，充分显示了中国特色社会主义指导思想的人民性。以胡锦涛为总书记的党中央，更是坚持发扬党的优良传统，坚持人民利益高于一切。结合新世纪新阶段的新情况，以胡锦涛为总书记的党中央提出的以人为本、全面协调可持续的科学发展观，核心就是坚持以人为本。这里的"人"指的就是"人民"。"以人为本"就是要求我们在想问题、办事情的时候坚持以人民为根本，以人民的根本利益为出发点和落脚点。胡锦涛同志指出："坚持以人为本，就要坚持立党为公、执政为民，始终做到权为民所用、情为民所系、利为民所谋，始终把最广大人民的根本利益作为我们一切工作的最高标准。"④ "要始终把实现好、维护好、发展好最广大人民的根本利益作为党和国家一切工作的出发点和落脚点"；"做到发展为了人民、发展依靠人民、发展成果由人民共享。"⑤ 由此可见，对于人民的重

---

① 《邓小平文选》第 3 卷，人民出版社，1993，第 146 页。

② 《江泽民文选》第 3 卷，人民出版社，2006，第 279 页。

③ 江泽民：《论"三个代表"》，中央文献出版社，2001，第 162 页。

④ 中共中央宣传部理论局编《科学发展观学习读本》，学习出版社，2006，第 22 页。

⑤ 胡锦涛：《高举中国特色社会主义伟大旗帜　为夺取全面建设小康社会新胜利而奋斗》，人民出版社，2007，第 15 页。

视和置人民利益高于一切，历来是中国共产党的唯一追求，这充分体现了中国特色社会主义指导思想的人民性。

历史唯物主义认为，人民群众是历史的创造者，人民群众是社会物质财富的创造者和社会精神财富的创造者，同时是变革社会制度的决定力量。人民性是唯物史观的根本观点之一。"马克思主义认为，人民群众是历史的创造者，是推动社会发展的决定性力量；人民群众是生产力中最活跃、最革命的因素，创造了社会的物质财富和精神财富。胡锦涛同志指出，相信谁、为了谁、依靠谁，是否站在最广大人民的立场上，是区分唯物史观和唯心史观的分水岭，也是判断马克思主义政党的试金石。"① 因此，人民性是唯物史观的根本特性。中国特色社会主义指导思想始终坚持人民性原则，与唯物史观的人民性高度一致，因此，中国特色社会主义指导思想的哲学基础是唯物史观。

① 中共中央宣传部理论局编《科学发展观学习读本》，学习出版社，2006，第21页。

第五章

民主社会主义与中国特色
社会主义的经济观点比较

经济制度是整个人类社会的基础和发动机，经济在很大程度上决定了人类社会生活的其他方面。列宁指出："就是从社会生活的各种领域中划分出经济领域，从一切社会关系中划分出生产关系，即决定其余一切关系的基本的原始的关系。"① 可见，经济领域中的生产关系在整个人类社会生活中起决定性的作用，生产关系直接反映的经济制度当然也就在一个理论体系中具有重要的决定性作用。研究一种理论或者对两种理论进行比较研究，抓住经济观点就抓住了关键的层面。就民主社会主义与中国特色社会主义进行本质比较而言，比较二者的经济观点，更能够看出二者质的区别。

---

① 《列宁选集》第 1 卷，人民出版社，1995，第 6 页。

第一节　民主社会主义的混合经济主张

在经济观点方面，民主社会主义主张以私有制为基础的混合经济。混合经济的实质是市场经济，市场在混合经济中占有很重要的地位，同时，私有制在混合经济中起到关键作用。民主社会主义所主张的混合经济说穿了就是在维护资本主义基本经济制度条件下，对资本主义经济具体运行方式做制度许可的改良，使资本主义经济在运行中出现诸如公有现象、国家调控、福利提高等特征。然而，这些特征并不能改变资本主义的基本经济制度本质，民主社会主义所主张的混合经济仍然是资本主义性质的经济制度。

一　民主社会主义混合经济的主要内容

（一）混合经济概念的渊源

混合经济是西方经济学中的概念，混合经济的英文对应词语是"mixed economy"。20 世纪 30 年代西方资本主义世界经济大危机之后，西方许多国家开始反思以前自由放任的市场经济体制。许多经济学家认为，纯粹的自由放任的市场经济是靠不住的。从当时苏联计划经济的高度成就以及较少受到经济危机的影响中受到启发，一批经济学家开始提出借鉴共产主义计划调节、国家控制经济的做法，将其与市场经济结合起来，充分发挥"看得见的手"和"看不见的手"的作用，倡导混合经济。凯恩斯最早提出混合经济的思想。针对资本主义世界的经济危机，凯恩斯提出，挽救资本主义制度的办法之一就是增强政府的机能，"让国家之权威之私人之策动力互相合作"。① 此后，混合经济在资本主义经济运行中逐渐成了一种常见的模式。后来，美国著名经济学家保罗·萨缪尔森对混合经济进行了总结。萨缪尔森认为，自由放任的市场经济和国家干预经济是两种极端的经济组织形式，"当代社会中没有任何一个社会完全属于上述两种极端中的一个。相反，所有的社会都是既带有市场成分也带有指令成分的混合经济（mixed economy）"。② 对于"混合经济"这一概念，萨缪尔森在其《经济学》教科书释义表中写道：混合经济是指"非共产主义国家中经济组织的主要形式。混合经济主要依靠其经济组织中的价格体系，同时也采用多种形式的政府干预（如税收、支出和管制）来应付宏观经济的不稳定和市场不灵等情况"。③ 因此，混合经济是指第二次世界大战以后资本主义国家中实行的国有与私有并存、计划与市场并用、国家干预经济运行的现代市场经济运作模式。由于民主社会主义的经济主张主要在资本主义经济制度框架内运作，所以，民主社会主义结合国有化的要求，对资本主义国家的混合经济做了进一步的发挥。他们企图通过在混合经济中增加公有的成分和分量来推动公有经济的发展以实现社会主义。这种建立在资本主义私有制基础上的被民主社会主义改良过的混合经济，并没有产生民主社会主义所预想的效果，反倒使其进一步滑向了资本主义私有制。

---

① 〔英〕凯恩斯：《就业、利息和货币通论》，徐毓枏译，商务印书馆，1983，第 326 页。
② 〔美〕萨缪尔森、诺德豪斯：《经济学》（第 16 版），萧琛等译，华夏出版社，1999，第 5 页。
③ 〔美〕萨缪尔森、诺德豪斯：《经济学》（第 16 版），萧琛等译，华夏出版社，1999，第 16 页。

(二) 民主社会主义混合经济的内容

以私有经济为主体的多种所有制并存构成民主社会主义混合经济模式中的所有制结构和主要内容。私有制是民主社会主义混合经济的基础。民主社会主义试图在不触动资本主义私有制的前提下，实行以资本主义私有制为基础的国有、私有和其他经济成分并存的混合经济体制。按照经济民主的原则，民主社会主义混合经济的政策目标是利用税收、财政、货币和收入政策等手段，调节社会再分配，使整个社会达到相对的公平，从而实现其所主张的社会正义。民主社会主义混合经济主要包括以下内容。

（1）经济民主。民主社会主义在经济领域主张实行经济民主，主张把人们从对占有或控制生产资料的少数人的依附中解放出来，把经济权力交给全体人民，进而创造一个使自由人能以平等地位共同工作的社会。1951年《法兰克福宣言》写道："所有公民均应通过他们的组织或出于个人的主动性，参与生产进程，以防止公营和私营企业内官僚主义的发展。应使工人同他们所在的产业部门民主地联结在一起。"[1] 他们通过制定民主的、参与性的生产政策，对企业投资进行监督，而工人则可以参与公司不同层次的联合决策。这些国家还通过民主控制和决策的方式来管理其设立的公营企业。民主社会主义使民主渗透到经济领域，使民主成为公民社会生活的方式，塑造了公民参与、妥协、合作的公共精神。这种主张在不动摇资本主义私有制基础上的经济民主，有利于促进劳动者参与企业的决策、管理和监督，实现阶级合作。但是，这种对公民参与、妥协、合作等公共精神的培养和训

---

[1]　社会党国际文件集编辑组编《社会党国际文件集（1951—1987）》，黑龙江人民出版社，1989，第6页。

练，弱化和消解了工人的斗志，使工人运动局限于经济领域的谈判和斗争，限制了工人为争取彻底解放而进行的与资产阶级的斗争，延迟了社会主义取代资本主义的历史进程。

（2）有限的生产资料国有化。民主社会主义也认为，实现生产资料的国有化是实现经济民主的前提。因此，一开始他们积极主张生产资料国有化。但是，生产资料国有化触动了资产阶级的利益，其生产资料国有化实践遭到了私人企业所有者的强烈反对，难以推行。实践中的挫折，促使他们在理论上对生产资料国有化进行反思，这项政策引起了民主社会主义者的怀疑和否定。各国社会党开始采用不同形式的公有制，包括国营工业和商业，生产者和消费者合作社，地方公营以及公方参与私营等，与私营经济共同发展、共同合作。这种公有制，实际上是对资本主义私有制有限的限制，并不能真正实现马克思主义所指出的"以公有制代替私有制，最终实现社会主义代替资本主义"的要求。相反，这消解了广大工人对马克思主义关于"两个必然"的信仰，弱化了工人为实现彻底解放、社会全方位公有制而进行斗争的需求，变相地保护了资本主义私有制，促进了资本主义社会的稳定与发展，延缓了社会主义的现实实现。

（3）私有制主体上的多种经济成分混合。《法兰克福声明》宣布："社会主义的计划并不以所有生产资料的公有为先决条件。它同重要生产领域内，如农业、手工业、零售业和中小型工业内私有制的存在是可以相容的"；"国家可以而且也应该在计划经济的范围内帮助私有者，使其对增加生产和福利作出贡献。"① 民主

---

① 社会党国际文件集编辑组编《社会党国际文件集（1951—1987）》，黑龙江人民出版社，1989，第6页。

社会主义认为，各种经济形式和所有制形式都有利有弊，最好的方式是实现多种成分的经济混合，但这种混合的前提是私有制占主体和以私有制为基础。全面国有化和集中管理的经济有可能导致财富的公平分配，但不能带来个人自由和全面社会繁荣的最大增长。以生产资料私有制为基础的竞争性经济，虽然在一定程度上能提高效率，但是它容易导致分配的不公正，形成两极分化。所以，他们主张实行多种经济成分混合以及各种经济成分并存、市场和计划相结合的混合经济，以便相互制约、相互补充。

二　民主社会主义混合经济的实质及成因

民主社会主义所主张的混合经济的实质就在于要以生产资料的私有制为基础，加入公有成分，最后试图用公有制改造私有制。这种在私有制基础上的改造，无异于"与虎谋皮"，资产阶级是无论如何都不会答应的。但是，资产阶级会在其制度许可的范围内对民主社会主义的政策主张予以认可和支持，因为这样有利于调节资产阶级的统治，有利于资本主义的发展。民主社会主义的混合经济主张，重点在于要克服资本主义市场经济的弊端，在资本主义私有制上加入更多的公有制成分，在分配方式上更重视按劳分配和社会福利，在市场机制中强调计划调节，在资本主义中引入更多的社会主义因素，企图逐步走上社会主义道路。但是，民主社会主义实践的合法限度是遵守资本主义的游戏规则，维护资本主义的现行制度，否则，它就会失去生存的空间。所以，民主社会主义这种混合经济想在不改变生产资料的资本主义私有制的情况下，对资本主义经济体制进行有限的社会改革，这种改革难以改变资本主义性质，而以这种混合经济来实行的经济民主也必然超不出资本主义的范围，只能是一种改良主义措施。

民主社会主义混合经济的实质主要表现在以下几个方面。

（一）资本主义私有制是混合经济赖以存在的基础

在资产阶级占统治地位的资本主义国家，资产阶级是不会允许从根本上触动资本主义的经济基础——资本主义私有制的。只是迫于社会主义国家的压力和国内工人阶级的斗争，资产阶级才不得不接受社会党人温和的社会改良主张。一旦这种改良超越维护私有制的界限，就会受到资产阶级的抵制。所以，为了得到资产阶级的配合和支持，也为了激发他们建设民主社会主义的积极性，社会党人只好淡化所有制理论的社会主义色彩。德国社会民主党在1959年政策宣言中就公开声明，只要生产方式的私有制不妨碍平等的社会秩序结构，它就应受到保护和鼓励，公有经济和私有经济就可以长期并存、混合生长，政府的经济政策就要保护私有制，并为私有制经济制度的发展开拓道路。德国社会民主党第六次代表大会通过的决议《争取社会主义实现变革》，强调一个广泛的私有部门将继续自由活动和发展，私有经济是社会主义的基本组成部分，社会主义应当允许在德国有混合经济制度存在。这说明民主社会主义的多种所有制并存的"混合经济"，实际上是以私有制为主体，其他所有制形式只能围绕并适应私有制的运行并为其服务，而公有制只是作为调节经济的手段，有用则用、无用则弃。

（二）资本主义经济制度是混合经济存在的制度框架

民主社会主义的目的不在于废除私有制，它认为，改造社会生产关系可以不必实行生产资料的社会化，生产资料在形式上归谁所有是次要的，具有头等意义的是如何在社会中发挥所有制的经济与政治职能。这种在保持私有制条件下通过职能社会化实现公正发展目标的实践，并没有突破资本主义生产关系的框架，也没有破坏资本主义的私有制基础，更没有根本改变劳动者受剥削、受压迫的被雇佣者的地位。这种不触动资产阶级根本利益、不改变资本主义私有制的政策和做法，不会受到资产阶级的抵制和反对。相反，资产阶级正好可以用来巩固其统治，用民主社会主义的一些具体改良主义做法来缓和与广大劳工群众的矛盾，起到了一定的维护资产阶级统治的作用。当然，当民主社会主义的政策触及资产阶级的利益时，资产阶级会通过选举的方式迫使民主党交出政权，从而改变民主党的过激政策对其根本利益的影响。资产阶级永远都不会拱手相让自己的阶级利益给劳工群众。民主社会主义企图利用混合经济模式来改变资本主义社会的做法，注定是要失败的。瑞典基金社会主义的失败就是这种失败的典型。民主社会主义倡导的混合经济并不能改变资本主义经济制度的性质，资本主义经济制度仍然是民主社会主义混合经济存在的基本制度框架。

（三）混合经济仍然是资本主义的一种经济表现形式

民主社会主义主张以私有制为主要成分的混合经济，这种混合经济的关键点在于坚持私有制，在于否定生产资料的公有化是社会主义实现的必要条件和前提，承认私有制和民主社会主义的相容性。遍览各国社会民主党的经济政策，他们都没有从根本上触动资本主义社会的生产资料私有制，民主社会主义主张和推行的实际上是资本主义的生产资料私有制。民主社会主义只把生产资料占有的社会化看作实现社会主义的手段，主张生产资料的私人占有，完全背弃了马克思主义。实践已经证明并且还将继续证明：民主社会主义的这一经济主张，不但无益于社会主义，而且阻碍社会主义在资本主义国家的实现。混合经济毕竟是在资本主义框架下的一种经济表现形式，它不可能从根本上消除资产阶级与无产阶级之间的差别和矛盾，这种经济模式归根结底要维护的是资产阶级的利益，因此，它只能是资本主义的一种经济形式，对于广大劳工群众没有太大的实际价值和意义。

第二节　中国特色社会主义的基本经济制度

基本经济制度是决定一个社会的基本性质的关键性因素。基本经济制度理论是马克思主义理论的重要内容，它既是一个十分丰富而完整的体系，又是指导现实社会主义建设和改革的重要理论武器。吴雄丞教授认为，"理论是行动的指南。一个民族要想站在科学的最高峰，就不能没有理论思维。凡在人类历史上起过巨大作用的民族，都是以先进的思想、理论作为行动的向导"。[①]中国特色社会主义基本经济制度理论就发挥着这样一种重要作用。中国特色社会主义基本经济制度是奠定在马克思主义关于基本经济制度相关论述的坚实理论基础之上的现实选择，是适合我国社会主义初级阶段的、适应我国生产力水平特点的、符合我国基本国情的经济制度。这项基本经济制度既有利于我国解放和发展生产力，又有利于逐步提高人民的生活水平并最终实现全体人民的共同富裕。

一　中国特色社会主义基本经济制度的形成过程

经济制度是一个包括基本经济制度、具体经济体制和分配制度在内的系统制度体系。在这三者中，基本经济制度是一个具有决定性作用的方面；具体经济体制则是实现基本经济制度的方式

---

① 吴雄丞：《科学地对待马克思主义》，《中共中央党校学报》2001 年第 2 期。

和手段，属于非决定性因素；而分配制度也是基本经济制度的伴生物，由基本经济制度决定，反映一定的基本经济制度，不具有决定性作用。我国的经济制度改革就是逐步对这三个方面进行不断深化认识并进行调整的过程。

中国特色社会主义经济制度改革经历了一个渐进的形成过程。1978 年改革开放以前，我国实行的基本经济制度是公有制，包括全民所有制和集体所有制；经济体制实行的是计划经济体制；分配制度实行的按劳分配。这在改革开放以前长期决定和影响我国的经济生活。而很多的理论家甚至党的文件也认为我国的基本经济制度就是公有制＋计划经济＋按劳分配。这种混在一起的经济制度严重影响了我国的经济活力，甚至导致了我国经济的僵化和停滞。基于此，1978 年改革开放以后，我国首先进行的改革就是对经济制度进行改革。这一改革大体经历了如下过程。

首先，1987 年召开的党的十三大初步确立了以公有制经济为主体、国有经济为主导、私营经济等非公有制经济为补充的所有制结构。十三大确立的这种所有制结构，突破了此前一直决定和影响我国经济生活的公有制决定论。这一所有制理论突破了社会主义国家只能有公有制经济，不能容忍非公有制经济存在的思想，使所有制结构由单一的公有制经济的全民所有和集体所有两种形式向多种经济成分并存的所有制结构推进，实现了所有制结构的重大突破。这一突破是在改革开放以来邓小平对计划和市场关系的多次论述的基础上逐步形成的。早在 1979 年邓小平就明确指出："说市场经济只存在于资本主义社会，只有资本主义的市场经济，这肯定是不正确的。社会主义为什么不可以搞市场经济，这个不能说是资本主义。我们是计划经济为主，也结合市场经济，但这是社会主义的市场经济。虽然方法上基本上和资本主

义社会的相似，但也有不同，是全民所有制之间的关系，当然也
有同集体所有制之间的关系，也有同外国资本主义的关系，但是
归根到底是社会主义的，是社会主义社会的。市场经济不能说只
是资本主义的。市场经济，在封建社会时期就有了萌芽。社会主
义也可以搞市场经济。同样地，学习资本主义国家的某些好东
西，包括经营管理方法，也不等于实行资本主义。这是社会主义
利用这种方法来发展社会生产力。把这当作方法，不会影响整个
社会主义，不会重新回到资本主义。"① 1984 年 10 月党的十二届
三中全会通过的《中共中央关于经济体制改革的决定》明确指
出，社会主义计划经济"是在公有制基础上的有计划的商品经
济。商品经济的充分发展，是社会经济发展的不可逾越的阶段，
是实现我国经济现代化的必要条件"。② 1985 年邓小平又指出：
"社会主义和市场经济之间不存在根本矛盾。问题是用什么方法
才能更有力地发展社会生产力。我们过去一直搞计划经济，但多
年的实践证明，在某种意义上说，只搞计划经济会束缚生产力的
发展。把计划经济和市场经济结合起来，就更能解放生产力，加
速经济发展。"③ 随着对社会主义计划经济、商品经济以及社会主
义市场经济认识的不断深化，逐渐厘清了计划与市场的关系，并
逐渐确定了公有制并非社会主义唯一的基本经济制度，按劳分配
也并不是唯一的分配制度。于是，党的十三大确立的以公有制经
济为主体、国有经济为主导、私营经济等非公有制经济为补充的
所有制结构，既是经济制度改革深化的反映，又是符合当时我国
经济发展实际的基本经济制度。

---

① 《邓小平文选》第 2 卷，人民出版社，1994，第 236 页。
② 《十二大以来重要文献选编》（中），人民出版社，1986，第 568 页。
③ 《邓小平文选》第 3 卷，人民出版社，1993，第 148～149 页。

其次，1997 年党的十五大明确提出："公有制为主体、多种所有制经济共同发展，是我国社会主义初级阶段的一项基本经济制度。"① 伴随改革开放的不断深入进行，经济体制方面的改革趋向是慢慢改变完全的计划经济体制，逐步走向社会主义市场经济体制。党的十三大以后，在逐渐弄清楚计划和市场的关系的基础上，党和国家逐渐认识到，要促进经济的迅速发展，建立社会主义市场经济成了我国经济制度改革的必然选择。1990 年邓小平指出："我们必须从理论上搞懂，资本主义与社会主义的区分不在于是计划还是市场这样的问题。社会主义也有市场经济，资本主义也有计划控制。资本主义就没有控制，就那么自由？最惠国待遇也是控制嘛！不要以为搞点市场经济就是资本主义道路，没有那么回事。计划和市场都得要。不搞市场，连世界上的信息都不知道，是自甘落后。"② 1992 年初，邓小平在"南方谈话"中指出："计划多一点还是市场多一点，不是社会主义与资本主义的本质区别。计划经济不等于社会主义，资本主义也有计划；市场经济不等于资本主义，社会主义也有市场。计划和市场都是经济手段。"③ 同时，1992 年 10 月党的十四大明确提出："经济体制改革的目标，是在坚持公有制和按劳分配为主体、其他经济成分和分配方式为补充的基础上，建立和完善社会主义市场经济体制。"④ 此后，党的十五大对我国反映基本经济制度的重要方面——公有制经济——进行了深刻论述。十五大报告深刻指出："要全面认识公有制经济的含义。公有制经济不仅包括国有经济

---

① 《十五大以来重要文献选编》（上），人民出版社，2000，第 20 页。
② 《邓小平文选》第 3 卷，人民出版社，1993，第 364 页。
③ 《邓小平文选》第 3 卷，人民出版社，1993，第 373 页。
④ 《十四大以来重要文献选编》（上），人民出版社，1996，第 11 页。

和集体经济，还包括混合所有制经济中的国有成分和集体成分。"① "公有制实现形式可以而且应当多样化。一切反映社会化生产规律的经营方式和组织形式都可以大胆利用。要努力寻找能够极大促进生产力发展的公有制实现形式。股份制是现代企业的一种资本组织形式，有利于所有权和经营权的分离，有利于提高企业和资本的运作效率，资本主义可以用，社会主义也可以用。不能笼统地说股份制是公有还是私有，关键看控股权掌握在谁手中。"② 同时强调指出："非公有制经济是我国社会主义市场经济的重要组成部分。对个体、私营等非公有制经济要继续鼓励、引导，使之健康发展。"③ 在这里，第一次把非公有制经济看作我国社会主义市场经济的重要组成部分，第一次把私营经济纳入社会主义的经济制度之内。与这种经济制度中对基本经济制度和经济体制的改革相适应，十五大提出，我国的分配制度是"坚持按劳分配为主体、多种分配方式并存的制度"。④ 党的十五大确定的以"公有制为主体、多种所有制经济共同发展，是我国社会主义初级阶段的一项基本经济制度"这样一项关系我国社会主义基本经济制度的重大战略，奠定了我国基本经济制度的新基础，同时推动了我国社会主义市场经济的发展和完善。

最后，2007 年 10 月，党的十七大明确指出，我国的基本经济制度是"坚持和完善公有制为主体、多种所有制经济共同发展的基本经济制度，毫不动摇地巩固和发展公有制经济，毫不动摇地鼓励、支持、引导非公有制经济发展，坚持平等保护物权，形

---

① 《十五大以来重要文献选编》（上），人民出版社，2000，第 21 页。
② 《十五大以来重要文献选编》（上），人民出版社，2000，第 21～22 页。
③ 《十五大以来重要文献选编》（上），人民出版社，2000，第 22 页。
④ 《十五大以来重要文献选编》（上），人民出版社，2000，第 24 页。

成各种所有制经济平等竞争、相互促进新格局"。① 党的十五大以后，党和国家继续深化改革，不断促进社会主义市场经济体制的发展和完善。2002 年 11 月召开的党的十六大，在论述基本经济制度时指出："根据解放和发展生产力的要求，坚持和完善公有制为主体、多种所有制经济共同发展的基本经济制度。"② 同时强调："必须毫不动摇地巩固和发展公有制经济"；"必须毫不动摇地鼓励、支持和引导非公有制经济发展"。③ 另外，十六大报告还指出："在社会变革中出现的民营科技企业的创业人员和技术人员、受聘于外资企业的管理技术人员、个体户、私营企业主、中介组织的从业人员、自由职业人员等社会阶层，都是中国特色社会主义事业的建设者。"④ 这就明确界定了私营企业主也是中国特色社会主义事业的建设者，扩大了党的群众基础。同时，在分配制度方面，党的十六大提出："确立劳动、资本、技术和管理等生产要素按贡献参与分配的原则，完善按劳分配为主体、多种分配方式并存的分配制度。"⑤ 党的十七大秉承以前历次党的全国代表大会关于我国社会主义基本经济制度的精神，继续强调要"坚持和完善公有制为主体、多种所有制经济共同发展的基本经济制度"，要坚持"两个毫不动摇"，同时结合新的改革发展的实际情况，明确要"坚持平等保护物权，形成各种所有制经济平等竞争、相互促进新格局"，这既是对以往基本经济制度的继承，又是对基本经济制度的新发展。在分配制度上，党的十七大明确指

---

① 胡锦涛：《高举中国特色社会主义伟大旗帜　为夺取全面建设小康社会新胜利而奋斗》，人民出版社，2007，第 25 页。
② 《十六大以来重要文献选编》（上），中央文献出版社，2005，第 19 页。
③ 《十六大以来重要文献选编》（上），中央文献出版社，2005，第 19 页。
④ 《十六大以来重要文献选编》（上），中央文献出版社，2005，第 11~12 页。
⑤ 《十六大以来重要文献选编》（上），中央文献出版社，2005，第 21 页。

出："要坚持和完善按劳分配为主体、多种分配方式并存的分配制度，健全劳动、资本、技术、管理等生产要素按贡献参与分配的制度，初次分配和再分配都要处理好效率和公平的关系，再分配更加注重公平。"①

至此，在我国的经济制度改革过程中，我国的基本经济制度逐步突破了由"主体"到"主体—补充"的格局，再到"共同发展、平等竞争、相互促进"的格局。与此相适应，经济体制改革经历了由纯粹的指令性计划经济向计划经济为主、市场调节为辅，再向社会主义市场经济体制转变的过程。而分配制度也由单一的按劳分配发展到以按劳分配为主体、多种分配方式并存的制度，最后形成以按劳分配为主体，多种分配方式并存，健全劳动、资本、技术、管理等生产要素按贡献参与分配的制度。

二　中国特色社会主义基本经济制度的内容分析

党的十七大报告指出："坚持和完善公有制为主体、多种所有制经济共同发展的基本经济制度，毫不动摇地巩固和发展公有制经济，毫不动摇地鼓励、支持、引导非公有制经济发展，坚持平等保护物权，形成各种所有制经济平等竞争、相互促进新格局。"② 这是我国现阶段的基本经济制度。在这项基本经济制度中，"坚持和完善公有制为主体、多种所有制经济共同发展的基本经济制度"是核心，坚持"两个毫不动摇"是重点，"坚持平等保护物权，形成各种所有制经济平等竞争、相互促进新格局"

① 胡锦涛：《高举中国特色社会主义伟大旗帜　为夺取全面建设小康社会新胜利而奋斗》，人民出版社，2007，第38~39页。
② 胡锦涛：《高举中国特色社会主义伟大旗帜　为夺取全面建设小康社会新胜利而奋斗》，人民出版社，2007，第25页。

是关键。这些基本内容相辅相成，共同构成我国现阶段的基本经济制度。我国现阶段的基本经济制度包括如下内容。

第一，公有制为主体，多种所有制经济共同发展。这是中国特色社会主义基本经济制度的核心内容。公有制为主体，保证了我国的社会主义性质，多种所有制经济共同发展，适应了我国初级阶段的生产力发展水平需要。我国的社会性质是社会主义，社会主义要求有相应的经济基础作为保障。公有制经济是保障我国社会性质和我国人民当家做主地位的主要经济基础。只要我国的公有制在整个国民经济发展中占据主体地位，就能够保证我国的国家性质不至于背离社会主义。由于我国目前的社会主义仍然是初级阶段的社会主义，正如邓小平所说，"虽说我们也在搞社会主义，但事实上不够格"，[1] 所以，与这种初级阶段"不够格"的社会主义生产力发展水平相适应，我们就需要采取多种所有制经济共同发展。把多种所有制经济共同发展同时作为基本经济制度的内容，实际上是有限度地确认我国现阶段的经济基础是综合性经济基础，表明非公有制经济不再是简单的"补充"，而是必不可少的重要组成部分，非公有制经济与公有制经济之间也不是一般的"并存"关系，而是长期"共同发展"。这不是权宜之计，而是一项需要长期坚持的基本经济制度。另外，社会主义初级阶段不断解放和发展社会生产力的现实要求也需要我们坚持以公有制经济为主体，多种所有制经济共同发展。要发展社会生产力，就必须遵循生产关系一定要适应生产力性质的规律。正如江泽民同志所指出："无论什么样的生产关系和上层建筑，都要随着生产力的发展而发展。如果它们不能适应生产力发展的要求，而成

---

[1]　《邓小平文选》第 3 卷，人民出版社，1993，第 225 页。

为生产力发展和社会进步的障碍，那就必然要发生调整和变革。"① 坚持以公有制为主体，多种所有制经济共同发展，适应了我国现阶段的社会生产力发展水平，能够起到解放生产力和发展生产力的重大社会进步作用。

第二，坚持"两个毫不动摇"。2002年江泽民同志明确指出，"必须毫不动摇地巩固和发展公有制经济"，"必须毫不动摇地鼓励、支持和引导非公有制经济发展"。② 这两个"毫不动摇"，是我国基本经济制度的重点。坚持以公有制为主体，促进多种所有制经济共同发展，有助于保障我国的社会主义性质。所有制问题始终是关系到社会主义经济建设成败和国家前途命运的根本性问题。我国的所有制模式经历了从最初建立的单一公有制到以公有制为主体、多种所有制经济共同发展的过程。在我国的现实经济生活中，首先"必须毫不动摇地巩固和发展公有制经济"。公有制经济对我国中国特色社会主义建设具有重要的保障作用。公有制是中国特色社会主义的逻辑前提，以公有制为主体是中国特色社会主义的本质体现。经济基础决定上层建筑。在社会政治经济生活中，经济始终是起决定作用的。只有以公有制为主体，才能更好地保证中国特色社会主义各项本质内容的顺利实现。坚持公有制的主体地位，既能确保我国的社会主义性质，又能促进国民经济持续快速健康发展，还能实现劳动人民在政治经济上的主人翁地位，最终促进全体社会成员达到共同富裕，实现全面发展。个体、私营等各种形式的非公有制经济是社会主义市场经济的重要组成部分。随着国有经济布局调整的推进，随着国有资产管理

① 《江泽民文选》第3卷，人民出版社，2006，第273页。
② 《江泽民文选》第3卷，人民出版社，2006，第547~548页。

体制改革的推进和国有企业改革的深化，随着财政体制向公共财政体系的转轨，随着对外开放的扩大和社会主义市场经济体制的不断完善，非公有制经济的地位将更加重要，将是社会主义市场经济中与公有制经济平等竞争、相互融合的成分，并将在以后相当长时期内发挥一些特殊作用。非公有制经济将是国民经济发展强劲稳定的动力。改革开放以来，非公有制经济的平均增长率远远超过国有经济和集体经济的增长率，对30多年来的经济增长起到了很大的推动作用。因此，要坚持毫不动摇地鼓励、支持和引导非公有制经济发展。

第三，坚持平等保护物权，各种所有制经济平等竞争、相互促进。党的十七大提出的这"两个平等"，是我国基本经济制度的关键所在。进入21世纪以来，党中央把发展非公有制经济摆在了更加突出的位置，作出了一系列重大的决策。党的十六大明确提出"必须毫不动摇地鼓励、支持和引导非公有制经济发展"；十六届三中全会提出消除体制性障碍，放宽市场准入，各种所有制企业享受同等政策待遇。十届全国人大将保护私人财产写入宪法，并制定了《物权法》《企业所得税法》《反垄断法》等重要法律。国务院出台了《关于鼓励支持和引导个体私营等非公有制经济发展的若干意见》，政府有关部门制定了几十项配套措施。党的十七大又提出了"坚持平等保护物权，形成各种所有制经济平等竞争、相互促进新格局"的要求。党的十七大提出的"两个平等"，即平等保护物权，形成各种所有制经济平等竞争、相互促进的新格局，必将推动民营经济发展又一次重大飞跃。坚持和完善基本经济制度，应着力于形成各种所有制经济平等竞争、相互促进新格局。要坚持平等保护物权。《物权法》规定，国家实行社会主义市场经济，保障一切市场主体的平等法律地位和发展权利。国家、集体、私人的物权和其他权利人的物权受法律保护，任何单位和个人不得侵犯。平等保护物权，是由我国社会主义市场经济的特点决定的。坚持平等保护物权，特别是像保护国家、集体的物权那样平等保护私人物权，有助于完善我国平等竞争、优胜劣汰的市场环境，有助于完善现代产权制度和现代企业制度。改革开放以来，特别是新世纪新阶段，国有经济继续发展，总资产和净资产都在不断增加。与此同时，个体、私营等非公有制经济也在迅速发展，利用外资数量不小。我国实施允许国内民间资本和外资参与国有企业改组改革的政策，使国有资本和各类非国有资本相互渗透和融合，以股份制为主要形式的混合所有制经济迅速发展起来。混合所有制经济的发展，也表明我国公有制特别是国有制找到了一个与市场经济相结合的形式和途径。要让包括国有经济、集体经济、合作经济以及各种非公有制经济在内的多种所有制经济各自发挥优势，平等竞争，相互促进。改革开放 30 多年来的经验表明，在某些领域，个体、私营经济有其灵活适应市场的优势；而对投资大、建设周期长、规模效益明显、社会效益突出的重要行业和关键领域，国有经济有优势。党和政府的职责在于创造良好环境，使各种所有制经济都能发挥优势、共同发展。这是对社会主义经济制度理论的进一步丰富和发展。

党的十七大报告中确立的基本经济制度是新中国成立 60 多年来我国经济制度演化与变革的必然结果，是改革开放以来我国经济体制改革日益深化的必然产物。这是对马克思主义的所有制关系理论的一个重大创新与发展，是对邓小平理论的创造性运用和发挥，对中国今后的改革开放与现代化建设，乃至整个 21 世纪中国的发展走向，都具有重大的现实意义和深远的历史意义。

第三节　经济基础对社会性质具有决定作用

一　经济基础对社会性质的决定作用

经济基础是社会的物质关系，是人们在社会生产中必然发生的、不以人的意志为转移的、同生产力的一定发展阶段相适应的一种客观实在的关系，它是全部社会关系中第一性的、原始的、基本的关系，是划分社会形态的客观依据。生产力作为社会历史发展的最终决定力量，当然会影响到社会机体的各个方面，但直接规定社会形态性质的并不是生产力，而是经济基础。按照历史唯物主义基本原理，经济基础一般地起着主要的决定性作用。经济基础决定社会形态性质主要通过以下方面表现出来。

第一，经济基础的性质决定上层建筑的性质。有什么样的经济基础，就会相应地有什么样的上层建筑。正如斯大林所说："社会历史的不同时期所以有不同的社会思想、理论、观点和政治设施……那不能用思想、理论、观点和政治设施本身的'本性'和'属性'来解释，而要用不同的社会发展时期的不同的社会物质生活条件来解释。社会存在怎样，社会物质生活怎样，社会思想、理论、政治观点和政治设施就怎样。"[①] 任何经济基础都有与之相适应的上层建筑。这是历史唯物主义的根本观点。关于经济基础的决定作用，著名经济学家程恩富教授从另一个侧面进行了说明。他指出："在具体判断社会主义社会所处的发展阶段是否发生变化时，生产关系比生产力更具有直接的意义。因为生

---

① 《斯大林选集》下卷，人民出版社，1965，第 436 ~ 437 页。

产力的变化只有在引起了社会主义社会生产关系发生部分质变时，才标志着社会主义社会发展阶段发生了变化。从这个意义上说，生产力是间接标志或终极标志，生产关系是直接标志。"① 由此可以看出，经济基础以及与经济基础相关联的生产关系，是具有决定作用的因素，经济基础的性质决定一个社会的性质。

第二，经济基础是上层建筑的根源。上层建筑是经济基础的反映，是适应经济基础的需要而产生的。每个社会形态中，人们在确立自己政治和思想的上层建筑时，归根到底都是从巩固和发展经济基础的需要出发的。在阶级社会里，上层建筑都是反映和维护统治阶级的经济利益的。恩格斯指出："每一时代的社会经济结构形成现实基础，每一个历史时期的由法的设施和政治设施以及宗教的、哲学的和其他的观念形式所构成的全部上层建筑，归根到底都应由这个基础来说明。"② 这个科学论断，已经为大量的事实材料所反复证明。经济基础的这种根源和决定作用，体现在社会生活的许多方面，经济基础影响着政治制度、意识形态、指导思想、文化文明等各个方面，所以，在整个社会生活中，经济基础具有根源性的决定作用。

第三，经济基础的变化决定着上层建筑的变化。马克思指出："随着经济基础的变更，全部庞大的上层建筑也或慢或快地发生变革。"③ 上层建筑变化的根本原因在于社会经济基础的变化。经济基础的根本变革是由生产力与生产关系的矛盾推动的。生产力与生产关系的矛盾，表现为经济基础领域内人与人之间经济利益的矛盾，这种矛盾包括：第一，现有社会经济基础内部人

---

① 程恩富:《社会主义三阶段论》，广东高等教育出版社，1991，第 51 页。
② 《马克思恩格斯选集》第 3 卷，人民出版社，1995，第 365 页。
③ 《马克思恩格斯选集》第 2 卷，人民出版社，1995，第 33 页。

与人之间经济利益的矛盾，在阶级社会就是统治阶级与被统治阶级之间的经济利益矛盾；第二，现有社会经济基础的代表者与旧社会经济基础的代表者之间经济利益的矛盾，在阶级社会里，就是先进的革命的统治阶级与被推翻的反动的没落的阶级之间经济利益的矛盾；第三，现有社会经济基础的代表者与未来的新社会经济基础的代表者之间经济利益的矛盾，在阶级社会里，就是腐朽反动的统治阶级与新兴的革命阶级之间经济利益的矛盾。正是上述各种矛盾的发展导致经济基础的根本变革，从而引起上层建筑领域内各种矛盾的发展，大致表现为现有社会上层建筑与旧社会上层建筑残余或新社会上层建筑萌芽之间的矛盾的发展。在阶级社会里，就表现为先进的革命的阶级和没落的反动的阶级之间思想上、政治上以及文化意识形态上的各种矛盾的发展，这最终导致上层建筑的根本变革。

二　私有制为基础决定了民主社会主义实质上是资本主义

民主社会主义的主要特征就是企图在不改变资本主义经济私有制基础地位的前提下，不断推进资本主义社会生产力的发展，通过不断实现其提出的公平、公正、正义、民主、团结、互助等价值目标，来改良资本主义。民主社会主义这种建立在唯心主义哲学基础上的做法，是无法改变资本主义社会的性质的。通过上述对经济基础决定社会形态性质的分析，民主社会主义主张的在私有制基础上改良资本主义社会，注定不可能实现其价值目标，民主社会主义所处的社会仍然是资本主义社会。俄国学识渊博的杜冈－巴拉诺夫斯基写道："私有制是产生人类的全部文明和文化的法律制度，私有制也是社会的万恶之源，人类为之饱受痛苦。这是几千年人类思想最深刻的社会哲学得出的结论。"① 民主社会主义主张实行以私有制为主要成分的混合经济，强调建立限制垄断、保护竞争、适度计划的市场经济。民主社会主义实行以私有制为主要成分的混合经济的主张里面，其根本的一点在于坚持维护私有制。例如，德国社会民主党政府主张搞适度计划的市场经济。他们的经济理论就认为，市场经济必须有三个必备条件：第一是生产资料的私人占有；第二是权利均等下的竞争；第三是相对稳定的货币。把生产资料的私人占有摆在首位，可见，社会党人宣称的混合经济也好，市场经济也罢，其实质内容就是资本主义的私有经济。从前面我们讲到的民主社会主义的经济思想来看，民主社会主义经济思想的一个转变就是否定生产资料的公有化是社会主义实现的必要条件和前提，承认了私有制和民主社会主义的相容性。无论是德国社会民主党搞的参与社会主义，还是瑞典社会民主党搞的职能社会主义和基金社会主义，抑或是法国社会党和英国工党搞的结构变革社会主义，都没有从根本上触动资本主义社会的私人占有制。参与社会主义的前提是承认企业由资本家所有；职能社会主义立论的基础是不把所有权作为一个不可分割的概念并将其社会化；基金社会主义虽然在一定程度上能使企业资产集体化，但瑞典至今90%以上的企业还归私人占有；结构变革社会主义虽然增加了社会经济中的国有化成分，但在资产阶级掌握政权的资本主义国家，这种国有化实质上是国家垄断资本主义，是资本家对生产资料的集体占有。从理论和现实

① 〔俄〕杜冈 - 巴拉诺夫斯基：《社会主义：一种有益的学说》，列华、文秀译，辽宁教育出版社，2001，第 2 页。

都可以看出，民主社会主义主张和推行的实际上是资本主义的私人占有制。民主社会主义仅仅把生产资料占有的社会化看作实现社会主义的手段，主张生产资料的私人占有，完全背弃了马克思主义。实践已经证明并且还将继续证明，民主社会主义的这一经济主张，不但无益于社会主义，而且阻碍真正的科学社会主义在资本主义国家的实现。

三　公有制为主体决定了中国特色社会主义实质上是社会主义

　　1906 年，德国思想家桑巴特在《为什么美国没有社会主义》一书中雄辩地论证了美国没有社会主义的原因。桑巴特认为，美国工人对资本主义、对美国政治制度和不同寻常的公民整合度持友好态度，两党制的良好运作，工人物质报酬的提高和向上流动机会的增多以及美国广阔而开放的疆域等因素，导致了美国在 20 世纪初没有社会主义。然而，桑巴特进行了一番严密的论证以后，在书的结尾给人留下了一个意味深长的结论："所有这些迄今为止阻碍了社会主义在美国发展的因素都将消失或将转向它们的反面，其结果是，在下一代人那里，社会主义在美国很有可能出现最迅速的发展。"[①] 这个意味深长的结论并没有切中桑巴特的预言，整个 20 世纪的历史已经证明，美国不但 20 世纪初没有社会主义，而且也没有像桑巴特预言的那样后来出现社会主义的"最迅速的发展"。原因何在？原因就在于美国终究是一个以私有制为基础的资本主义国家。与这种状况相对照，新中国一建立就

---

　　① 〔德〕W. 桑巴特：《为什么美国没有社会主义》，赖海榕译，社会科学文献出版社，2003，第 214 页。

坚持走社会主义道路，坚持实行生产资料的公有制。张顺洪教授认为，"要使中国沿着社会主义道路不断前进，就必须坚持社会主义的基本制度。以公有制为主体是社会主义基本制度的关键内涵。保持以公有制为主体就必须保证公有制经济在整个国民经济中的主导地位。以公有制经济为主体是社会主义经济的基本特征，是共产党执政的经济基础。如果公有制经济失去了主体地位，那么党和政府就会缺乏调控整个国民经济的强有力的经济手段，共产党也就失去了执政的经济基础"。① 随着实践的发展，认识的深化，中国现在实行的以公有制为主体、多种经济成分共同发展，市场调节和国家调控相结合，以按劳分配为主要分配方式的经济制度，决定了中国特色社会主义在本质上是科学社会主义。

经济基础决定上层建筑。社会制度中最基本的方面是经济制度，而社会主义经济制度最本质的特征是生产资料公有制和按劳分配。在社会主义初级阶段，虽然允许多种经济成分的存在和发展，但这些私营经济和个体经济只是社会主义市场经济的组成部分，它们不会冲击社会主义公有制的主体地位；虽然允许按劳分配以外的其他分配方式，但一定要坚持按劳分配为主要分配方式。社会主义社会假如没有了公有制占主体和按劳分配为主要分配方式这两条，那也就不成其为社会主义。同样，中国特色社会主义主张建立计划经济和市场调节相结合的经济制度，主张大力发展社会主义市品经济，但反对搞完全的市场经济，因为完全的市场经济必然要求以私有制为基础，我们主张建立和发展的仍然

---

① 张顺洪：《关于中国必须坚持社会主义道路的几点认识》，《马克思主义研究》2006 年第 2 期。

是社会主义市场经济。社会主义市场经济与中国的生产力发展水平、具体国情以及社会主义国家性质相结合，有利于提高人民的生活水平，有利于增强社会主义中国综合实力，有利于促进生产力的快速发展。

中国特色社会主义坚持以公有制为主体的所有制形式和以按劳分配为主体的分配方式，坚持了马克思主义基本原理，反映了社会主义最根本的经济特征。早在 160 多年前，马克思和恩格斯在《共产党宣言》中就庄严宣布："共产党人可以把自己的理论概括为一句话：消灭私有制。"[①] 只有对生产资料的私人占有制进行彻底变革，在经济上才能解放生产力，在政治上才能从根本上消灭阶级剥削和阶级压迫，真正实现社会主义。俄国学者杜冈 – 巴拉诺夫斯基写道："现代社会主义认为，经济上的富裕是人类文明发展的自然基础。现代社会主义认为，全体社会成员创造的，通过每个人的劳动获得的而不是靠剥削他人获取的财富，对道德无任何危害，因为财富与个人利益完全一致。现代社会主义要求每个人应尽可能多地拥有财富，因为这并不违背其他人的利益。"[②]

[①] 《马克思恩格斯选集》第 1 卷，人民出版社，1995，第 286 页。

[②] 〔俄〕杜冈 – 巴拉诺夫斯基：《社会主义：一种有益的学说》，列华、文秀译，辽宁教育出版社，2001，第 13 页。

第六章

民主社会主义与中国特色
社会主义的政治观点比较

政治是经济的集中反映，政治反作用于经济。尽管经济基础决定上层建筑，但是上层建筑对经济基础的反作用也是十分强大的。邓小平曾经明确指出："不搞政治体制改革，经济体制改革难于贯彻。"[①] 足见政治对经济的影响和反作用之大。政治制度作为上层建筑中的重要方面，当然在这种反作用中发挥着不容替代的推动作用。政治观点是理论体系的重要方面，研究一个理论体系或对两种理论体系进行比较，忽视政治观点将导致研究的不全面。因此，把民主社会主义与中国特色社会主义进行本质比较研究，把政治观点作为一个重要理论层面来进行比较，能够确切地在对比中把握二者的本质区别。

---

① 《邓小平文选》第 3 卷，人民出版社，1993，第 177 页。

第一节　民主社会主义的民主制和多党制

民主社会主义在政治观点方面最根本的观点就是实行民主制和多党制。民主社会主义所倡导和实行的民主制和多党制，其实就是资产阶级的基本政治制度的具体内容。民主社会主义试图在资本主义政治制度框架内，通过民主选举和多党竞选来实现执政，从而实现其政治目标，这是不现实的。当民主社会主义的渐进改良触及资本主义政治制度的底线时，资产阶级会毫不犹豫地从民主社会主义者手中夺走政权，从而使民主社会主义的一切目标都化为泡影。

一　民主制和多党制的主要内容

尽管民主社会主义不断鼓吹民主，并且在国际国内多个层面不断宣扬民主社会主义，企图依靠民主选举来实现自己的政治意图，但是，民主社会主义始终没有在资本主义国家内真正实现社会主义，即使社民党执政时间最长的瑞典，至今也仍然是资本主义国家。由此可见，民主社会主义所实行的民主制和多党制，不过是不能实现既定目标而又没有别的选择的手段。

（一）民主和民主制

对于民主，古今中外历来是不同的人站在不同的立场上持有不同的观点。前资本主义社会的民主观在历史上有着不同的含义。中国古代的"民主"概念的基本含义是"作民之主"。① 而在西方古希腊、雅典时代，民主则是指人民的政权，与中国古代

———————————

① 李铁映：《论民主》，中国人民大学出版社，2007，第 3 页。

的民主含义截然相反。如古希腊政治学家亚里士多德认为，"以群众为统治者而能照顾到全邦人民的利益的，人们称为'共和政体'"，① 而"平民政体（democracy）为多数公民，以多数利益为宗旨而构成的政体"。② 在马克思主义民主观形成之前，各种资产阶级的民主思想大量存在。美籍奥地利经济学家熊彼特认为，"民主方法是为达到政治决定的一种制度上的安排，在这种安排中，某些人通过竞取人民选票而得到作出决定的权力"。③ 而美国政治学家达尔则认为，民主是"有效的参与、投票的平等、充分的知情、对议程的最终控制以及成年人的公民资格"。④ 美国政治学家科恩指出："民主是一种社会管理体制，在该体制中社会成员大体上能直接或间接地参与或可以参与影响全体成员的决策。"⑤ 由此可见，对于资产阶级而言，民主就是通过选举行使公民决策权这样一种政治管理体制，这种体制可以直接或间接地保障公民民主权利的实现。至于实现的程度和民主的实质，他们没有说明或者做了回避。

（1）马克思主义的民主观。马克思主义认为，民主是一种国家制度和国家形式，属于上层建筑的范畴。在阶级社会中，民主具有鲜明的阶级性。马克思指出："民主制是作为类概念的国家制度。"⑥ 列宁进一步指出："民主是国家形式，是国家形态的一

---

① 〔古希腊〕亚里士多德：《政治学》，吴寿彭译，商务印书馆，1965，第 133 页。
② 〔古希腊〕亚里士多德：《政治学》，吴寿彭译，商务印书馆，1965，第 476 页。
③ 〔美〕熊彼特：《资本主义、社会主义和民主主义》，绛枫译，商务印书馆，1979，第 337 页。
④ 〔美〕罗伯特·达尔：《论民主》，李柏光、林猛译，商务印书馆，1999，第 43 页。
⑤ 〔美〕科恩：《论民主》，聂崇信、朱秀贤译，商务印书馆，1988，第 10 页。
⑥ 《马克思恩格斯全集》第 1 卷，人民出版社，1956，第 280 页。

种。"① 作为一种国家形式的民主，其主要作用是用来保障公民权利的实现。民主的核心在于承认公民在政治上拥有平等的权利。正如列宁指出："民主意味着形式上承认公民一律平等，承认大家都有决定国家制度和管理国家的平等权利。"② 因此，马克思主义认为，民主首先是一种国家制度和国家形式，这种国家制度和国家形式的主要目的是用来保障公民拥有的平等的权利的实现。作为一种国家制度和国家形式的民主，属于上层建筑的范畴。民主是建立在特定的社会经济基础之上的上层建筑。讨论民主不能脱离经济基础空泛的讨论，任何的政治上层建筑都与一定的经济基础相联系，民主也不例外。同时，作为上层建筑的民主也服务于产生它的经济基础。因此，列宁指出，"任何民主，和任何政治上层建筑一样（这种上层建筑在阶级消灭之前，在无阶级的社会建立之前，是必然存在的），归根到底是为生产服务的，并且归根到底是由该社会中的生产关系决定的"。③ 由此我们可以得出结论：民主与生产力的发展状况、生产关系的性质紧密相关，一定的经济基础决定一定形式的民主，这种由经济基础决定的民主形式反过来要为决定它的经济基础服务。按照马克思主义的观点，由于在生产力发展水平的特定阶段之上，整个社会的生产关系集中表现为阶级关系和阶级之间的利益关系，所以，这种在特定的经济基础之上形成的民主就不可避免地具有阶级性。阶级性是民主的本质特性，离开阶级性空泛地探讨民主，倡导全民民主，与缘木求鱼一般不着边际。因此，列宁指出，"民主和少数服从多数的原则不是一个东

① 《列宁全集》第 31 卷，人民出版社，1985，第 96 页。
② 《列宁全集》第 31 卷，人民出版社，1985，第 96 页。
③ 《列宁全集》第 40 卷，人民出版社，1986，第 276 页。

西。民主就是承认少数服从多数的国家，即一个阶级对另一个阶级、一部分居民对另一部分居民使用有系统的暴力的组织"。① 同时，他还明确指出，"只要有不同的阶级存在，就不能说'纯粹民主'，而只能说阶级的民主"。② 因此，民主从本质上说具有阶级性。由此可见，民主首先表现为一种国家制度，民主具有极强的阶级性，在中国特色社会主义中国，概而言之，"民主就是人民当家作主"。③

（2）民主社会主义主张的民主制。"民主"在民主社会主义者的理论视野中具有十分重要的意义。他们认为民主是社会主义的核心，是社会主义的灵魂。在他们眼里，民主既是实现社会主义的手段，又是发展社会主义的目的。换句话说，民主就是社会主义，社会主义就是民主。没有民主就不可能有社会主义，就不可能实现社会主义的基本价值。因此，他们力争要"将民主扩展到社会的一切领域"，要不断推进政治民主、经济民主、社会民主以及国际民主等。

第一，关于政治民主。民主社会主义者认为，政治民主制度是社会主义社会存在和发展的重要基础和必要前提。在具体的政治民主制度方面，民主社会主义者认为，政治上要实行多元化，政党上要实行民主化，公民个人方面要实行自由化。政治多元化包括政治架构上的议会民主制、三权分立制和多党制等。关于议会民主制，曾任社会党国际副主席、欧洲社会党联盟主席的荷兰工党领袖约普·登厄伊尔毫不掩饰地说："议会民主是人们通过大量牺牲获得的宝贵的社会革新工具，谁也没有任何理由来阻止

---

① 《列宁全集》第31卷，人民出版社，1985，第78页。
② 《列宁全集》第35卷，人民出版社，1985，第243页。
③ 李铁映：《论民主》，中国人民大学出版社，2007，第5页。

人们从事采用这种工具的合理的政治活动。"① 政党民主化主要是指要在党内实行充分的民主。社会民主党基本上都认为自己实行了党内民主，认为其党员不但可以有权批评党的执行机构，而且可以提出不同的建议或要求改选领导人。因此，德国著名民主社会主义理论家托马斯·迈尔认为，"在党内和社会主义国家内，民主必须高于一切"。② 个人自由化重在社会主义要保障每个人享有政治自由和民主权利。英国工党领袖哈罗德·威尔逊认为，"作为一个相信没有政治自由就没有真正社会主义的民主政党，它力求单纯通过它决心永远巩固和维护其存在以防范来自任何方面的威胁的自由民主制度，来取得和掌握权力"。③ 因此，民主社会主义的政治民主，是建立在资产阶级民主制基础上的所谓的"民主"，其基本要求是在资本主义框架内实现民主社会主义的政治诉求，这种政治民主，归根结底要受到资本主义民主制的限制，在资本主义基本经济制度、政治制度存在的情况下，这种政治要求永远不会实现，民主社会主义不可能通过改良实现真正的社会主义。

第二，关于经济民主。民主社会主义者认为，经济民主是社会主义社会存在和发展的重要方面。在民主社会主义者眼里，经济民主首先要达到使社会的生产和分配真正符合人们的整体利益的目的。他们认为，人民只有经济上有所保障，才能更好地掌握自己的命运，维护自己的尊严。要在经济不断发展和社会保障日

---

① 〔荷〕约普·登厄伊尔：《认识与展望——政治和经济论文选集》，霍德喜等译，上海译文出版社，1986，第131页。

② 〔德〕托马斯·迈尔等：《论民主社会主义（译文集）》，刘芸影等译，东方出版社，1987，第53页。

③ 〔英〕哈罗德·威尔逊：《英国社会主义的有关问题》，李崇淮译，商务印书馆，1966，第11页。

益完善的基础上逐步扩大公民的个人自由。其次，经济民主要求模式和手段多样化。在模式上，私有制、公有制，市场化、计划化等都可以作为经济发展的模式，都可以用来规范和发展经济。在手段上，公民、工人、工会、经济组织等都可以参与制定总的经济政策，参与所在企业的决策，自主建立自我管理的合作社等，但所有这些活动都要以不侵犯宪法承认的议会特权为前提。最后，经济民主反对经济权力的过分集中。他们认为，每一个人都有权作为公民、消费者、劳动者来影响生产的方向，影响分配的去向，改善劳动、生活条件。

第三，关于社会民主。民主社会主义者认为，社会民主是社会主义社会存在和发展的重要内容。他们认为，社会民主的任务就是要保证人们摆脱各种形式的压迫，免于贫困、恐惧和忧虑，并为个性的全面发展创造条件。具体来说，社会民主包括下列主要内容：公民拥有劳动权利和休息权利；医疗保障和享受生活福利的权利；公民丧失劳动能力时得到补助金的权利；儿童受到关怀的权利；公民享有受教育的权利；符合一定条件的居住权利；等等。此外，在社会民主方面，民主社会主义者还强调要消灭一切性别之间、种族之间、地区之间、城乡之间以及社会集团之间在政治、经济和法律方面的不平等，达到整个社会的全面良性、协调运作。

第四，关于国际民主。民主社会主义者不但在国内倡导民主，而且在国际问题上，他们也认为民主是解决国际问题的方法和手段。民主社会主义者认为，民主社会主义是国际性的，一个国家不能孤立地解决所有的经济和社会问题。民主社会主义国际民主的主要内容包括反对霸权主义，实行欧洲独立和一体化，奉行国际共处、裁军、对话和合作，维护欧洲和世界和平，建立国际经济新秩序，促进世界经济发展，保护生态环境等。

（二）多党制

民主社会主义理论中与民主紧密相连的就是其坚持的政党观点——多党制。民主社会主义者认为，多党制是实行和保障民主的最好形式。他们所主张的通过民主的途径来实行社会主义，其实质是要在多党制基础上，通过全民普选，社会党争取在议会中的多数席位，取得选举胜利，从而达到上台执政的目的。多党制是民主社会主义民主道路选择的前提，是民主社会主义政治民主的核心。

（1）民主社会主义多党制中多党的内涵。多党，顾名思义，就是多个政党。这多个政党是多个社会主义性质的政党，还是多个资本主义性质的政党，抑或兼具两种性质的政党都有呢？这是一个关键的问题。在民主社会主义所主张的多党制中，社会党把自己与各个资产阶级政党相提并论，统算为多党。这样看来，社会党不过是资本主义国家中政党制度中的一支力量，属于资本主义社会中的政治力量和政党派别，与资产阶级政党没有矛盾和对立。社会党成立之初，一般来说都自称为工人阶级的政党。但是，随着资本主义的发展变化，社会党存在的条件和环境发生了很大的变化。到 20 世纪 50 年代末，大多数社会党便不再称自己是工人阶级的政党，而是向着"人民党"或"全民党"的方向演变。造成这种变化的原因有两个方面。一方面是社会党成分发生了很大变化。随着资本主义的发展，资本主义社会里中间阶层增加，白领工人增多，而相反，原先作为社会党阶级基础的蓝领工人却大大减少。这种状况促使社会党不断发生变化。另一方面是社会党的民主制、普选制主张，迫使他们要上台执政就需要更多的选票，从而主动改变党的性质，使社会党逐渐滑向"人民党"

或 "全民党"。

（2）多党制是民主社会主义政治多元主义的一个具体表现。社会党把自己定位为多元政党制度中的一个政党，他们明确指出，"民主制要求不止一个政党有存在的权利和当反对派的权利"。① 同时，他们都强调只有实行多党制，才能保证民主。要发展和实现民主，必然要实行多党制。因此，他们在《法兰克福声明》中明确指出："由多数派组织政府，同时尊重少数派的权力。"② 由此可以看出，民主社会主义者所主张的多党制，不过是为了其生存和发展需要而采取的一种迫不得已的做法。在资产阶级政党占据绝对强势的形式下，社会党也逐步走向资产阶级政党化。

二　资产阶级民主制和多党制实质上是资本主义政治制度

让我们先来看看什么是资本主义政治制度？资本主义政治制度的基础和核心是三权分立，它是西方资本主义国家的基本政治制度。何谓"三权分立"？《辞海》的解释是："立法、行政、司法三种国家权力分别由三种不同职能的国家权力机关行使、互相制约和平衡的学说和制度。"③ 可见，三权分立主要是指立法权、行政权和司法权相互独立、相互制衡。三权分立制度的理论基础是17、18 世纪西欧资产阶级革命时期英国资产阶级政治思想家

---

① 社会党国际文件集编辑组编《社会党国际文件集（1951—1987）》，黑龙江人民出版社，1989，第 4~5 页。
② 社会党国际文件集编辑组编《社会党国际文件集（1951—1987）》，黑龙江人民出版社，1989，第 4 页。
③ 《辞海》，上海辞书出版社，1999，第 55 页。

洛克和法国资产阶级启蒙学者孟德斯鸠提出的分权学说。他们认为，立法权、行政权和司法权应分别由国会、总统和法院来行使，这"三权"应相互独立、相互制约并保持平衡。分权学说的理论前提是"权力导致腐败，绝对权力导致绝对腐败"。①所以，国家权力应该相互分立、相互制衡。在当代，尽管西方国家的政治制度发生了很大变化，但三权分立仍然是它的一个根本特点。对于这种制度，西方的政治家和思想家非常推崇。他们认为，只有实行三权分立，才称得上是民主和法治，否则就是专制。然而，三权分立实质上仍然是资产阶级专政。

三权分立是资本主义政治制度的核心和基础。立法、行政和司法是资本主义政治架构中的三根最重要的支柱。议会、政府和法院是具体体现和执行这"三权"的职能机构。议会行使立法权、政府行使行政权、法院行使司法权，三权鼎立，各司其职。贯穿三权分立框架的制度是选举制度、民主制度和司法制度。民主是资本主义战胜封建主义的锐利武器，当资本主义靠"民主、自由、平等、博爱"等口号鼓动和带领民众推翻封建统治阶级，建立资产阶级政权、确立资产阶级统治以后，民主也就变成了资产阶级的民主，而民众却享受不到什么实质的民主权利。资产阶级为了保障其政治架构的有效运行，实行了选举制度和政党制度。在资本主义普选制下，尽管民众都有选举权和被选举权，但要真正实现选举并赢得选举，则需要有大量的金钱作为后盾，资本主义的选举是金钱选举，资本主义的政治是金钱政治。与选举相配合，资产阶级逐渐形成、发展和完善了政党制度。资本主义

①〔英〕阿克顿：《自由与权力——阿克顿勋爵论说文集》，侯健、范亚峰译，商务印书馆，2001，第342页。

政党制度一般实行两党制和多党制，两个和多个政党进行竞选，制造和烘托一种民主气氛。正如恩格斯所指出的，就两党制而言，"不是靠把政权经常保存在同样一些手中而使自己永存下去的，而是采用这样的办法：它轮流地使政权从一只手中放下，又立刻被另一只手抓住"。① 因此，资本主义国家的政党制度，从其本质上讲，是为维护资产阶级的经济利益和维护其统治地位服务的。

通过以上分析，可以明显地看出，民主社会主义所主张和实行的民主制和多党制，实质上是资本主义政治制度，是资产阶级所谓"民主"政治的装饰品而已。

第二节　中国特色社会主义的人民代表大会制度与共产党领导的多党合作和政治协商制度

我国现行的政治制度是马克思主义同中国具体实际相结合的产物，是中国共产党领导中国人民在长期的革命斗争、建设事业和改革发展中逐步建立和形成的。这项政治制度具有自己的鲜明特色，有利于保障我国人民当家做主权利的实现。

一　人民代表大会制度与中国共产党领导的多党合作和政治协商制度

（一）三权分立不适合中国国情

客观上说，三权分立学说作为西方资产阶级反对封建专制制

---

① 《马克思恩格斯全集》第 11 卷，人民出版社，1962，第 399 页。

度斗争的理论武器，在历史上曾经起过进步作用，同时，三权分立的制度架构，在防止权力滥用、对权力加以限制和监督等方面确实也发挥了一定的作用。但是，三权分立毕竟是西方资本主义国家的基本政治制度，是有利于西方资产阶级的民主形式，服务于资产阶级的利益，不符合我国国情，我们不应照抄照搬。三权分立不适合中国国情的原因如下。

第一，哲学思想基础和国家观的差异决定了三权分立不适合中国国情。三权分立的哲学基础是资产阶级的唯心史观。三权分立的思想理论基础是唯心主义，在国家观方面属于超阶级的国家观。资产阶级思想家认为，国家起源于自然法则，起源于人的自然、天赋权利的让度和契约，人们共同出让自己的权利，形成政府，组成国家，国家在根本上要保护个人。个人权利是国家的基石和支柱，也是国家存在的前提和目的。这种思想基础和国家观的根本错误在于它不符合历史唯物主义的基本原理，不是从社会生产力出发去分析生产关系，在此基础上分析社会生产的发展变化。事实上，正是私有财产导致阶级的出现，阶级之间的对立最终产生国家，用来维护和调和阶级统治。不从国家的阶级本质出发来阐发国家观，三权分立思想的国家起源和国家存在的目的就迷失在资产阶级唯心主义的学说里面。这与我国以马克思列宁主义、毛泽东思想和马克思主义中国化的最新成果为指导的哲学思想和国家学说相对立。我们把历史唯物主义作为哲学思想基础，认为国家是阶级统治的工具，阶级性是国家的根本属性。事实上，我们建立的是工人阶级领导的以工农联盟为基础的无产阶级专政的社会主义国家。对于工人阶级及其同盟军和广大劳动人民实行民主，对于破坏社会主义建设的敌对分子实行专政。这种国家特点决定了我国不能实行三权分立，只能采用人民代表大会制度来保障广大人民的民主权利。

第二，经济制度的根本区别决定了三权分立不适合中国国情。资产阶级革命胜利后，西方主要国家都根据三权分立原则建立其政治制度，这有其深刻的经济根源。这种政治制度的经济根源是生产资料的资本主义私有制。同这种以生产资料私有制为基础的经济制度相适应，社会中出现了大量的政治派别和利益集团，出现了利益的多元化状况。资产阶级在确立和发展资本主义民主的过程中，就试图通过分权制约和利益平衡的方式来协调其内部不同利益集团的冲突，防止某个集团或阶层的专制，用以维护资产阶级的长久统治。三权分立是同资本主义私有制为基础的经济形式相适应的基本政治制度，它并不是一种抽象的、超阶级的、超越社会制度的、可以到处套用的甚至是唯一的民主模式。正如邓小平所指出的，用搞不搞三权分立"来判断是否民主，恐怕不适宜"。①

第三，历史文化起源基础的巨大差异导致了三权分立不适合中国国情。西方基督教的"原罪"理论认为人生来是有罪的，人性在本质上是罪恶的并且人缺乏自律。如孟德斯鸠认为，"一切有权力的人都容易滥用权力，这是一条万古不变的经验。有权力的人会无休止地使用权力，直到有界限的地方为止"。② 由这种"人之初，性本恶"的结论推演，作为国家代表的政府，便是最大的为恶者，为了防止这种"最大的恶"滑向专制和独裁，就需要设计一种对权力进行制约和平衡的制度，这就是一代代西方政治思想家孜孜以求的目标，于是集分权制衡思想于大成的孟德斯

---

① 《邓小平文选》第 3 卷，人民出版社，1993，第 220 页。
② 〔法〕孟德斯鸠：《论法的精神》，申林编译，北京出版社，2007，第 67~68 页。

鸠最终提出了三权分立的思想。所以对人性而言，政治是抑制人性恶的，要始终对政治领袖及其政治行为持怀疑和警惕态度。与此截然相反，我国文化传统更多地认为"人之初，性本善，性相近，习相远"。① 我国的这种人性善论，决定了我国在政治设计上趋向于一种集权式的特征。两千多年的封建集权制，就是这样一种人性善的积累结果。同时，随着时代的推移，我国的政治制度也在变化发展，当高度集权制不再适应时代需要的时候，创造性地对集权制进行发展和创新，采取和推行民主集中制，就成了一种历史的必然。民主集中制是民主基础上的集中，是集中前提下的民主，既体现了民主，又便于集中，是适合我国国情特点的政治制度。对于民主集中制，我们需要防范轻视民主，过度集中。与西方大多数国家国小人少相适应的三权分立制度相比，民主集中制更适合我国面积大、民族多、人口众的国情特点。三权分立对西方国家是适应的，但对于东方的中国并不适应。

（二）人民代表大会制度

人民代表大会制度是以民主集中制为原则，由人民选举代表组成全国和地方各级人民代表大会，并以人民代表大会为基础，建立全部国家机构，来行使管理国家的权力的制度。人民代表大会制度是中国人民民主专政的政权组织形式，是中国的根本政治制度。建立在民主集中制原则基础上的人民代表大会制度，一方面体现了最广泛的人民民主：人民代表由广大的人民群众选举产生，接受人民监督，对人民负责；另一方面又保证了人民意志的统一和国家权力的统一，保证了决策的效率：人民代表大会是最高权力机关，其他权力机关由它产生、对它负责，按照职能分

---

① 唐文革编《三字经》，广州出版社，2004，第1页。

工，协调一致开展各项工作。各级人民代表大会和其他国家机关，一律实行民主集中制，既保证了人民享受广泛的民主权利，又保证了国家权力的集中统一。这种制度使占社会绝大多数的工人、农民、知识分子和其他劳动群众真正成为国家和社会的主人。历史和现实都表明，人民代表大会制度是我们已经找到的、符合中国国情、具有中国特色、能够保证人民群众当家做主并有效管理国家和社会的根本政治制度。

我国宪法明确规定："中华人民共和国的一切权力属于人民。""人民行使国家权力的机关是全国人民代表大会和地方各级人民代表大会。"[①] 全国人民代表大会和地方各级人民代表大会都由民主选举产生，接受人民监督，对人民负责。国家行政机关、审判机关、检察机关都由人民代表大会产生，对它负责，受它监督。全国人民代表大会是最高国家权力机关，地方各级人民代表大会是地方各级权力机关。历史和实践证明，人民代表大会制度是最适合我国国情的政治制度。人民代表大会制度的优越性主要体现在以下几个方面。第一，人民代表大会制度充分保证了我国人民当家做主、管理国家的地位。各级人民代表大会的代表由人民直接或间接选举产生，人民代表受选民和原选举单位的监督，选民和原选举单位有权依法随时撤换自己选出的代表；人民代表有权就国家生活中的一切问题发表意见，并根据少数服从多数的原则作出决定；人民代表有权向国家机关提出质询，受质询的机关必须负责答复。这就保证了我国人民能够通过各级人民代表大会实现管理国家的权利，真正成为国家的主人，同时也保证了各级人民代表大会的代表和国家机关工作人员能够充分代表广大人

---

① 《中华人民共和国宪法》，中国法制出版社，2004，第40页。

民群众的意志和利益，真正成为人民的公仆。第二，人民代表大会制度是我国国家力量的源泉，并充分保证了国家权力的集中行使。人民代表大会制度不是根据任何法律或其他任何制度产生的，它是在我国人民长期革命斗争中逐步形成和发展起来的。我国人民在长期的斗争中深深体会到，只有人民代表大会制度才是最能够代表自己的利益，保障自己行使当家做主权利的制度。正因为这样，人民代表大会一经产生，就成为人民行使国家权力的机关。全国人民代表大会是最高国家权力机关，它有权决定国家政治生活中的一切重大问题；地方各级人民代表大会都是地方各级权力机关，它有权决定本地方的各种重大问题；全国人民代表大会和地方各级人民代表大会产生其他国家机关，即各级人民政府、各级人民法院和各级人民检察院，所有这些国家机关都要接受同级人民代表大会的监督，并向同级人民代表大会负责并报告工作。这就充分体现了人民代表大会制度能够实现国家权力的高度集中，使各级人民代表大会成为"议行合一"的机关。第三，人民代表大会制度反映我国政治生活的根本方面，是其他制度赖以建立的基础。在我们国家里，有许许多多的制度，如司法制度、军事制度、婚姻家庭制度、劳动制度、财经制度、金融制度、税收制度等。但是，这些制度都是由人民代表大会创立的，或者由它批准的，或者是由它所授权的机关批准的。这些制度只是表现我国社会主义政治生活的某一方面，司法制度只表现司法方面的问题，军事制度只表现军事方面的问题，婚姻家庭制度只表现婚姻和家庭方面的问题，只有人民代表大会制度才能体现我国政治生活的全貌。

人民代表大会制度同西方国家三权分立的政治制度有着本质区别。我们可以理直气壮地说，在人民代表大会制度内部，我们完全可能也有能力解决好权力的监督问题，不必采用三权分立的形式。

（三）中国共产党领导的多党合作和政治协商制度

中国共产党领导的多党合作和政治协商制度是中华人民共和国的一项基本政治制度。中国共产党领导的多党合作制度就是中国共产党是中华人民共和国的唯一执政党，8 个民主党派在接受中国共产党领导的前提下，具有参政党的地位，与中国共产党合作，参与执政。政治协商制度是在中国共产党的领导下，各民主党派、各人民团体、各少数民族和社会各界的代表，对国家的大政方针以及政治、经济、文化和社会生活中的重要问题在决策之前举行协商和就决策执行过程中的重要问题进行协商的制度。政治协商以中国人民政治协商会议为组织形式，它是中国共产党领导下的多党合作最主要的政治内容和组织形式。

中国共产党领导的多党合作和政治协商制度赖以存在的政治基础是四项基本原则。邓小平指出："在中国共产党的领导下，实行多党派的合作，这是我国具体历史条件和现实条件所决定的，也是我国政治制度中的一个特点和优点。"[1] 中国共产党与各民主党派合作的基本方针是长期共存，互相监督，肝胆相照，荣辱与共。中国人民政治协商会议的性质是中国人民爱国统一战线的组织，是中国共产党领导的多党合作和政治协商的重要机构；由中国共产党、各民主党派、无党派民主人士、人民团体、各民族和各界的代表，台湾同胞、港澳同胞和归国侨胞的代表以及特别邀请的人士组成。中国人民政治协商会议的主要职能是政治协商和民主监督，组织参加政协的各党派、团体和各族各界人士参

---

[1]　《邓小平文选》第 2 卷，人民出版社，1994，第 205 页。

政议政。毛泽东早在《论联合政府》中就指出："我们主张的新民主主义的政治，就是推翻外来的民族压迫，废止国内的封建主义的和法西斯主义的压迫，并且主张在推翻和废止这些之后不是建立一个旧民主主义的政治制度，而是建立一个联合一切民主阶级的统一战线的政治制度。"① 随着实践的发展，我们逐渐形成了党领导下的多党合作和政治协商制度。在这项制度中，党的领导是关键，各民主党派是参政党，积极为党的执政建言献策，参政议政。中国共产党领导的多党合作和政治协商制度是符合我国国情的基本政治制度。

（四）民族区域自治制度

中华人民共和国是全国各族人民共同缔造的统一的多民族国家。民族区域自治是中国共产党运用马克思列宁主义关于民族问题的基本原理解决我国民族问题的基本政策，是我国的一项基本政治制度。赵智奎教授认为："民族区域自治是在国家统一领导下，各少数民族聚居的地方实行区域自治，设立自治机关，行使自治权。实行民族区域自治，体现了国家充分尊重和保障各少数民族管理本民族内部事务权利的精神，体现了国家坚持实行各民族平等、团结和共同繁荣的原则。"② 因此，实行民族区域自治，对于发挥各族人民当家做主的积极性，发展平等、团结、互助的社会主义民族关系，巩固国家的统一，促进民族自治地方和全国社会主义建设事业的发展，发挥着巨大的作用，具有重要的现实意义。民族自治地方的各族人民和全国人民一道，在中国共产党的领导下，在马克思列宁主义、毛泽东思想和马克思主义中国化

---

① 《毛泽东选集》第 3 卷，人民出版社，1991，第 1056 页。
② 赵智奎主编《"三个代表"与中国共产党执政规律》，四川人民出版社，2006，第 256 页。

最新成果的指引下，坚持人民民主专政，坚持改革开放，沿着建设中国特色社会主义的道路，集中力量进行社会主义现代化建设，发展社会主义市场经济，加强社会主义民主与法制建设，加强社会主义精神文明建设，加速民族自治地方经济、文化的发展，建设团结、繁荣的民族自治地方，促进各民族的共同繁荣，全国各族人民共同把我国建设成为富强、民主、文明、和谐的社会主义国家。民族区域自治制度是适合我国实际国情的基本政治制度，是对历史上民族政策的一种延续。坚持民族区域自治制度，要不断坚持各民族相互尊重的原则、各民族一律平等的原则、各民族团结和合作的原则、国家统一的原则以及各民族共同繁荣的原则等五个基本原则，只有这样，才能将民族区域自治制度真正落到实处，发挥其在促进民族团结、民族融合、民族发展中应有的作用。

二　中国特色社会主义基本政治制度适合中国国情

中国特色社会主义政治制度的优越性集中表现为党的领导、人民当家做主和依法治国的有机统一。从具体政治制度上来讲包括坚持、发展和完善人民代表大会制度、共产党领导的多党合作和政治协商制度、民族区域自治制度，以及发展社会主义民主政治，建设社会主义政治文明等。

我们党以实现和发展人民民主为己任，在中国这样一个曾经历过长期封建统治，在半殖民地半封建的废墟上走上社会主义发展道路，但经济文化还相当落后的国家，领导全国各族人民发扬首创精神，逐步确立并不断完善人民代表大会制度、共产党领导的多党合作和政治协商制度、民族区域自治制度，使社会主义民主不断扩大，社会主义法制逐步健全，社会主义法治国家的建设不断向前推进。历史发展表明，我国实行的以人民民主为核心的社会主义基本政治制度，能够充分反映中国最广大人民的意愿，保障中国最广大人民当家做主的权利，同时有利于增强党和国家的活力，充分调动人民群众的积极性和创造性，维护国家统一、民族团结和社会稳定，促进经济发展和社会全面进步，因此是最适合中国国情的民主政治。党的执政就是通过这些制度及其领导体制和执政方式具体而充分实现的。在党的领导方式和执政方式上，如若偏离了中国特色社会主义的基本政治制度，照抄照搬西方政治制度的模式，不仅是历史的倒退，而且必将给中国和中华民族带来难以估量的灾难性后果。

在中国特色社会主义政治文明建设中，党的领导是人民当家做主和依法治国的根本保证，人民当家做主是社会主义民主政治的本质要求，依法治国是党领导人民治理国家的基本方略。党的执政就是党领导和支持人民当家做主，最广泛地动员和组织人民群众依法管理国家和社会事务，其具体实现形式如下：一是领导人民通过人民代表大会制度掌握国家权力，以保证国家制定的法律和方针、政策能够体现人民的共同意志，维护人民的根本利益，保障人民当家做主；二是领导人民依照宪法和法律规定，通过各种途径和形式，管理国家事务，管理经济和文化事业，管理社会事务，以保证国家各项事业的发展符合人民的意愿、利益和要求；三是领导人民实行基层民主，由群众依法办理自己的事情，通过民主选举、民主决策、民主管理、民主监督，实行自我管理、自我教育、自我服务；四是领导人民严格贯彻公民在法律面前一律平等的原则，使公民享有法律上、事实上的广泛的自由和权利，尊重和保障人权，维护社会公平和正义。

发展人民民主，积极稳妥地推进政治体制改革，坚持和完善社会主义民主制度，要坚持从我国国情出发，总结自己的实践经验，同时借鉴人类政治文明的有益成果。在党的执政问题上，坚持和完善人民代表大会制度，就是保证人民代表大会及其常委会依法履行职能，保证立法、决策和监督更好地体现人民的意志。坚持和完善共产党领导的多党合作和政治协商制度，就是加强党同民主党派合作共事，保证人民政协发挥政治协商、民主监督和参政议政的作用。坚持和完善民族区域自治制度，就是巩固和发展平等、团结、互助的社会主义民族关系，不断提高民族区域自治的能力，促进中国各民族共同繁荣进步。为此，就要求党的执政必须将共产党执政规律与中国特色社会主义建设规律和人类社会发展规律有机结合起来，改进和完善党的领导方式、执政方式与决策机制，深化行政管理体制、司法体制和干部人事制度改革，加强对权力的制约和监督，增强党的领导方式与执政方式的一致性，增强党的领导水平和执政能力与党的先进性要求的适应性。同时，要着重加强制度建设，实现社会主义民主政治的制度化、规范化和程序化，使社会主义民主与法制更加完备，使社会主义民主政治能够更充分地发挥自身的优越性。

党的执政先进性建设是贯彻于党的先进性建设和中国特色社会主义现代化建设之中的一项政治建设工程。它不仅有着多方面的来源，而且具有丰富的内涵和鲜明特征，其主要表现为：要始终坚持党的执政本质与方向；增强党执政的阶级基础，扩大党执政的群众基础和社会基础；始终坚持马克思主义的指导地位，用发展着的马克思主义执政观指导党的执政实践；完善和发展社会主义政治制度，建设社会主义政治文明；丰富和发展党的执政手段，优化党的执政环境；等等。其中，党的执政能力建设是党的执政先进性建设的根本实现途径。党只有始终保持先进性，坚持党的执政本质不动摇，才能使党的执政不断增强先进性，从而不断把中国特色社会主义现代化建设事业向前推进，并最终实现党执政的最高理想。

第三节　政治制度决定所维护的阶级利益

上层建筑是一个完整而严密的体系。尽管经济基础决定上层建筑，但上层建筑并不是被动地无为地完全受经济基础的决定和制约。上层建筑对经济基础具有强大的反作用。在上层建筑的整个体系中，政治是经济的集中表现，它和经济的联系是直接的，并对上层建筑的其他部分起着不同程度的制约和影响作用，起着某种规定方向的作用，是整个上层建筑的核心和灵魂。政治对经济基础的反作用主要表现在其政治制度的设计和框架体现的和维护的阶级利益。政治制度正是通过维护统治阶级的利益来发挥对经济基础的反作用。

一　议会民主和多党制决定了民主社会主义维护的是资产阶级利益

民主社会主义主张的政治民主实质上就是资产阶级议会民主。民主社会主义提出的"民主制要求不止一个政党有存在的权利和当反对派的权利"[①] 这项规定，既反映了民主社会主义主张的政治民主的实质是资产阶级议会民主制，又反映了民主社会主义主张的政党制度是资产阶级多党制。只有在资产阶级议会民主

[①] 社会党国际文件集编辑组编《社会党国际文件集（1951—1987）》，黑龙江人民出版社，1989，第4~5页。

制和资产阶级多党制条件下，民主社会主义才有生存和发展的可能。所以，民主社会主义的主张、行动和纲领，都极力维护资产阶级政治制度，这实质上就维护了资产阶级的利益。尽管民主社会主义提出过政治民主、经济民主、社会民主以及国际民主等多种民主主张，但是，他们的这些民主主张，既不可能在私有制为基础的资本主义社会里实现，也不可能不遭到资产阶级的反对。民主社会主义终究只是对资本主义社会进行不断点滴修补的改良主义，尽管他们的努力能够给普通民众带来一些实惠，但民众终究改变不了雇佣劳动者的被剥削地位。他们其实首先是在维护资产阶级利益的前提下，才稍稍改善了雇佣劳动者的生产生活状况。如果不是这样，民主社会主义自身的存在也成为问题。

　　民主社会主义主张的政党制度实质上是资产阶级多党制。他们认为，在这种政党制度下，各党派权利平等，并在法律允许的范围内自由活动和自由竞争，这实质上是资产阶级多党制政治诉求在民主社会主义层面的反映。此外，民主社会主义还反对任何阶级的专政，也反对任何专政的阶级。民主社会主义在攻击共产党人和共产主义的时候指出："在俄国布尔什维克革命以后，共产主义造成了国际劳工运动的分裂，并使社会主义在许多国家的实现推迟了几十年。""在资本主义制度下，剥削造成人群的分化。社会党人的目的在于消灭这种剥削，以实现自由与公正；而共产党人则只是为了建立一党专政而企图使这些阶级的分化加剧。"国际共产主义"已创立了一种新的阶级社会"。① 民主社会主义不顾实际情况，一概反对阶级的专政，抽象地而不是具体地

---

① 社会党国际文件集编辑组编《社会党国际文件集（1951—1987）》，黑龙江人民出版社，1989，第3页。

谈论议会民主，实际上掩盖了资本主义社会剥削阶级对工人阶级及广大劳动人民的专政，反映了他们阶级调和的社会改良主义思想。在资本主义社会，只要国家机器还掌握在资产阶级及其代理人手中，任何形式上完美的议会民主和多党制都不会是无产阶级及劳动群众的民主，都只是对无产阶级及劳动群众的专政，只不过是不断变换的对无产阶级及劳动群众进行专政的手段和方式而已。

二　人民代表大会制度与党领导的多党合作和政治协商制度、民族区域自治制度充分保证了人民当家做主

中国特色社会主义作为科学社会主义理论在中国的发展和具体运用，最关键的在于中国特色社会主义始终坚持科学社会主义的基本原理和基本原则。这是中国特色社会主义成为社会主义的根本。中国特色社会主义主张人民民主专政的政治制度，坚持人民代表大会制度，坚持共产党领导的多党合作和政治协商制度，这些都直接体现了科学社会主义的无产阶级专政原理，体现了共产党的领导等马克思主义的核心理论。

社会主义民主是人类社会到目前为止最高类型的民主，它最根本的体现是社会主义的国家制度。人民民主专政，对于现阶段的中国来说，可能不是最完美的民主制度，但是它是目前最适合中国国情的、比以往任何制度更为民主与合理的制度。人民民主专政的根本内容是人民当家做主，人民是国家的主人。这种制度，对于广大劳动人民是真实的民主，对于那些反对和破坏中国特色社会主义建设的敌对分子无疑则是专政。对于什么是人民民主专政，毛泽东在 1949 年 6 月 30 日纪念中国共产党二十八周年

发表的《论人民民主专政》一文中,讲得十分清楚明白,"中国人民在几十年中积累起来的一切经验,都叫我们实行人民民主专政,或曰人民民主独裁,总之是一样,就是剥夺反动派的发言权,只让人民有发言权"。"人民是什么? 在中国,在现阶段,是工人阶级,农民阶级,城市小资产阶级和民族资产阶级。这些阶级在工人阶级和共产党的领导之下,团结起来,组成自己的国家,选举自己的政府,向着帝国主义的走狗即地主阶级和官僚资产阶级以及代表这些阶级的国民党反动派及其帮凶们实行专政,实行独裁,压迫这些人,只许他们规规矩矩,不许他们乱说乱动。如要乱说乱动,立即取缔,予以制裁。对于人民内部,则实行民主制度,人民有言论集会结社等项的自由权。选举权,只给人民,不给反动派。这两方面,对人民内部的民主方面和对反动派的专政方面,互相结合起来,就是人民民主专政。"① 在这里,毛泽东已经把人民民主专政阐述得十分经典而深刻,可谓把人民民主专政的内涵、实质、底蕴讲得淋漓尽致。正如悉尼·胡克曾经指出的,"'无产阶级专政'并不是个人、集团或政党的统治,而是一个阶级对于另一个阶级的统治。它的对立面并不是'民主',而是'资产阶级专政'"。② 人民民主专政就是全体劳动人民在共同对生产资料享有不同形式的所有权和支配权的基础上,真正享有各项公民权利,享有管理国家和企事业单位的权力,能够切实保障人民当家做主。同时人民民主专政也是无产阶级及广大劳动人民对极少数敌对分子的专政。

总之,中国特色社会主义与民主社会主义的本质区别在于:

---

① 《毛泽东选集》第 4 卷,人民出版社,1991,第 1475 页。
② 〔美〕悉尼·胡克:《对卡尔·马克思的理解》,徐崇温译,重庆出版社,1989,第 242 页。

中国特色社会主义是坚持马克思历史唯物主义的真正的科学社会主义，民主社会主义是主张历史唯心主义的带有浓厚伦理色彩的改良主义。在具体本质理论层面的区别上，中国特色社会主义在指导思想方面坚持以一元化的马克思列宁主义、毛泽东思想以及马克思主义中国化最新成果为指南，而民主社会主义则主张多元化的包括改良主义、基督教伦理、资产阶级学说等在内的大杂烩式的指导思想；在经济制度方面，中国特色社会主义坚持以公有制为主体、多种所有制经济共同发展的基本经济制度，逐步促进全体人民走向共同富裕，而民主社会主义则主张私有制基础上的混合经济，企图在不触动资本主义基本经济制度的条件下，通过改良实现其经济民主主张；在政治制度方面，中国特色社会主义坚持人民代表大会制度和中国共产党领导的多党合作和政治协商制度以及民族区域自治制度，确保人民当家做主的地位，而民主社会主义则试图通过民主选举、多党竞争，在选举中获胜单独组织政府或与其他党派联合执政，推行其政治、经济、社会主张。因此，要在认清民主社会主义真实面目的基础上，不断坚持、发展和丰富中国特色社会主义，推进中国特色社会主义事业不断从胜利走向胜利。

只有中国特色社会主义
才能发展中国、富强中国

　　人们对社会主义的偏见，要么是出自对苏联模式的社会主义的失望情绪，要么是出自对社会主义的无知，要么就是别有用心。苏联模式的社会主义的失败，不能说明社会主义的失败，否则就是犯了以偏概全的错误。对苏联社会主义的失望情绪和失落心理，可以理解，但不能成为我们宽容那些否认社会主义的科学性、指责社会主义的人的理由。另有一些人因为对社会主义的无知而排斥、贬低社会主义，只能说明现实社会主义的宣传不到位、说服力尚不够，或者说这些人根本就不愿意了解社会主义。还有一些别有用心的人，对社会主义很清楚，但往往从自己的立场出发，代表一部分人的利益，借现实中的某些问题否认社会主义、歪曲社会主义。无论是失望情绪还是无知状态，都可以通过社会主义的不断发展、不断完善、不断提高来改变。对于那些别有用心的人而言，社会主义越是发展，他们就越是不安。因为，他们骨子里是坚决反对社会主义的，是要为了个人利益、小集团利益而走资本主义道路的。这部分人，是社会主义发展所不能感化的对象；相反，社会主义越是发展，越会增强他们的敌视。对他们，唯一的方法就是批判、就是斗争。

　　基于上述分析，在这里廓清中国特色社会主义不是民主社会主义，更不是资本主义，应该说，对于那些对社会主义具有失望情绪的人和因为各种原因对社会主义处于无知状态的人，可能更具有帮助作用。强调从中国现实出发，毫不动摇地坚持和发展中国特色社会主义，对于那些别有用心的人应该更具有反击的力度。实事求是地讲，中国特色社会主义不是民主社会主义。沉醉于民主社会主义迷梦中的人，打着所谓"救党救国"的幌子，其实是行欺骗民众之实。甚至他们自己也在这种迷梦中迷失自己，但是他们清醒地知道他们所要达到的目的，这就是否定党的领导，否定现实的中国社会主义制度，否定人民民主专政的国家制度，否定我们党的指导思想——马克思列宁主义、毛泽东思想以及马克思主义中国化的理论成果。否定这些，他们要干什么？当然是走资本主义道路，实行私有制，进行他们理想中三权分立、多党竞争以及所谓的"宪政民主"等在中国早就失败的试验。在中国特色社会主义理论指导下，中国改革开放取得的巨大成就他们看不见，中国国际地位的大幅度提高他们看不见，他们眼中盯的却是中国发展过程中具体的不可避免的伴生性的问题。这些通过发展可以解决的问题，他们通过放大镜，把它们视为实质性的不可解决的问题，这不是一种偏见，而是一种邪思。民主社会主义本身就是在资本主义社会大环境中存在的一种对资本主义进行点滴渐进修补的改良主义。这种性质决定了民主社会主义只是资本主义框架中的一种理论，资本主义的强势决定了其不可能超出资本主义的范围。渊源于 19 世纪末 20 世纪初社会民主主义的民主社会主义，不但现在又走回了社会民主主义，而且在实质上早就经过百年的嬗变，褪尽了当初工人运动的色彩，蜕变成了打着工人运动、民主幌子而行帮助资本主义稳定和发展的政治理论。社会党已经不是工人阶级的政党，社会党国际也不是工人阶级的国际组织，而是资本主义国家中的一种社会政治思潮的显现。民主社会主义从其主张的指导思想、经济制度、政治制度等重要理论层面都与现实中国存在和发展的中国特色社会主义有着质的区别，这些质的区别，决定了中国特色社会主义是符合中国国情的、适应中国社会生产力状况的、具有中国作风和中国气派的社会主义，中国特色社会主义根本就不是资本主义变种之表现的民主社会主义。在中国，更谈不上民主社会主义能够救中国。

那么，中国特色社会主义是资本主义吗？或者说是"中国特色的资本主义"吗？回答是否定的：不是！事实上，中国特色社会主义既不是"中国特色的资本主义"，也不是纯粹的资本主义。中国特色社会主义就是中国特色社会主义，是结合中国实际情况而在中国人民革命、建设、改革和发展实践基础上形成的，得到全国各族人民拥护和赞成的，适应中国改革发展需要的社会主义。从大的范畴上说，中国特色社会主义是社会主义的一种形式，中国特色社会主义本质上是科学社会主义。所以，中国特色社会主义就不是什么资本主义。资本主义国家有些理论工作者批评中国的社会主义建设，有的也中肯而持中。Paul Heer 曾经指出："中国的领导人是温和派，同时也是强硬派。例如，在国内经济政策上，从某种意义上说他们都是坚持邓小平 20 多年前创立的改革计划的改革者。同时，中国的领导人又都是强硬派，因为他们坚持社会主义的方向，尽管是具有中国特色的社会主义，并且他们坚持共产党的领导。"① 由此可见，资本主义的学者也承认中国坚持的是社会主义方向，中国实行的是中国特色社会主义，并且中国特色社会主义最明显的特征就是"坚持共产党的领导"。因此，中国特色社会主义与资本主义有着更加明显的本质区别。中国特色社会主义既不是所谓的"中国特色的资本主义"，更不是纯粹的资本主义。

在改革开放的紧要关头，中国要继续深化改革、快速发展、保持稳定，就必须毫不动摇地坚持和发展中国特色社会主义。马克思在《关于费尔巴哈的提纲》中明确指出："哲学家们只是用不同的方式解释世界，问题在于改变世界。"② 是的，在实际的建设和改革过程中，改变世界远比解释世界更具有价值和意义。在时下中国，能够起到"改变世界"作用的理论，就是中国特色社会主义理论。只有毫不动摇地坚持和发展中国特色社会主义，才能更好地发展中国、富强中国。之所以得出这个结论，原因在于中国特色社会主义坚持从中国处于并将长期处于社会主义初级阶段这个最大的实际出发，适合了中国目前的社会生产力发展水平，符合中国现阶段的基本国情，具有鲜明的中国特色、中国作风和中国气派。

改革开放30多年来，中国特色社会主义之所以能够取得巨大成功，根本原因就在于它是从社会主义初级阶段这个最大的实际出发想问题、定方针、做决策。社会主义初级阶段是当前中国改革、发展过程中最大的实际，是中国特色社会主义理论的坚实基础。中国特色社会主义理论大厦就是奠定在社会主义初级阶段

---

① Paul Heer, "A House United", *Foreign Affairs*, Vol. 79, 2000, p. 18.
② 《马克思恩格斯选集》第 1 卷，人民出版社，1995，第 57 页。

理论基础上的。只有从这个最大实际出发想问题、办事情，中国
的改革开放事业才能奠定在正确的政策和策略基础上，才能取得
更大的成就和更好的发展。社会主义初级阶段的中国最明显的特
征就是社会生产力水平较低，与这种低生产力水平相适应，只能
逐步建设符合这种生产力水平的具有中国特色的生产关系。只有
这样，才能使我国的建设、改革和发展建立在客观的马克思主义
关于生产力和生产关系、经济基础和上层建筑辩证关系原理基础
上，从而使中国特色社会主义成为科学社会主义。与这种低水平
的生产力相伴随的是中国现阶段的基本国情。正如邓小平和其他
中央领导同志所指出的，中国人口众多，人均耕地少，国家底子
很薄，发展不平衡且80%是农民，人均受教育程度低，人均国内
生产总值仍居于世界后列。这是我国的基本国情。这种基本国情
决定了我国不可能现在就建设完善的高级阶段的社会主义，而只
能从实际出发，建设适合中国这种基本国情的中国特色社会主
义。另外，随着东欧剧变、苏联解体，世界社会主义运动转入低
潮。现在世界上坚持社会主义的国家，在反思苏联社会主义模式
的基础上，不断总结经验教训，纷纷提出建设民族特色社会主义
的理论主张。古巴领导人卡斯特罗1995年指出："古巴正在稳步
进行建设具有古巴特色社会主义的改革开放。"① 越南和朝鲜在
20世纪90年代初也分别提出建设符合本国国情的社会主义。② 中
国更是早在1982年党的十二大上就明确提出"建设有中国特色
的社会主义"。因此，苏东剧变后社会主义的建设和发展一个明

---

① Seth Faison, "Castro All Hugs and Kisses On First Visit to Old Ally", *New York Times*, 1995, p. A. 20.

② 参见崔桂田《当代社会主义发展模式比较研究》，山东人民出版社，2005，第72页。

显的特点，就是把科学社会主义的基本原理与本国实际和本民族特色相结合，建设具有本国特色的社会主义。中国特色社会主义就是这种典型之一。中国正是从实际出发，建设具有中国特色的社会主义，使中国特色社会主义具有了中国特色、中国作风和中国气派，才彰显了中国特色社会主义理论的巨大威力，推动了中国经济又好又快发展、政治不断进步、社会稳定和谐。

　　总之，民主社会主义是坚持指导思想的多元化、主张混合经济、企图通过多党竞争和民主选举取得政权并实施自己的政治主张的资产阶级改良主义。民主社会主义道路在中国是走不通的。中国特色社会主义是坚持以一元化的马克思列宁主义、毛泽东思想以及马克思主义中国化最新成果为指导思想的，通过公有制为主体、多种所有制经济共同发展的基本经济制度逐步达到共同富裕的，以人民代表大会制度和中国共产党领导的多党合作和政治协商制度、民族区域自治制度保障人民当家做主的科学社会主义。中国特色社会主义道路在中国将会越走越宽广。只有中国特色社会主义才能发展中国、富强中国。在世界形势风云变幻的今天，只要全国人民紧密地团结在党中央周围，以经济建设为中心，坚持四项基本原则，坚持改革开放，我们就能够抵制民主社会主义思潮的影响，而且能够丰富和发展中国特色社会主义理论体系，坚定不移地走在中国特色社会主义大道上，取得更加辉煌的成就，使中国特色社会主义的中国巍然屹立在世界的东方。

参考文献

一 中文著作

《马克思恩格斯全集》第 1 卷，人民出版社，1956。

《马克思恩格斯全集》第 11 卷，人民出版社，1962。

《马克思恩格斯全集》第 19 卷，人民出版社，1963。

《马克思恩格斯全集》第 20 卷，人民出版社，1971。

《马克思恩格斯全集》第 25 卷，人民出版社，1974。

《马克思恩格斯全集》第 27 卷，人民出版社，1972。

《马克思恩格斯全集》第 34 卷，人民出版社，1972。

《马克思恩格斯全集》第 42 卷，人民出版社，1979。

《列宁全集》第 31 卷，人民出版社，1985。

《列宁全集》第 35 卷，人民出版社，1985。

《列宁全集》第 38 卷，人民出版社，1959。

《列宁全集》第 40 卷，人民出版社，1986。

《马克思恩格斯选集》第 1~4 卷，人民出版社，1995。

《列宁选集》第 1~4 卷，人民出版社，1995。

《列宁选集》第 1 卷，人民出版社，1972。

《斯大林选集》下卷，人民出版社，1965。

《建国以来毛泽东文稿》第 6 卷，中央文献出版社，1992。

《建国以来毛泽东文稿》第 8 卷，中央文献出版社，1993。

《毛泽东文集》第 6 卷，人民出版社，1999。

《毛泽东文集》第 7 卷，人民出版社，1999。

《毛泽东文集》第 8 卷，人民出版社，1999。

《毛泽东选集》第 1～4 卷，人民出版社，1991。

《邓小平文选》第 1 卷，人民出版社，1994。

《邓小平文选》第 2 卷，人民出版社，1994。

《邓小平文选》第 3 卷，人民出版社，1993。

《江泽民文选》第 1～3 卷，人民出版社，2006。

《江泽民论有中国特色社会主义（专题摘编）》，中央文献出版社，2002。

《三中全会以来重要文献选编》（下），人民出版社，1982。

《十二大以来重要文献选编》（下），人民出版社，1988。

《十二大以来重要文献选编》（中），人民出版社，1986。

《十三大以来重要文献选编》（上），人民出版社，1991。

《十四大以来重要文献选编》（上），人民出版社，1996。

《十四大以来重要文献选编》（下），人民出版社，1999。

《十五大以来重要文献选编》（上），人民出版社，2000。

《十六大以来重要文献选编》（上），中央文献出版社，2005。

《十六大以来重要文献选编》（中），中央文献出版社，2006。

《中共中央文件选集》第 11 册，中共中央党校出版社，1991。

《中华人民共和国宪法》，中国法制出版社，2004。

《中国共产党章程》，人民出版社，2007。

中共中央宣传部：《邓小平同志建设有中国特色社会主义理论学习纲要》，学习出版社，1995。

中共中央宣传部：《"三个代表"重要思想学习纲要》，学习出版社，2003。

中共中央宣传部理论局编《科学发展观学习读本》，学习出版社，2006。

《中国共产党第十六次全国代表大会文件汇编》，人民出版社，2002。

胡锦涛：《高举中国特色社会主义伟大旗帜　为夺取全面建设小康社会新胜利而奋斗》，人民出版社，2007。

《辞海》，上海辞书出版社，1999。

《中国大百科全书·哲学卷》，中国大百科全书出版社，1987。

《拉萨尔言论》，生活·读书·新知三联书店，1976。

《伯恩施坦言论》，生活·读书·新知三联书店，1966。

《德国社会民主党纲领汇编》，北京大学出版社，2005。

《社会党国际和社会党重要文件选编》，中共中央党校出版社，1993。

社会党国际文件集编辑组编《社会党国际文件集（1951—1987）》，黑龙江人民出版社，1989。

艾思奇主编《辩证唯物主义　历史唯物主义》，人民出版社，1961。

陈先达主编《历史唯物主义新探》，中国人民大学出版社，1990。

程恩富：《社会主义三阶段论》，广东高等教育出版社，1991。

程恩富主编《马克思主义经济思想史·中国卷》，东方出版中心，2006。

程恩富主编《政治经济学·社会主义部分》，高等教育出版社，2003。

崔桂田：《当代社会主义发展模式比较研究》，山东人民出版社，2005。

龚育之、逄先知、石仲泉：《毛泽东读书生活》，生活·读书·新知三联书店，1986。

黄安淼、张小劲编《瑞典模式初探》，黑龙江人民出版社，1989。

姜井水：《社会系统论》，学林出版社，2004。

冷溶、汪作玲主编《邓小平年谱（一九七五——一九九七）》下，中央文献出版社，2004。

李崇富、姜辉主编《马克思主义150年》，学习出版社，2002。

李崇富、李建平主编《科学发展观与历史唯物主义》，人民出版社，2006。

李崇富：《较量：关于社会主义历史命运的战略沉思》，方志出版社，2007。

李铁映：《论民主》，中国人民大学出版社，2007。

李秀林等主编《辩证唯物主义和历史唯物主义原理》，中国人民大学出版社，2004。

刘书林：《论民主社会主义思潮》，高等教育出版社，2004。

柳建辉主编《建设中国特色社会主义基本经验教程》，中共中央党校出版社，2003。

唐文革编《三字经》，广州出版社，2004。

汪连天主编《辩证唯物主义与历史唯物主义简明读本》，中共中央党校出版社，2000。

王浦劬主编《政治学基础》，北京大学出版社，1995。

吴冷西:《十年论战——1956—1966 中苏关系回忆录》,中央文献出版社,1999。

吴雄丞、张中云主编《社会党和民主社会主义人权观》,四川人民出版社,1993。

邢贲思:《学习马克思主义是共产党员的神圣职责》,载《关于社会主义若干问题的思考》,科学出版社,1990。

徐崇温:《民主社会主义评析》,重庆出版社,2007。

杨宏禹、刘苏邮主编《民主社会主义透视》,湖北人民出版社,1991。

叶汝贤、孙麾主编《马克思与我们同行》,中国社会科学出版社,2003。

殷叙彝:《民主社会主义论》,中央编译出版社,2007。

殷叙彝主编《当代西欧社会党人物传》,黑龙江人民出版社,1989。

张顺洪、孟庆龙、毕健康:《英美新殖民主义》,社会科学文献出版社,2007。

赵智奎:《邓小平理论的范畴体系》,河南人民出版社,2001。

赵智奎:《邓小平理论前沿问题研究》,青岛出版社,2004。

周新城:《民主社会主义思潮评析》,社会科学文献出版社,2008。

周新城等:《评人道的民主社会主义》,中国人民大学出版社,1998。

〔埃及〕萨米尔·阿明:《世界一体化的挑战》,任友谅等译,中国社会科学出版社,2003。

〔德〕W. 桑巴特:《为什么美国没有社会主义》,赖海榕译,社会科学文献出版社,2003。

〔德〕伯恩施坦:《社会主义的历史和理论》,马元德等译,东方出版社,1989。

〔德〕伯恩施坦:《社会主义的前提和社会民主党的任务》,殷叙彝译,生活·读书·新知三联书店,1965。

〔德〕黑格尔:《小逻辑》,贺麟译,商务印书馆,1980。

〔德〕卡尔·考茨基:《帝国主义》,史集译,生活·读书·新知三联书店,1964。

〔德〕威廉·李卜克内西:《不要任何妥协》,姜其煌等译,生活·读书·新知三联书店,1964。

〔德〕罗莎·卢森堡:《社会改良还是社会革命?》,徐坚译,生活·读书·新知三联书店,1958。

〔德〕维利·勃兰特等:《社会民主与未来》,丁冬红、白伟译,重庆出版社,1990。

〔俄〕杜冈－巴拉诺夫斯基:《社会主义:一种有益的学说》,列华、文秀译,辽宁教育出版社,2001。

〔法〕雅·德罗兹:《民主社会主义(1864—1960 年)》,时波译,上海译文出版社,1985。

〔法〕孟德斯鸠:《论法的精神》,申林编译,北京出版社,2007。

〔法〕埃蒂安·巴利巴尔:《马克思的哲学》,王吉会译,中国人民大学出版社,2007。

〔荷〕约普·登厄伊尔:《认识与展望:政治和经济论文选集》,霍德喜译,上海译文出版社,1986。

〔德〕托马斯·迈尔:《论民主社会主义(译文集)》,刘芸影等译,东方出版社,1987。

〔美〕阿兰·G. 格鲁奇:《比较经济制度》,徐节文等译,中国社会科学出版社，1985。

〔美〕达尔：《民主理论的前言》，顾昕、朱丹译，生活·读书·新知三联书店，1999。

〔美〕费正清：《伟大的中国革命（1800—1985 年）》，刘尊棋译，世界知识出版社，2003。

〔美〕冯·贝塔朗菲：《一般系统论——基础、发展和应用》，林康义、魏宏森等译，清华大学出版社，1987。

〔美〕科恩：《论民主》，聂崇信、朱秀贤译，商务印书馆，1988。

〔美〕罗伯特·劳伦斯·库恩：《他改变了中国：江泽民传》，谈峥、于海江等译，上海译文出版社，2005。

〔美〕萨缪尔森、诺德豪斯：《经济学》（第 16 版），萧琛等译，华夏出版社，1999。

〔美〕塞缪尔·亨廷顿：《文明的冲突与世界秩序的重建》，周琪等译，新华出版社，2002。

〔美〕史蒂文·克雷默：《西欧社会主义——一代人的经历》，王宏周、胡尔湖、王建华译，东方出版社，1992。

〔美〕悉尼·胡克：《对卡尔·马克思的理解》，徐崇温译，重庆出版社，1989。

〔美〕熊彼特：《社会主义、资本主义和民主主义》，绛枫译，商务印书馆，1979。

〔美〕詹姆斯·R. 汤森、布兰特利·沃马克：《中国政治》，顾速、董方译，江苏人民出版社，2005。

〔日〕伊藤诚：《现代社会主义问题》，鲁永学译，社会科学文献出版社，1996。

〔苏〕B. A. 尼基京：《"民主社会主义"思想体系批判》，常玢、崔建设、马吉霞译，中国人民大学出版社，1985。

〔苏〕彼·尼·费多谢耶夫：《现时代的辩证法》，李亚卿、张惠卿译，东方出版社，1986。

〔苏〕德里亚赫洛夫等编《历史唯物主义范畴》，安起民等译，北京师范大学出版社，1984。

〔苏〕米·彼·姆切德洛夫：《社会主义——新型文明的形成》，赵国琦等译，求实出版社，1982。

〔匈牙利〕巴拉奇·代内什：《邓小平》，阚思静、季叶译，解放军出版社，1988。

〔英〕阿克顿：《自由与权力——阿克顿勋爵论说文集》，侯健、范亚峰译，商务印书馆，2001。

〔英〕恩斯特·拉克劳：《我们时代革命的新反思》，孔明安、刘振怡译，黑龙江人民出版社，2006。

〔英〕哈罗德·威尔逊：《英国社会主义的有关问题》，李崇淮译，商务印书馆，1966。

〔英〕凯恩斯：《就业、利息和货币通论》，徐毓枬译，商务印书馆，1983。

二　中文文章

〔日〕村田忠禧：《从改革开放以来的党代会政治报告的词语变化来看中共十六大的特点》，《中共党史研究》2003年第1期。

薄一波：《毛泽东是真理的坚定探索者》，《人民日报》1993年12月27日。

程恩富、张飞岸：《民主社会主义及其与中国特色社会主义的区别》，《学习月刊》2007年第6期。

程恩富：《要深入研究中国特色社会主义的特征和内涵》，

《社会科学管理与评论》2007年第4期。

程恩富：《中国特色社会主义为何能够成为旗帜》，《人民论坛》2007年第10期。

高放：《百年来科学社会主义与民主社会主义关系的演变——兼谈"只有社会主义民主才能救中国"》，《理论学刊》2007年第6期。

高放：《科学社会主义与民主社会主义的百年分合》，《南方周末》2007年6月6日。

龚育之：《党的最高领导层的新老交替》，《学习时报》2003年1月6日。

何秉孟、姜辉、张顺洪：《托马斯·迈尔谈社会民主主义的理念与实践》，《国外理论动态》2008年第2期。

侯惠勤：《从解放思想理解中国特色社会主义》，《中国社会科学院院报》2008年3月4日。

侯远长：《社会主义理论的四座丰碑——从科学社会主义到中国特色社会主义》，《河南大学学报》（社会科学版）2005年第1期。

李崇富：《科学对待马克思主义的试金石》，《中华魂》2007年第1期。

李德顺：《关于马克思主义的基本原理和根本原则——从一个平常问题引发的思考》，《马克思主义与现实》2005年第5期。

李卫宁、舒源：《中国特色社会主义理论的创立发展与系统构架》，《中共云南省委党校学报》2004年第5期。

李忠杰：《深化对"中国特色社会主义"的认识和研究》，《教学与研究》2003年第6期。

刘长：《论中国特色社会主义理论对国际共产主义运动的贡

献》，《贵阳金筑大学学报》2001年第2期。

刘云章、郜世奇：《解析中国特色社会主义的理论进程及创新机制》，《中国特色社会主义研究》2004年第1期。

牛先锋：《关于中国特色社会主义理论的几个问题》，《中国特色社会主义研究》2005年第2期。

钱学森、钱学敏：《"社会论"——行为科学的哲学概括》，《哲学研究》1991年第11期。

钱学森：《系统科学、思维科学与人体科学》，《自然杂志》1981年第1期。

钱学森：《新技术革命与系统工程——从系统科学看我国今后60年的社会革命》，《世界经济》1985年第4期。

钱学森：《自然辩证法、思维科学和人的潜力》，《哲学研究》1980年第4期。

芮岩：《中国特色社会主义与民主社会主义的本质区别》，《党建研究》2007年第6期。

沈宝祥：《对理论新成果的最好概括》，《人民论坛》2007年第10期。

沈宝祥：《略谈中国特色社会主义理论体系》，《中国特色社会主义研究》2007年第6期。

沈宝祥：《中国特色社会主义是我们的旗帜》，《理论参考》2007年第8期。

汪洋：《中国特色社会主义理论历史起点和发展阶段》，《中央社会主义学院学报》2005年第4期。

王怀超：《社会主义、科学社会主义和中国特色社会主义》，《科学社会主义》2005年第2期。

吴雄丞：《坚持科学社会主义基本原则　走中国特色社会主

义的道路》，《科学社会主义》2008 年第 1 期。

吴雄丞：《科学地对待马克思主义》，《中共中央党校学报》
2001 年第 2 期。

萧栋梁：《论中国特色社会主义理论的国际意义》，《求索》
2001 年第 4 期。

谢韬：《民主社会主义模式与中国前途》，《炎黄春秋》2007
年第 2 期。

徐崇温：《中国特色社会主义理论研究的薄弱点》，《北京日
报》2007 年 5 月 14 日。

徐崇温：《中国特色社会主义与民主社会主义是两股道上跑
的车》，《求是》2007 年第 13 期。

徐理：《正确认识民主社会主义　坚定不移地走中国特色社
会主义道路》，《光明日报》2007 年 4 月 24 日。

颜晓峰、孙力：《只有中国特色社会主义才能使国家富强人
民幸福》，《光明日报》2007 年 6 月 12 日。

杨启先：《一篇迟到的瑞典考察纪要》，《经济观察报》2007
年 6 月 16 日。

张顺洪：《关于中国必须坚持社会主义道路的几点认识》，《马
克思主义研究》2006 年第 2 期。

赵曜：《中国特色社会主义的科学体系和历史地位》，《特区
理论与实践》2003 年第 6 期。

赵曜：《中国特色社会主义理论的几个问题》，《探索与求是》
2003 年第 7 期。

赵智奎：《什么是中国特色社会主义?》，《学术讲座荟萃》第
37 期。

钟哲明：《“为人民服务”思想的来源》，《高校理论战线》

2004 年第 11 期。

钟哲明:《"自由人联合体"析》,《中华魂》2008 年第 3 期。

钟哲明:《高扬中国特色社会主义旗帜》,《思想理论教育导刊》2007 年第 8 期。

钟哲明:《马克思恩格斯对民主社会主义及其变种的评析》,《政治学研究》2007 年第 4 期。

钟哲明:《岂可用伯恩施坦观点修正马克思恩格斯?》,《中华魂》2007 年第 5 期。

周新城:《必须警惕民主社会主义思潮的泛滥》,《理论视野》2007 年第 5 期。

三 英文著作

Andrew Arato, *From Neo-Marxism to Democratic Theory: Essays on the Critical Theory of Soviet-type Societies*, Armonk, N. Y. : M. E. Sharpe, c1993.

Aristotle, *The Complete Works of Aristotle*, Barnes, J. , edited, the Revised Oxford Translation, Vol. 2, Princeton University Press, 1984.

Arthur Sanders, *Victory: How a Progressive Democratic Party Can Win and Govern*, Armonk, N. Y. : M. E. Sharpe, c1992.

David McLellan, *Marxism after Marx: An Introduction*, Boston: Houghton Mifflin, 1981, c1979.

David Schweickart, *Capitalism or Worker Control?: An Ethical and Economic Appraisal*, New York: Praeger, 1980.

Henry K. H. Woo, *Effective Reform in China: An Agenda*, New York: Praeger, c1991.

Ingvar Carlsson, Anne – Marie Lindgren, *What is Social Democracy,*

Stockholm – Sweden: Sjuharadsbygdens Tryckeri, second edition September 2003.

John Frederick Martin, *Civil Rights and the Crisis of Liberalism*: the *Democratic Party*, 1945 – 1976, Boulder, Colo. : Westview Press, c1979.

Kate Hudson, *European Communism since* 1989: *Towards a New European Left?*, Houndmills, Basingst Macmillan, 2000.

Mark Selden, *The Political Economy of Chinese Development*, Armonk, New York: M. E. Sharpe, c1993.

Mihailo Markovic, *Democratic Socialism*: *Theory and Practice*, New York: St. Martins Press, 1982.

Patricia Pugh, *Educate*, *Agitate*, *Organize*: *100 Years of Fabian Socialism*, London, New York: Methuen, 1984.

Paul M. Sweezy, *Post-revolutionary Society*, New York: Monthly Review Press, c1980.

R. W. Johnson, *The Long March of the French Left*, London, Basingstoke: The Macmillan Press Ltd. , 1981.

Robert G. Wesson, *Why Marxism?*: *the Continuing Success of a Failed Theory*, New York: Basic Books, c1976.

Stephen Eric Bronner, *Socialism Unbound*, Boulder: Westview Press, 2001.

四 英文文章

James A. Dorn, "China's future: Market socialism or market Taoism?", in *Cato Journal*, Vol. 18, 1998, p. 131.

Kylie Redfern, John Crawford, "An Empirical Investigation of the Influence of Modernisation on the Moral Judgements of Managers in the

People's Republic of China", *in Cross Cultural Management*, Vol. 11, 2004, p. 48.

Steven N. S. Cheung, "Deng Xiaoping's great transformation", in *Contemporary Economic Policy*, Huntington Beach, Vol. 16, 1998, p. 125.

http: //www. socialistinternational. org/viewArticle. cfm? ArticleID = 1915

http: //news. xinhuanet. com/ziliao/2002 – 06/13/content_ 4384 38. htm.

http: //encarta. msn. com/media_ 701879446_ 761577990_ – 1_ 1/Tony_ Blair_ on_ Socialism. html.

Susan Page, "Top 25 Influential people; A world under their influence; [FINAL Edition]", in *USA TODAY*, Sep 4, 2007, p. A. 10.

Kylie Redfern, John Crawford, "An Empirical Investigation of the Influence of Modernisation on the Moral Judgements of Managers in the People's Republic of China", in *Cross Cultural Managemen*, Vol. 11, 2004, p. 48.

Paul Heer, "A house united", in *Foreign Affairs*, Vol. 79, 2000, p. 18.

Seth Faison, "Castro All Hugs and Kisses On First Visit to Old Ally", in *New York Times*, Dec 1, 1995, p. A. 20.

后　记

　　本书即将完成之际，内心生出颇多感慨。近年来，"民主社会主义与中国特色社会主义的本质比较研究"一直是个热点。尤其是民主社会主义，作为一种社会政治思潮对中国特色社会主义理论形成较大的直接挑战。认真地研究好、回答好相关问题，对中国特色社会主义理论体系的完善和发展，有着重要的理论意义和现实意义。

　　本书旨在界定理论本质层面，搞清楚民主社会主义与中国特色社会主义进行本质比较的世界观和方法论基础，对民主社会主义与中国特色社会主义的本质层面进行比较研究。通过比较研究，揭示民主社会主义的实质，凸显中国特色社会主义在现阶段中国改革和发展过程中的正确性和科学性。在此基础上，顺理成章地得出结论：只有中国特色社会主义才能发展中国、富强中国、幸福人民。

　　这几年进行研究工作过程中，我一直持续地关注和研究民主社会主义和中国特色社会主义。客观地说，这个题目涉及民主社会主义、中国特色社会主义二者本质的界定问题，同时还要对二者进行本质比较，对于我，难度不小，是一种挑战，但值得我去为之付出所有的时间和精力。有挑战才有动力。正如马克思所说："在科学的入口处，正像在地狱的入口处一样，必须提出这样的要求：'这里必须根绝一切犹豫；这里任何怯懦都无济于事。'"① 尽管题目有难度，但是我并没有气馁和后退，而是根绝犹豫和怯懦，迎难而上。通过收集资料、消化资料、整理思路、拟写提纲、尝试写作、认真修改等一系列工作，有了今天的这样一部书。

　　本书的完成要感谢各位领导、众多师友的关心和帮助。首先要感谢我的博士生导师赵智奎教授。在我攻读博士学位期间，赵老师在生活、学习、写论文、找工作等各方面对我关怀备至，让我十分感动。博士毕业留在中国社会科学院马克思主义研究院工作以来，赵老师一直督促我认真做科研，努力工作，多出成果。本书也是在赵老师的叮咛和嘱咐中得以慢慢完成的。赵老师学问广博深厚、成果斐然，待人宽厚、坦诚随和，教导学生严中有爱，策人进步。无论是做学问还是做人、做事，赵老师都给我这个后生晚辈树立了一个优秀的榜样。本书完成之际，颇觉唯有勤奋努力工作，认真进行马克思主义研究，不断取得新的研究成果，获得更大的工作成绩，才能回报赵老师。在此，谨向赵老师致以我最诚挚的谢意。

　　感谢中国社会科学院马克思主义研究院这片马克思主义研究的肥田沃土给予我深厚的学术滋养。感谢马克思主义研究院党委书记、院长邓纯东教授，他为我们的工作创造了良好的科研环境。感谢学部委员程恩富教授。程老师乃学界著名经济学家，硕果累累却精进不辍，堪为晚辈学人的学术模范。程老师平易近人、待人亲切，我从内心里钦佩他的学术魅力和人格魅力。感谢李崇富教授、

————————

① 《马克思恩格斯选集》第 2 卷，人民出版社，1995，第 35 页。

吴恩远教授、侯惠勤教授、张祖英教授、张顺洪教授、周新城教授、钟哲明教授等给予的培养和教导。感谢樊建新副院长、徐文华处长、秦益诚处长、齐建国处长、冯颜利主任、金民卿主任、吕薇洲主任、郑一明主任、李瑞琴主任等领导的关心和帮助。感谢宋丽丹、周淼、于海青、陈爱茹、王静、范春燕、张剑、陈慧平、刘曙辉等国外部同事的帮助。感谢池重阳、贺新元、陈亚联、王佳菲、彭海红、李建国、龚云、戴立兴、钟君、翟胜明、汪世锦、谭晓军、谭扬芳、孙秋鹏、曾宪奎、李红岩、韩育哲、栾贵波、郑承军、王永磊、陈学强等诸多师友的关心和帮助。

由于时间仓促，水平有限，书中难免存在错误和疏漏，感谢所有对本书提出意见、建议和进行批判的人。

学无止境。本书的完成是新的研究历程的起点，我将继续以严谨认真的态度、甘于奉献的精神，为中国马克思主义研究事业做出自己的贡献。

沈　阳

2014 年 11 月 11 日于北京

图书在版编目（CIP）数据

民主社会主义与中国特色社会主义本质比较/沈阳
著.—北京:社会科学文献出版社,2014.12
　ISBN 978 - 7 - 5097 - 6980 - 5

　Ⅰ.①民…　Ⅱ.①沈…　Ⅲ.①民主社会主义 -
对比研究 - 中国特色社会主义　Ⅳ.①D091.6②D616

　中国版本图书馆 CIP 数据核字（2014）第 303208 号

民主社会主义与中国特色社会主义本质比较

著　　者/沈　阳

出 版 人/谢寿光
项目统筹/曹义恒
责任编辑/单远举　曹义恒

出　　版/社会科学文献出版社·社会政法分社(010)59367156
　　　　　地址:北京市北三环中路甲 29 号院华龙大厦　邮编:100029
　　　　　网址:www.ssap.com.cn
发　　行/市场营销中心（010）59367081　59367090
　　　　　读者服务中心（010）59367028
印　　装/三河市尚艺印装有限公司

规　　格/开本:787mm×1092mm　1/20
　　　　　印 张:14　字 数:211 千字
版　　次/2014 年 12 月第 1 版　2014 年 12 月第 1 次印刷
书　　号/ISBN 978 - 7 - 5097 - 6980 - 5
定　　价/55.00 元